LE MAÎTRE EN SOI

LES ÉDITIONS LA SEMAINE
2050, rue de Bleury, bureau 500
Montréal (Québec) H3A 2J5

Éditeur: Claude J. Charron
Éditeur délégué: Claude Leclerc
Directrice des éditions: Annie Tonneau
Directeur artistique: Éric Béland
Coordonnatrice aux éditions: Françoise Bouchard
Concepteur: Dominic Bellemare

Directeur des opérations: Réal Paiement
Superviseure de la production: Lisette Brodeur
Assistants-contremaîtres: Valérie Gariépy, Joanie Pellerin
Mise en pages: Édiscript enr.
Réviseurs-correcteurs: Lily Monier, Luce Langlois, Sara-Nadine Lanouette
Scanneristes: Patrick Forgues, Éric Lépine, Estelle Siguret

Maquette de couverture: Volta Créations

Photos: Massimo photographe
Styliste: Nanette Lambert

Remerciements
Gouvernement du Québec — Programme de crédit d'impôt pour l'édition de livres — gestion SODEC.

Dépôt légal : Quatrième trimestre 2007
Bibliothèque nationale du Québec
Bibliothèque nationale du Canada
ISBN : 978-2-923501-27-7

FRANCE GAUTHIER
PIERRE LESSARD

LE MAÎTRE EN SOI

Distribution : Messageries de Presse Benjamin
101, rue Henry-Bessemer
Bois-des-Fillion (Québec) J6Z 4S9

TABLE DES MATIÈRES

À tous ceux qui marchent
sur la voie de la maîtrise

INTRODUCTION DE FRANCE GAUTHIER

Depuis trois ans, dans le cadre de ma chronique sur la vie après la mort, j'ai interviewé près de 150 personnes, dont des scientifiques qui s'intéressent aux mondes parallèles et aux expansions de conscience, des gens qui ont connu des expériences de mort imminente (EMI) et de nombreux médiums. Parmi ces derniers, chacun a développé un talent unique à partir des facultés psychiques qu'il ou elle possédait déjà, mais qui n'étaient pas nécessairement reconnues ou acceptées. Même si le phénomène en soi demeure intriguant, je ne me pose plus la question à savoir si c'est possible ou non, puisque la science reconnaît aujourd'hui l'existence de la médiumnité, de la clairvoyance, des rêves prémonitoires et de la télépathie. Même que nous sommes tous plus ou moins médiums, selon plusieurs scientifiques. Des organisations aussi conservatrices que l'armée américaine et les différents corps policiers ont d'ailleurs recours aux services de médiums pour retrouver des gens ou repérer des lieux, notamment grâce à une technique appelée le *remote viewing* (vision à distance associée à la clairvoyance).

Bien que toutes les personnes rencontrées dans le cadre de ces entrevues soient exceptionnelles, quand mon éditeur m'a demandé si j'avais envie d'écrire un livre sur l'une d'entre elles, le seul nom qui me venait en tête était celui de Pierre Lessard. Pourquoi ? Pour plusieurs raisons. La première est que Pierre est un médium de transse profonde aux facultés extrasensorielles impressionnantes et rares. Mais au-delà de la fascination pour la forme, ce sont les propos qui m'ont le plus troublée. L'information transmise pendant les séances de *channeling* (canalisation) est d'une telle acuité, d'une telle précision, qu'on ne peut y rester indifférent.

Quand Pierre atteint cet état altéré, après quelques minutes de méditation, les Énergies d'un Maître, venues d'un autre plan de conscience, s'incorporent en lui. Son visage, sa voix, ses mimiques, ses gestes, tout change pour donner vie au Maître Saint-Germain. Comment cela est-il possible ? La science n'est pas encore rendue là. Je ne peux donc l'expliquer autrement que par les précisions que le Maître m'a lui-même transmises.

Il faut comprendre que tout est énergie dans l'Univers, de la pierre qui semble dormir en passant par les ondes radio invisibles jusqu'aux Êtres humains. En tant qu'Êtres vivants, nous vibrons à un taux vibratoire relativement bas, puisque nous sommes incarnés dans la matière. Quand Pierre médite, il augmente son taux vibratoire de telle sorte que des Énergies vibrant à un niveau plus élevé peuvent abaisser leur rythme et prendre possession de son corps. Toujours selon le Maître Saint-Germain, ses énergies vibrent en chacun de nous ; il suffit de se mettre dans un état permettant de les recevoir et les ressentir.

Ce n'est pas évident à comprendre, j'en conviens, mais une chose est sûre, on ne peut absolument pas mimer un état de transe profonde. Le phénomène est indéniable et se reconnaît grâce à un ensemble de caractéristiques physiologiques qui ne trompent pas, dont les globes oculaires en mouvement perpétuel derrière les paupières du médium. Je ne vais pas vous faire un cours de médiumnité 101, mais je tiens à en expliquer les bases, pour que vous puissiez vous faire une opinion éclairée à partir de faits, et non de suppositions.

Ce livre est divisé en trois parties. La première consiste en une courte biographie de Pierre Lessard, qui décrit le parcours singulier de cet homme au destin atypique. J'aurais voulu imaginer ce scénario de vie que j'en aurais été incapable, tellement la réalité dépasse la fiction.

La deuxième partie, la plus longue, retransmet la base des enseignements spirituels du Maître Saint-Germain. On y aborde des thèmes aussi universels que le sens de notre vie d'Être humain, la quête du bonheur, l'Amour, le karma, ainsi que la façon de créer notre réalité pour atteindre la joie pure et la maîtrise. L'essentiel des enseignements se résume en une phrase que le Maître utilise au début de chaque entretien : « Maître et Disciple de vous-même ! »

Ici, il n'y a ni dogme ni obligation. Chaque Être humain est un maître en devenir, et comme le Maître Saint-Germain se plaît à le répéter à tous ceux qui attendent encore un Dieu pour les sauver : « Les messies sont tous incarnés. Vous êtes tous des dieux ! »

La troisième partie est la retranscription de quelques entretiens publics qui ont été canalisés par le médium dans le passé, dont celui intitulé « La quête du Graal », le premier auquel j'ai assisté en juin 2006. Ce soir-là, Pierre Lessard ne savait pas qu'une journaliste était assise dans la salle, qui est d'ailleurs ouverte à tous. Après deux heures et demie d'un propos transcendant sur la quête de tout Être humain, je suis ressortie ravie et troublée à la fois. Les autres textes sur la solitude et le pardon permettent d'aller plus loin dans votre réflexion sur des thèmes universels qui n'ont pas été abordés dans la deuxième partie.

Pour écrire ce livre, j'ai suivi Pierre pendant un an dans plusieurs de ses activités, tant comme médium qu'à titre d'enseignant des différents ateliers qu'il propose. Je vous mets en garde, cet ouvrage ne se lit pas comme un roman. Chaque chapitre est complet en soi et peut être lu et relu sans recommencer au début. Il y a donc certaines répétitions que nous avons conservées, surtout parce que le cerveau humain a besoin de répétitions pour intégrer ces concepts.

Mon impression, quand je suis en présence des Énergies du Maître Saint-Germain, est d'avoir accès à une connaissance illimitée, qui dépasse de loin celle du médium, et à une grande sagesse universelle qui réveille celle que je porte en moi, que nous portons tous à l'intérieur de nous.

Bonne lecture... et relecture !

France Gauthier

INTRODUCTION DE PIERRE LESSARD

Plusieurs années d'exploration et d'expériences étonnantes sur les capacités énergétiques de l'Être humain et sur le monde « invisible » m'ont permis de me découvrir. C'est dans un moment de profonde intimité avec moi-même, en 1989, que j'ai choisi — et affirmé intérieurement — de consacrer ma vie à la « guérison ». Si, à ce moment, je pensais accompagner des gens dans leur guérison physique et psychique à travers les soins énergétiques, j'étais loin de me douter de ce qu'allait devenir ma vie.

Jeune adolescent, j'avais déjà à cœur de contribuer au mieux-être des gens sur cette terre. Je me souviens que mes élans de vie me poussaient, non pas à être moi-même important, mais à contribuer à quelque chose d'important. Mes deux grands rêves étaient de devenir chirurgien et de voyager à travers le monde. La carrière de médecin sans frontières aurait été une réponse toute naturelle pour moi. C'est avec une tristesse profonde que je me suis pourtant trahi en choisissant une carrière de gestionnaire.

Pour me consoler, je chérissais en secret à l'âge de 20 ans le vœu d'écrire un livre sur le sens de la vie. Si, aujourd'hui, je n'ai pas écrit ce livre, j'en ressens pourtant la même joie, puisque j'y ai contribué de tout mon cœur et de tout mon être.

Lorsque le processus de médiumnité s'est déclenché, je n'en comprenais pas le but. Puis, en prenant connaissance des éclairages qui étaient transmis à travers moi et en réalisant leur ampleur, leur beauté, leur portée, j'ai progressivement délaissé mes résistances face au phénomène. J'étais de plus en plus fasciné par l'universalité des propos transmis et par leur justesse.

Au fil du temps, j'ai reçu des indications claires pour que ces enseignements soient offerts à tous, de façon non sectaire, sans jamais qu'il n'y ait d'adhésion ou de niveau hiérarchique entre moi et ceux qui les recevraient. Loin des prédictions ou des déclarations mystiques, j'ai alors compris et ressenti que ces enseignements universels étaient destinés à éclairer les gens vers leur véritable guérison, soit vers leur autonomie, leur bonheur et la maîtrise de leur vie.

Cohérent avec mes engagements, j'ai donc choisi de consacrer toute ma vie à la transmission des enseignements du Maître Saint-Germain.

Lors de ma première rencontre avec France Gauthier pour une entrevue, j'ai compris qu'à sa façon, elle aussi consacrait sa vie à éclairer les gens vers leur véritable nature et leurs véritables choix. Dans son article de la revue *La Semaine* consacré à mon travail, j'ai été étonné et ravi de constater qu'elle puisse transmettre en quelques paragraphes, de façon aussi juste et éloquente, qui étaient le Maître Saint-Germain, Pierre Lessard et l'œuvre du Rayon Violet.

Lorsqu'elle m'a proposé ce livre, je savais qu'elle saurait recueillir les propos du Maître et les retransmettre avec intégrité dans une forme dynamique et stimulante. Par ailleurs, comme cet ouvrage lui fut transmis oralement, vous reconnaîtrez un langage parlé plutôt qu'écrit. Je vous propose de lire ce livre comme si vous écoutiez les paroles prononcées par le Maître.

Bien que les propos du Maître Saint-Germain puissent par moments bousculer vos croyances et vos valeurs, je suis convaincu qu'ils répondront à un appel intérieur vers la retrouvaille à la fois de votre Être et de la joie véritable.

Pierre Lessard

Première partie

PIERRE LESSARD

L'homme et le médium

LES CHOCS

Le petit Pierre Lessard vient au monde en étouffant. En 1954, les fameuses pompes conçues pour inhaler du Ventolin, que tous les enfants asthmatiques traînent aujourd'hui machinalement dans leur sac d'école, n'existent pas. La mère de Pierre sent qu'elle n'a pas le choix : ou elle veille 24 heures sur 24 cet enfant fragilisé par la maladie, ou elle risque de le retrouver mort à tout moment. Ainsi, toutes les nuits, Mme Lessard dort d'une oreille inquiète, toujours prête à bondir hors du lit pour lui sauver la vie.

C'est dans cette atmosphère surprotégée que Pierre grandit. Et grossit. Sous les ordres stricts du corps médical, Pierre n'a pas le droit de faire du sport, pas le droit de courir, pas le droit de s'exciter, par peur de déclencher une crise qui pourrait lui être fatale. Ses amis le surnomment d'ailleurs « le Gros ». Si bien qu'à la maladie et l'embonpoint s'ajoute un facteur aggravant d'étouffement : l'amour maternel. Un amour motivé par la peur. Un amour maladif de perdre un fils unique, bien que Pierre ait une grande sœur de 18 mois son aînée.

***

À l'âge d'entrer à l'école, les symptômes d'asthme n'ont en rien diminué, au contraire. Le jeune élève respire si difficilement qu'il lui arrive de manquer des semaines complètes de classe. Ces souvenirs sont encore tellement vifs aujourd'hui que Pierre ressent toujours la sensation désagréable de manquer d'air, par moments. Depuis sa naissance, il souffre également de violents maux de ventre dont personne ne comprend l'origine. Ses parents ont beau faire venir le médecin à la maison, jamais il n'arrive à identifier la source du mystérieux mal.

Un jour, alors que Pierre joue sur le balcon de la maison des voisins, rue Charton dans le quartier Ahuntsic, il entend son ami Michel crier à partir du balcon jumeau de la maison des Lessard : « Heille, le gros ! » L'enfant se retourne et fixe le bras de son voisin qui s'élance vers lui dans une motion inattendue. La suite se déroule comme dans une séquence de ralenti au cinéma. Il voit soudainement une roche se détacher de la main du petit garçon, traverser d'un balcon à l'autre, et vlan ! Plus rien. L'obscurité complète. Le noir total.

Puis, le blanc lumineux. Une lumière éclatante qui entre par son troisième œil, au milieu du front, exactement à l'endroit où il vient de recevoir le caillou lancé par son ami sans même avoir eu le temps de lever la main en guise de protection. Une lumière si éblouissante qu'elle va laisser sa marque. Le garçon de sept ans ne sait pas ce qui se passe à ce moment précis, mais il va se relever de cette attaque... complètement guéri !

Pierre ne fera jamais plus une seule crise d'asthme et ne souffrira plus de maux de ventre après cet épisode. Jamais. Des mois plus tard, ses parents se féliciteront d'avoir fait le bon choix en amenant leur fils consulter un chiropraticien, profession encore marginale qui se développe à l'époque. Mais l'homme est aujourd'hui convaincu que le « chiro » n'avait rien à voir là-dedans. La lumière qu'il a vue entrer dans sa tête, cette boule d'énergie qui s'est frayée un chemin vers l'intérieur par son troisième œil, est pour lui, sans l'ombre d'un doute, la grande responsable de sa guérison spontanée.

À la suite de cet incident, le petit Pierre devient rapidement ce qu'il aurait toujours dû être : un garçon enjoué qui mord dans la vie. Il veut tout essayer, tout expérimenter. D'abord se rattraper dans les sports, et tant pis pour le retard qu'il a accumulé pendant toutes ces années volées par la maladie. Ses parents l'inscrivent bientôt dans l'équipe de baseball du quartier, où il passe malheureusement le plus clair de son temps sur le banc, tout novice qu'il est. Ainsi, la première fois que M. Lessard se présente au terrain de balle pour voir son fils jouer, il pique une sainte colère à laquelle Pierre assiste un peu gêné. Papa rage de constater que fiston n'est pas sur le jeu, même si ses aptitudes sont nettement inférieures à celles de ses coéquipiers. Comment pourra-t-il s'améliorer, si le coach ne le laisse pas jouer ?

Parachuté aussitôt comme attrapeur au champ, l'heure de gloire sera de courte durée pour le jeune joueur. Pierre a à peine le temps de se dégourdir les jambes qu'il voit sa première balle lui arriver au-dessus de la casquette sans pouvoir placer son gant au bon endroit. Re-vlan ! Au milieu de la tête cette fois, en plein centre de son chakra couronne.

Ce deuxième choc ne provoquera toutefois aucune guérison miraculeuse spontanée. Ni le troisième d'ailleurs, qui surviendra beaucoup plus tard, à l'âge adulte, sous la forme d'un puissant coup de tibia placé stratégiquement en plein front par un compagnon de combat en karaté. Pierre, qui a repris le temps perdu, est maintenant un jeune homme athlétique dans la vingtaine en pleine possession de ses moyens. Grand, fort, mince et supérieurement en forme, il se donne à fond depuis l'adolescence dans tous ses sports préférés, dont le tennis et le karaté. Mais ce soir-là, malgré l'entraînement et les centaines de répétitions du même mouvement qu'il arrivait facilement à parer en temps normal, il voit des étoiles. Encore une fois.

Dans les heures qui suivent, une amie médecin lui confirme qu'il n'y a pourtant aucune commotion cérébrale, donc aucune séquelle à craindre. Pour Pierre, toutefois, tous les coups reçus sur ses sixième et septième chakras ne sont pas étrangers à sa médiumnité naissante qui ne demande qu'à se développer...

LES PREMIERS SIGNES DE PERCEPTIONS EXTRASENSORIELLES

À l'âge de 18 ans, Pierre, qui termine une technique en administration au cégep, se fait recruter par la multinationale Johnson & Johnson. Embauché pour combler un poste à l'usine de fabrication de tampons et serviettes hygiéniques, il commence subtilement à « ressentir » les gens et à « voir » les événements se profiler avant qu'ils ne se produisent. Il s'entend souvent penser qu'un tel collègue n'est pas très honnête ou qu'un autre n'a pas fait le travail correctement, sans comprendre d'où lui viennent ces étranges sentiments sur ses compagnons de travail. Même qu'au début, il a tendance à être plutôt sévère envers lui-même et se passe intérieurement la remarque : « Voyons, Pierre, arrête de juger le monde ! »

Au bout d'un moment, il se rend compte que toutes ces appréciations au sujet des gens qui l'entourent ne sont pas des jugements mais bien des « flashs » qui lui traversent l'esprit sans qu'il puisse les contrôler. D'où lui viennent ces pressentiments ? Comment les interpréter ? Peut-il se faire confiance ? Pierre est assailli par toutes sortes de questions auxquelles il n'a évidemment pas de réponse.

Un jour, il demande à voir son patron pour lui annoncer que d'ici trois semaines, l'usine sera paralysée. La compagnie devra stopper toutes les machines par manque de matériaux nécessaires à la production. Le supérieur bondit et sert une sérieuse semonce à sa jeune recrue « qui ne se mêle pas de ses affaires ». En effet, les fonctions de Pierre dans la compagnie ne touchent en rien les stocks de l'entrepôt, cette tâche spécifique relevant d'un autre employé fort expérimenté. Pierre est pourtant convaincu de ce qu'il avance, puisqu'au cours de la journée, il a eu une vision claire d'une usine vide, à la fois de matériel et de travailleurs.

Trois semaines plus tard, tel que prédit, toute la production est interrompue pour cause de stocks insuffisants !

Le patron repentant fait aussitôt venir Pierre à son bureau pour mieux le promouvoir... aux inventaires ! Doté de ce sens inné pour capter l'information plus subtile, Pierre se hisse rapidement au rang des gestionnaires de l'entreprise. À 21 ans, il a déjà huit employés à sa charge et est promis à un brillant avenir chez Johnson & Johnson.

Ce n'est que des années plus tard qu'un ami au MBA mettra des mots sur ce don particulier dont Pierre semble être doté : « T'es pas plus intelligent que nous autres, ce n'est pas ton raisonnement, ni ton analyse qui est supérieure, mais tu captes quelque chose qu'on ne saisit pas. » Pierre comprendra alors qu'il est un perceptif-né et qu'il n'a aucun effort à fournir pour « capter » ces connaissances. Il suffit de savoir écouter ses ressentis et d'accepter de faire confiance à ses visions.

***

C'est d'ailleurs en travaillant à temps plein pour la multinationale que Pierre décide de retourner aux études et de terminer d'abord un baccalauréat en administration. Mais étudier est un grand mot pour lui. Il n'a jamais eu besoin de forcer pour être un premier de classe. Déjà, il avait terminé son secondaire avec plusieurs notes parfaites en sciences et en français. Puisqu'il était très doué au secondaire, tout le monde lui conseillait « de faire ses sciences pures, qu'il aurait un plus grand choix de carrières par la suite ». Quand le temps des inscriptions au cégep est arrivé, Pierre a plutôt opté pour une technique administrative parce que le copain de sa sœur, « un génie » selon lui, venait d'être embauché par IBM après seulement quatre mois d'université. Il en avait conclu, à tort, que le beau-frère trouvait l'université trop difficile, donc qu'elle le serait aussi pour lui.

Mais après ces quelques années d'expérience sur le marché du travail, l'université lui semble tout aussi facile que les études qu'il a complétées jusque-là. De plus, il a une santé de fer et une énergie débordante. Et puisque l'administration est un deuxième choix pour lui, il traverse cette période avec un certain détachement. Il faut comprendre qu'à l'âge de 14 ans, Pierre savait qu'il devait faire quelque chose d'important. En fait, il croyait devenir chirurgien et consacrer sa vie à soigner les gens. Il ne se doutait pas qu'effectivement la guérison serait l'essence de son parcours, sans toutefois que la médecine se trouve sur le chemin.

C'est donc par cet étrange concours de circonstances qu'il finit par entrer au MBA (maîtrise en administration des affaires) quelques années plus tard, son deuxième choix encore une fois, puisqu'il rêve depuis un certain temps de se rendre au doctorat en psychologie, à défaut de faire sa médecine.

***

Toujours aussi perceptif, Pierre s'intéresse en parallèle à la visualisation et à plusieurs techniques reliées à la force du subconscient. Nous sommes dans les années 80, à l'époque florissante de la théorie du Dr Joseph Murphy, qui vient de publier un ouvrage révolutionnaire sur le sujet. Durant les week-ends, le jeune homme se joint ainsi à un groupe de rencontres avec qui il découvre la force de la visualisation, technique qu'il maîtrisera avant longtemps avec une redoutable efficacité.

Pendant cette même période, Pierre conclut finalement qu'une carrière de gestionnaire en entreprise n'est pas pour lui, et il accepte d'aller enseigner l'administration au cégep en même temps qu'il complète son MBA. Peu motivé par ses études, il décide de mettre à l'épreuve ses propres pouvoirs en expérimentant les techniques reliées au subconscient. En fait, il se fout éperdument des résultats qu'il obtiendra à la maîtrise, puisqu'il affectionne particulièrement son nouveau boulot d'enseignant. Ainsi, pour s'éviter les lectures fastidieuses imposées par le programme de second cycle, il « s'amuse » à tester ses nouvelles aptitudes pendant les cours.

La mise en scène est simple, voire même presue enfantine. Il imagine un centre de contrôle, similaire à celui du vaisseau *Entreprise* de la populaire série *Star Treck*. Lui est aux commandes, comme le capitaine Kurk, et il est entouré de nombreux assistants bien installés devant leurs ordinateurs super puissants. Dans sa tête, Pierre commence par saluer cordialement tout le monde (il semble très important que tout l'exercice se déroule dans une bonne humeur contagieuse). Puis il demande à ses assistants de tout enregistrer ce qui va se dire pendant le cours sur des bobines que seul son imaginaire peut concevoir. En bon commandant, il n'aura par la suite qu'à être attentif aux propos tenus par le professeur, sans avoir à prendre de notes.

Une fois assis dans la salle de classe, Pierre suit exactement la ligne de conduite qu'il s'est dictée. Présence soutenue, écoute active, pas de crayon. Tous les jours, il répète l'opération. S'il y a un livre à lire, il s'installe confortablement dans un fauteuil à la maison et dépose la main sur la couverture du bouquin en question. Puis, il entre dans un espace de méditation avec l'intention que le contenu du livre s'enregistre en lui.

Le jour de l'examen, Pierre arrive très tôt et demande à ses compagnons de classe de commenter leurs lectures et de faire un résumé de ce qu'ils ont retenu pour se préparer au test. Dans le processus, il est toujours convaincu que ses assistants enregistrent toute l'information transmise par les autres étudiants. Par la suite, il n'aura qu'à commander à son équipe de l'*Entreprise* d'aller chercher les bobines et de les faire jouer ! Quand il reçoit sa feuille d'examen, il prend le temps de lire toutes les questions pour permettre à ses assistants de choisir les bonnes bobines. La main placée sur la feuille d'examen, il ferme les yeux, attend quelques minutes, puis répond à toutes les questions sans hésitation, au gré de son inspiration.

Inutile de dire que les profs n'aiment pas beaucoup cet étudiant atypique qu'ils trouvent insaisissable, à la limite de l'insolence. Pierre va tout de même terminer son MBA avec des notes parfaites, à l'exception de deux cours où les enseignants ont jugé, sans preuve, qu'il devait nécessairement tricher pour obtenir de si bons résultats ! Cette affaire se retrouvera même devant le doyen de la faculté, accompagnée d'une demande d'expulsion du programme de maîtrise de ce candidat suspect. Heureusement pour Pierre, un autre professeur, qui le déteste le plus pourtant, se portera à sa défense en affirmant que son élève est certes un farfelu personnage, qu'on peut lui attribuer bien des qualificatifs et le traiter de tous les noms... sauf celui de tricheur !

Aujourd'hui, Pierre explique cet épisode de sa vie par la théorie de l'énergie. Pour lui, la matière, quelle qu'elle soit, est vivante et vibre à une fréquence déterminée. Par conséquent, il devient possible de capter sa vibration, que cette matière prenne la forme d'un livre, d'un Être humain ou d'une plante. La vibration d'un bouquin transmet sa connaissance qui, selon les enseignements du Maître Saint-Germain, est déjà inscrite en nous de toute façon et ne demande qu'à être éveillée. C'est ce que Pierre fait quand il pose sa main sur un livre : il entre en contact avec son contenu et éveille la connaissance dont il a besoin, connaissance universelle qu'il croit déjà codée en lui. Ainsi, pendant toute la période de son MBA, il ne lira aucun des livres obligatoires !

Pierre travaillera par la suite en entreprise pendant des années. Mais le monde des affaires ne le fait pas vibrer et les synchronicités vont tranquillement le faire dériver vers son véritable chemin de vie...

LE CHOC DÉCISIF

Avec un MBA en poche, Pierre continue d'accumuler les succès dans son domaine. Bien qu'il soit toujours professeur à temps complet au cégep, il trouve le temps de démarrer en parallèle une entreprise de consultation, et il pratique quotidiennement la visualisation, utilisant cet outil secret dans tout ce qu'il fait, même au niveau professionnel. Peu importe qu'il s'agisse d'une préparation de cours, de l'élaboration d'un contrat ou d'un dossier, le rituel est le même. Il s'assoie, respire profondément pour retrouver un espace de paix intérieure, met son équipe d'assistants en action et se laisse inspirer par la connaissance qu'on lui transmet. Un jeu d'enfant! Tellement qu'il s'amuse à le pratiquer aussi pendant ses loisirs. S'il assiste à un match de baseball ou de hockey, par exemple, il laisse monter l'inspiration et propose ensuite ses idées aux gens du marketing pour améliorer la visibilité de l'équipe. Il réussit comme ça à vendre quelques plans de marketing aux plus grandes équipes sportives et à certaines corporations québécoises et canadiennes d'envergure.

Toutefois, Pierre se lasse rapidement de cette vie trépidante un peu vide de sens. Il aime l'enseignement, mais il préférerait de loin enseigner la philosophie ou la psychologie, plutôt que l'administration. Par ailleurs, sa compagnie commence à lui peser lourd sur les épaules. Un vendredi, un de ses clients, représentant une banque bien en vue, lui demande de pondre pendant le week-end un plan stratégique visant à faciliter la procédure d'ouverture de comptes. Pierre se voit alors dans l'obligation de travailler avec ses collaborateurs toute la journée du samedi et du dimanche dans le simple but de produire un formulaire « dont personne n'a besoin, au fond ». La révolte gronde.

Pierre ne travaillera pas de la fin de semaine. Il passera plutôt son temps à réfléchir et à calmer ce feu qui le consume. Le lundi matin, il entre au bureau, serein. Il rencontre aussitôt ses associés pour leur annoncer la grande nouvelle. « Je démissionne », lance-t-il soulagé. Plus encore, il quitte définitivement l'administration. Fin d'une époque. Début de l'aventure.

Mais il doit d'abord faire face à la faillite. Actionnaire minoritaire, Pierre avait de bonne foi endossé la compagnie, à ses débuts, pour des emprunts substantiels que la banque lui réclame maintenant. Qu'à cela ne tienne, il lui reste l'enseignement. Mais même dans ce domaine, il vit des transformations profondes. Par exemple, puisqu'il s'intéresse aussi à l'astrologie, il s'entend régulièrement raconter à ses élèves comment un manager Verseau ascendant Lion se comporte en réunion et comment un professeur Balance ascendant Verseau, comme lui, se retrouve debout sur le bureau à former des étudiants de marketing en fonction de leurs signes astrologiques et de leurs perceptions subtiles !

En parallèle, il vit des états d'extase si inattendus grâce à la méditation qu'il ne cesse d'inviter ses amis à en faire autant, sans savoir bien sûr qu'il est doté de facultés peu communes. De plus, il sait qu'il veut désormais consacrer sa vie à la guérison. À la suite d'un stage de deux jours sur les soins énergétiques, il se découvre des dons pour la guérison. Maîtrisant rapidement son art, il voit plusieurs personnes se relever de sa table de soins partiellement ou complètement guéris. Il provoque même une guérison spontanée chez une proche à qui on vient de diagnostiquer un kyste gros comme un œuf sur un ovaire. Le lendemain, le chirurgien qui doit l'opérer d'urgence ne retrouvera jamais la tumeur ! Mais ses interventions en guérison ne connaissent pas toujours une fin aussi heureuse. Il y a aussi cette triste histoire d'une amie qui meurt malgré une année complète de soins énergétiques offerts parallèlement aux soins médicaux conventionnels. Pierre comprend rapidement qu'il n'est pas un guérisseur, en ce sens qu'il n'est pas responsable de la guérison ou non de ses sujets. Il est toutefois persuadé de pouvoir stimuler l'autoguérison des gens grâce aux soins énergétiques et commence à rêver de pouvoir réunir médecines traditionnelle, ancestrale et énergétique.

***

Dans cette même période, Pierre s'intéresse au phénomène des vies antérieures et pratique des séances de régression avec des amis. Dès qu'il adopte un certain timbre de voix, il a une facilité désarmante à faire basculer ses sujets dans des mémoires cellulaires de leurs vies passées. C'est qu'il a lui-même exploré ses vies antérieures sur une période d'environ un an avec l'aide d'une amie thérapeute. Dès la première séance, il a revécu le traumatisme d'une mort très violente...

Ce jour-là, après une détente préparatoire, il s'est tout à coup retrouvé dans un décor familier, où il pouvait voir et ressentir la grisaille du temps et l'immobilisme des lieux, avant qu'un bruit externe ne vienne déclencher le reste de la scène. Soudain, il s'est « vu » agonisant dans une tranchée, au beau milieu d'un champ de bataille pendant la Deuxième Guerre mondiale. Il a pu ressentir dans chacune des cellules de son corps l'horreur de la guerre. Il a revu les avions envahir le ciel, ses camarades se faire déchiqueter sous les bombes, les lambeaux de chair voler dans tous les sens et lui tomber dessus. L'enfer, comme s'il y était encore. Du coup, il a compris la force de ces images qui remontent quand il atteint un certain état de conscience altérée. Dans cette scène apocalyptique, il a également vu les balles de la mitraillette ennemie l'atteindre en pleins poumons. Pendant qu'il recevait les projectiles, son corps a sauté de plusieurs centimètres au-dessus de la table de traitement, sous les yeux ahuris de sa compagne thérapeute. Il s'est senti étouffer, la même sensation désagréable qu'il connaît bien depuis son enfance. Puis, il s'est revu mourir.

Pour lui, le film de sa dernière incarnation sur terre explique de façon éloquente qu'il soit né dans cette vie-ci en étouffant ! Il en aura même une confirmation plus tard, quand un médecin le mettra sous observation pendant deux ans pour une prétendue cicatrice de tuberculose, maladie grave qu'il ne développera finalement jamais. Pour Pierre, cette marque indélébile aux poumons porte plutôt l'héritage d'une mémoire temporelle. Cette expérience marquante et les autres qui suivront ne lui laisseront plus aucun doute sur l'existence des vies antérieures.

***

Fort de ces nouvelles connaissances, Pierre ouvre un petit cabinet de consultation où il offre, avec une amie, des soins énergétiques. Puisque la clientèle ne se bouscule pas encore aux portes, Pierre et sa collègue décident d'offrir des conférences en soirée, expliquant entre autres leur nouvelle pratique. Le premier soir, il vient une vingtaine de personnes. Le nouveau thérapeute n'est pas nerveux, il a l'habitude de parler en public, notamment devant ses étudiants. Soudain, il perd le contrôle.

En 10 ans d'enseignement, jamais Pierre n'a vécu pareille affaire. Il est pourtant un habile communicateur qui sait énoncer sa pensée de façon structurée et cohérente, suivant un plan soigneusement préétabli dans sa tête. Mais en ce moment précis, ce n'est plus lui qui décide ! Il s'entend parler devant tout ce monde sans savoir ce qui va suivre ni ce qu'il vient juste de dire. Il a beau essayer de se ressaisir et d'ordonner ses pensées, rien ne fonctionne. Les paroles qui sortent de sa bouche ne sont simplement pas celles qu'il veut dire ! Comme si quelqu'un d'autre avait pris possession de son mental et parlait à travers lui sans qu'il ait le loisir de voir venir les prochains mots à être prononcés.

Si Pierre en rit aujourd'hui, ce soir-là de 1989, c'est la panique ! Il se croit, au mieux momentanément détraqué, au pire complètement fou. Pourtant, les gens demeurent attentifs dans la salle. « Sûrement qu'ils ont pitié de moi » se dit-il intérieurement.

Quand la conférence se termine, tout le monde se précipite vers lui pour le remercier et lui témoigner à quel point ce qu'il vient de dire était extraordinaire ! Même qu'ils en redemandent, proposant au conférencier de se faire entendre à toutes les semaines. Mais lui ne se souvient de rien ! Cette expérience est si troublante qu'il hésite à donner la seconde conférence.

Sous les pressions de sa collègue, qui lui affirme ne jamais l'avoir entendu parler avec autant d'éloquence, Pierre récidive. Doublement d'ailleurs, puisque le même scénario se répète. Il ne contrôle pas un mot de ce qu'il dit devant cette salle pleine de monde venu l'entendre parler de méditation ! Les gens qui assistent à sa prestation ont beau trouver formidable ce qu'il raconte, Pierre pense réellement qu'il est en train de perdre la tête. Il ne peut en prendre davantage, si bien qu'après la conférence, il décide de tout plaquer. La pratique des soins énergétiques, les conférences, et bientôt même l'enseignement. Vraiment tout. Pour faire quoi ? Réaliser un de ses grands rêves après les études en médecine : celui de faire le tour du monde avec son sac à dos.

LE VOYAGE INITIATIQUE

Pour amorcer son tour du monde, Pierre planifie se rendre aux Philippines. En guise de préparation à ce périple, il se fait offrir par des amis d'être initié à la technique des guérisseurs philippins, dont quelques-uns sont de passage au Québec. Alors qu'il attend son tour pour vivre l'ultime expérience de se faire « ouvrir le corps » (les guérisseurs de ce pays sont réputés pratiquer des opérations à mains nues en ouvrant l'abdomen ou une autre partie du corps de leurs patients, sans douleur ni séquelles), il est interpellé par un ami qui lui indique qu'un des Philippins requiert son assistance.

Spontanément, Pierre revit l'intensité d'une expérience transcendante passée avec un Être de lumière, toujours à travers une de ses tentatives de régression où il avait atteint un état de conscience altérée inespéré. Sans le savoir, Pierre s'était alors retrouvé pour la première fois en compagnie du Maître Saint-Germain (il ne pouvait identifier ce personnage à cette époque), dans un espace d'amour tel qu'il ne voulait plus en revenir. Avant d'accepter de reprendre son corps, il a fait un pacte avec cet Être. Il lui a clairement fait la demande de pouvoir dédier sa vie à la guérison s'il revenait sur terre...

Sorti de ses pensées, Pierre comprend qu'il est sans doute choisi, parmi tous les gens qui se sont massés ce matin-là dans la petite salle d'attente d'une maison privée à Brossard, à cause de cette demande à l'Être de lumière. Ou bien est-ce l'effet de la pensée magique ? Quoi qu'il en soit, il accepte avec empressement l'invitation.

Dans la pièce où se pratique l'intervention, il est témoin de la scène. En fait, il décrit plutôt voir les fibres cellulaires de la peau du patient s'ouvrir sous les doigts du guérisseur, sans qu'il y ait de sang qui coule ou d'organes qui en sortent. Une fois l'opération terminée, le Philippin met un bandage sur « la plaie » et le patient entre tout bonnement chez lui. Pierre est le prochain sur la liste à « se faire ouvrir le ventre ». Quand il se relève de la table, il n'a plus de poil sur le thorax. Il jure pourtant que personne ne l'a rasé ! C'est à ce moment que le guérisseur lui offre de le suivre aux Philippines pour lui enseigner la méthode tant controversée.

Ce sera un rendez-vous manqué. En effet, dans les jours qui suivent, Pierre se sent vivement appelé par l'Égypte. Il entend en méditation qu'il doit absolument se rendre dans le pays des pharaons. Il réalise du coup la quantité de signes qui le poussaient vers l'Égypte depuis des mois, sans qu'il y porte attention. À son retour, au bout de six semaines, l'homme sait qu'il doit repartir, et cette fois, pour beaucoup plus longtemps. Grâce à une prime offerte aux enseignants qui démissionnent en cette époque de surplus de profs, le grand aventurier de 36 ans prend l'avion, aller simple, pour l'Inde.

***

Pierre débarque à Delhi à 5 heures du matin, un beau jour de janvier 1990. Avant de partir, il ne voulait prendre avec lui aucune adresse spécifique d'ashrams, de retraites de gourous incontournables ou de centres spirituels en vogue. Il désirait simplement se laisser guider là où la vie le mènerait. Évidemment, il est très intéressé par les lieux et les personnages mystiques. Sauf que pour lui, le but n'est pas seulement de se rendre quelque part, mais bien de vivre pleinement le chemin qui y mène.

Un soir, Pierre entre avec sa compagne de voyage dans un restaurant de Mahabaliphuram choisi au « hasard ». Comme c'est leur habitude depuis leur arrivée en Inde, les deux partenaires s'assoient un à côté de l'autre sur la banquette, dans le but avoué de favoriser des rencontres avec les gens de la place. À cette heure-là, cependant, il n'y a qu'un autre couple d'occidentaux dans l'établissement. Curieusement, ils sont eux aussi installés un à côté de l'autre, faisant face aux deux Québécois. Quand leurs regards se croisent, Pierre les salue gentiment. Le couple répond en l'invitant avec sa copine à se joindre à eux pour le repas.

Une fois les présentations d'usage terminées, pour apprendre notamment que les autres voyageurs sont des Australiens, Pierre engage la conversation tout de suite en parlant de méditation, un sujet qu'il n'aborde pourtant jamais avec des étrangers, et encore moins de façon aussi spontanée. En cours d'exposé, l'homme l'interrompt pour lui demander s'il est avocat. Pierre répond que non et poursuit son envolée oratoire. Il explique au couple qu'il pratique aussi les soins énergétiques et qu'il obtient souvent de très bons résultats. C'est à ce moment que l'homme demande à Pierre s'il accepterait de soigner sa femme qui a des petits ennuis de santé. Il convie les jeunes Québécois à se joindre à eux le lendemain matin pour une séance de taï chi sur la plage. Pierre, qui est aussi un adepte de cette discipline orientale, accepte avec plaisir.

Le lendemain, tout se passe comme prévu... ou presque. Pendant le soin qu'il prodigue à la femme, Pierre est assailli de visions. Il décide d'oser et présente, comme elles lui viennent, les informations qu'il reçoit intuitivement. Au bout d'un moment, les Australiens lui font remarquer que tout ce qu'il dit est d'une justesse impressionnante, bien que le Québécois ne connaisse rien de leur vie. Après la séance de taï chi, l'Australien lui demande à brûle-pourpoint s'il connaît le Maître Saint-Germain. Pierre est perplexe. Un an avant son départ pour l'Inde, il a consulté un médium qui lui a justement affirmé que son guide maître était Saint-Germain. Mais le Québécois n'avait aucune idée qui pouvait être Saint-Germain, si bien que, sur le coup, l'information ne l'avait même pas fait sourciller.

Pierre raconte tout de même cet épisode aux Australiens, sans en faire plus de cas. Les yeux du couple se mettent à briller. Depuis des années, ils organisent en Australie des soirées avec un *channel* américain qui canalise les Énergies du Maître Saint-Germain. Avant de partir en voyage, ils ont été informés que le canal de cet Américain commençait à se « parasiter ». En clair, le Maître devait changer de médium. Saint-Germain leur a alors donné une description du nouveau canal qu'il allait utiliser. Il s'agissait d'un homme d'expression française œuvrant actuellement dans le monde de l'administration et du droit. En entendant ces paroles, Pierre sourit. Il n'a même pas encore dit à ses hôtes qu'il a enseigné le droit des affaires au cégep, ni même qu'il avait étudié en administration au préalable !

L'Australien en rajoute. La veille, lui et son épouse ont éprouvé un étrange sentiment, identique à celui qu'ils ressentent quand le Maître Saint-Germain se présente à eux à travers le médium américain. Ils avaient des frissons, se sentaient dans un état second et se demandaient pourquoi. Ils ont alors balayé du regard l'endroit où ils se trouvaient, en plein cœur de la ville indienne, pour tenter de repérer la source de leur émoi. C'est à ce moment qu'ils ont aperçu Pierre et sa compagne marchant tranquillement de l'autre côté de la rue. La synchronicité qui a voulu que les deux couples se retrouvent dans le même resto, le soir venu, ne pouvait certes pas être qu'un vulgaire hasard. Surtout que le Québécois correspond en tous points à la description faite par Saint-Germain. En plus, quand il leur a parlé de méditation la veille, il l'a fait mot à mot dans les termes exacts employés par le Maître lors d'une canalisation organisée deux ans auparavant.

Pierre reçoit toute cette information avec surprise et une certaine réserve. Les Australiens lui prédisent que sa vie va complètement changer. Sans lui confier en détails ce qui va lui arriver, « même si le Maître les a mis au courant », ils informent Pierre qu'il « va canaliser les Énergies de Saint-Germain. C'est une certitude. »

Les Québécois passent ensuite la journée avec leurs hôtes sans reparler de médiumnité. Le lendemain, les deux couples se quittent, le cœur content de cette rencontre inespérée, emportant chacun avec eux l'adresse des autres, au cas où...

PREMIÈRE CANALISATION

Plusieurs mois passent. Pierre et sa compagne parcourent toujours l'Inde, visitant ici et là des centres très prisés par les voyageurs spirituels. Pierre ne se sent toutefois pas interpellé par ces endroits, même s'il trouve inspirants tous ces lieux sacrés. En discutant avec d'autres Occidentaux, il se fait conseiller de se rendre à Ganeshpuri, là où réside la célèbre Maître Gurumayi. Quand lui et sa copine arrivent enfin à l'ashram, fatigués et sales, le Québécois ne sait pas à quoi s'attendre. Il n'a fait aucune recherche pour savoir qui est ce gourou ou ce qu'elle représente pour les gens qui viennent de partout dans le monde dans l'espoir de la rencontrer.

À la réception, Pierre annonce qu'il ne sait pas pourquoi il se trouve là, mais il sait qu'il devait y venir. La femme qui l'accueille semble plutôt étonnée de constater que le jeune homme ne connaît pas le maître des lieux. Elle l'invite tout de même à aller se laver et à revenir une demi-heure plus tard, « elle va lui présenter Gurumayi ». Tout semble si facile que Pierre ne réalise pas sa chance. De retour à l'heure convenue, la femme lui fait signe de la suivre. Pierre est aussitôt amené dans une grande salle où des centaines de personnes sont assises, attendant patiemment leur tour pour aller se prosterner devant l'Indienne.

Guidé par la réceptionniste, il passe devant tout le monde et se retrouve bientôt aux côtés de Gurumayi. Elle le salue en anglais et Pierre saisit l'occasion qui se présente pour s'entretenir avec le Maître en elle. Il lui confie que lorsqu'il médite, en très peu de temps il atteint des états de joie incomparables. Mais en même temps, il perd le contrôle de son bras droit qui s'agite dans tous les sens. Gurumayi lui sourit. Elle lui répond sans attendre qu'il canalise un Maître non incarné « ayant déclenché la shakti en lui ». Pierre trouve cette révélation fort intéressante... sauf qu'il n'a aucune idée de quoi elle parle ! Gurumayi précise qu'un swami (prêtre indien enseignant) va venir lui expliquer ce qu'elle veut lui faire comprendre.

Une fois seul avec le swami, Pierre se fait confirmer qu'il est médium et qu'il sert de canal pour un Maître qui a choisi de stimuler son énergie de création. En clair, quand il médite, le Maître qui se manifeste à l'intérieur de lui déclenche des états d'extase, aussi appelés « shakti » ou « élévation de la kundalini ». Cette énergie monte le long des chakras du corps de Pierre, lui procurant un bien-être infini, tout en lui donnant accès à des visions et à une certaine connaissance universelle.

Pour conclure la séance d'enseignement de toutes ces notions complètement étrangères à un Occidental moyen, Gurumayi invite gracieusement Pierre à vivre chez elle le temps qu'il le désire. Un grand privilège que bien des voyageurs spirituels pourraient jalouser.

Deux semaines plus tard, Pierre n'en peut plus. Pourtant, l'ashram de Ganeshpuri est un véritable paradis terrestre. Mais le futur médium sent au fond de ses entrailles qu'il doit partir. Toujours accompagné de sa partenaire de l'époque, Pierre continue ainsi sans contraintes son périple, si ce n'est de s'imposer une méditation quotidienne qui n'a rien d'un sacrifice. Parce qu'à chaque fois, le même scénario se répète. Il respire profondément jusqu'à ce que son bras droit se mette à s'agiter dans tous les sens pour finir par se placer le long du corps, permettant aux mains de se joindre dans un geste de salutation. Puis, c'est l'extase. Il se sent investi de lumière, une lumière d'amour absolu que seuls certains initiés et les gens qui ont vécu une expérience de mort imminente (EMI) ont le privilège de ressentir.

Un matin, après le rituel de préparation à la méditation, une Voix se met à parler à travers Pierre. « *Que voulez-vous savoir que vous ne sachiez déjà ?* » demande-t-elle. La copine de Pierre, qui a été témoin de tous les événements, dont les entretiens avec le swami à l'ashram, sait que son ami est médium. Le plus naturellement du monde, elle commence à poser des questions à la Voix, qui lui répond de façon très éloquente. Au bout d'un moment, Pierre « reprend sa place à l'intérieur de sa tête ». Sa copine lui fait un résumé de ce qui vient de se dire, même si Pierre, à cette époque, entend tout ce qui se dit à travers lui, comme s'il était présent à l'entretien, mais assis à côté de lui-même, en train de s'écouter parler. La sensation est des plus étranges. Pierre commence enfin à comprendre qu'il n'est pas fou. Il s'agit bien de la Voix qui parlait aussi à travers lui quand il donnait ses conférences à la clinique de soins énergétiques avant de partir en voyage.

Dès la deuxième méditation, la jeune femme reprend le même manège et écoute le message. Avant que son copain ne sorte de son état de conscience altérée pour reprendre la route, elle demande si la Voix a un message à transmettre à Pierre. Pour toute réponse, le Maître articule : « *Tu parleras d'amour avec une épée dans la main.* » Cette petite phrase est la première communication directe entre les Énergies du Maître Saint-Germain et Pierre Lessard. Mais sur le coup, le nouveau médium ne comprend pas ce que le Maître veut lui dire. Pour lui, c'est un langage ésotérique hermétique. Il lui faudra des années pour intégrer cette courte révélation.

Dans les jours qui suivent, question d'explorer ce nouvel univers de connaissances, la copine de Pierre demande quotidiennement « à la Voix » quelle destination elle et son ami devraient choisir. Chaque fois, on leur répond sans détour et dans un vieil accent français où ils pourraient se diriger. Les deux voyageurs se laissent ainsi guider tout au long de la route, accueillant de surcroît les messages de « la Voix » comme un cadeau du ciel.

À partir de ce moment, Pierre ressent le besoin intense de se rendre en Australie retrouver le couple qui lui a fait sa première révélation concernant le Maître Saint-Germain. Mais lui et sa compagne veulent absolument visiter la Chine avant de changer de continent.

Au lieu d'écouter ses intuitions, Pierre se retrouve en Chine pour un séjour qui sera écourté par de nombreuses embûches de la vie. En fait, tout se met à aller mal. D'abord, il se fait voler son porte-monnaie, et quand il demande de l'aide, personne de le comprend. Le mauvais sort semble vouloir s'acharner sur les jeunes Québécois. Cinq jours plus tard, Pierre et sa copine s'envolent pour la Thaïlande, d'où ils appellent leurs amis australiens afin de leur annoncer qu'ils vont leur rendre visite sous peu...

LA CONFIRMATION

Pour les Québécois, le couple d'Australiens représente leur seul lien avec le Maître Saint-Germain. Pendant cette période, Pierre accepte tant bien que mal d'être médium, surtout qu'il ne connaît rien de ce monde ni de celui du Maître qui se manifeste à travers lui. Il a besoin d'en savoir plus et de comprendre ce qui lui arrive. Après avoir passé une semaine à Melbourne, Pierre et sa compagne louent un petit logement à Adélaïde, au bord de la mer, là où leurs amis s'apprêtent à déménager pour ouvrir un centre spirituel.

Pour mettre Pierre en confiance avec ses nouvelles facultés, le couple australien invite quelques amis familiers avec les Énergies du Maître Saint-Germain à assister à une séance de canalisation publique. Le Québécois, qui n'a aucune notion ni de médiumnité ni du vocabulaire spécialisé s'y rattachant, demande à ses hôtes ce que veut dire le terme « canalisation publique ». L'homme lui explique qu'il n'a qu'à se détendre, à méditer comme il le fait toujours et à laisser monter ce qui lui vient.

Pierre s'assoie calmement devant les cinq personnes triées sur le volet et se prépare à entrer dans une forme de transe qui lui est propre. Après quelques respirations, son bras droit, secoué par des spasmes incontrôlables, bouge d'un côté à l'autre, monte au dessus de sa tête, puis se place en flexion, permettant à ses mains de se rejoindre toujours dans le même geste de salutation. Et la Voix se met à parler... en anglais ! Pierre assiste lui aussi à la canalisation, puisqu'il est conscient de ce qui se dit à travers lui, mais il ne reconnaît pas son propre anglais ! L'entité qui parle a un vieil accent britannique et s'exprime de façon impeccable, ce que Pierre n'arrive pas à faire en temps normal, sauf s'il utilise un langage courant d'affaires.

À la question posée par un participant à savoir pourquoi le Maître Saint-Germain utilise maintenant le canal de Pierre, la Voix répond que quelques médiums sur la planète se sont faits confier des fonctions spécifiques. Certains servent à diffuser de grands messages de paix, d'autres à transmettre des explications scientifiques, sur l'électromagnétisme par exemple. À travers Pierre, le Maître veut s'adresser aux individus et les guider dans leur démarche personnelle. Il précise que le nouveau médium ne doit rien lire sur la vie du comte de Saint-Germain, le personnage connu comme un alchimiste mystique ayant vécu au 18e siècle, ni sur quelque sujet spirituel que ce soit, question de garder le canal le plus pur possible. En clair, fini la lecture, sauf pour ce qui est des ouvrages sans fondement spirituel. Avant de terminer la séance, la Voix s'adresse directement à un des participants dans la pièce en lui disant : « Vous avez une question que vous n'osez pas poser. Voici la réponse... »

En sortant de son état de semi-transe, Pierre est interpellé par le participant qui lui affirme avoir eu exactement cette question en tête. Il ajoute qu'il n'y a aucun doute, le style, l'intonation, la vibration, tout ressemble à s'y méprendre aux propos du Maître Saint-Germain. Les autres observateurs confirment qu'ils reconnaissent eux aussi les Énergies du Maître ascensionné.

Fort de cette certitude, Pierre et sa copine optent pour reprendre leur route, malgré les pressions des Australiens qui tentent de convaincre leurs invités de s'installer en permanence à Adélaïde. Mais Pierre ne le sent pas. Il sait au fond de lui qu'il doit revenir au bercail, bien qu'il ait encore envie de voyager un peu avant. Quelques jours plus tard, les deux aventuriers atterrissent en Indonésie pour une période indéterminée.

Un autre mois passe pendant lequel Pierre écrit à ses amis tout ce qui lui arrive, dans les moindres détails. Une nuit, il rêve à Gurumayi. Elle lui demande avec insistance de venir la rejoindre en Inde. Pierre se réveille troublé. Qu'à cela ne tienne, il ressaute aussitôt dans un avion et retourne à Ganeshpuri, pour se faire confirmer par la gourou qu'elle l'a bel et bien appelé de façon télépathique dans ses rêves. Elle veut qu'il s'installe à l'ashram, pour le reste de sa vie s'il en a envie !

Au bout de deux semaines, le scénario se répète. Pierre n'en peut plus. Sa voix intérieure le pousse très fort à revenir au Québec. Le Maître Saint-Germain, qui se manifeste continuellement en Pierre, lui fait comprendre qu'il ne peut pas demeurer à l'ashram, qu'ensemble ils ont autre chose à faire que de méditer à temps plein dans ce paradis terrestre. « Le monde est malade, non pas en Inde, mais en Occident. Il souffre du manque d'amour », voilà les mots que Pierre entend en lui.

Les disciples de Gurumayi sont estomaqués. Ils ne comprennent pas que Pierre veuille s'en aller. Mais le médium, bien que totalement en harmonie avec la philosophie de l'Indienne, ressent un profond malaise, difficile à exprimer. N'écoutant que sa voix intérieure, qui commence à lui être de plus en plus familière, il rentre au pays, transformé.

***

Après 12 mois d'un voyage initiatique qui les a menés aux quatre coins du globe, quel bonheur de retrouver enfin leurs proches ! Le premier réflexe de Pierre est d'appeler ses meilleurs amis. Voyant l'occasion de raconter les moments forts de son long périple, il accepte avec empressement leur invitation à souper. Toujours accompagné de sa copine de voyage, Pierre entame le récit époustouflant des aventures qui ont complètement chamboulé sa vie dans la dernière année quand, cinq minutes plus tard, il se fait interrompre. Son ami lui annonce avec enthousiasme que la série *Les filles de Caleb* va bientôt jouer à la télé et qu'ils prennent une pause d'une heure ! Pierre se rend compte de façon brutale que le décalage n'est pas seulement horaire entre l'Inde et le Canada. Il est si déçu qu'il se lève et rentre chez lui, amer. Il annonce du coup à sa compagne qu'ils doivent repartir le plus tôt possible en voyage, le Québec étant devenu trop étroit pour lui.

Il faudra à Pierre une autre période de six mois, à explorer l'Amérique du Sud cette fois, pour se remettre de sa déception et prendre la décision éclairée de revenir à Montréal ouvrir un bureau de consultation où il offrira ses services à titre de médium et de thérapeute en soins énergétiques.

LA TRANSITION

Installé à Montréal pour y rester, Pierre commence à douter. Il doute de lui, de ses facultés, de sa mission. Il a beau avoir vécu toutes ces expériences extraordinaires d'extase et tous ces contacts avec son guide maître, on a beau lui avoir confirmé qu'il était médium et non fou, il n'est toujours pas sûr de lui. Pour se rassurer, il prend rendez-vous avec une médium réputée qu'il a déjà consultée avant de partir en voyage. À cette époque, Pierre était fasciné par ces gens aux facultés psychiques étonnantes. Après avoir lu un livre de Shirley McLane, il en avait rencontré quelques-uns, poussé par la curiosité et le besoin de comprendre. Il souhaitait ardemment vivre les mêmes expériences paranormales que l'actrice américaine. Il était d'ailleurs prêt à se rendre en Suède rencontrer le médium de la star ainsi qu'à se payer un séjour au centre spécialisé du Nouveau-Mexique où elle avait vécu ses régressions dans des vies antérieures.

En mettant les pieds dans le bureau de consultation de la médium, l'homme se fait accueillir brutalement. « Qu'est-ce que tu fais ici ? » qu'elle lui demande, irritée. « Tu sais que tu es médium. Tu as un guide et contrairement à bien d'autres, ce guide te parle directement à toi. Tu n'as pas d'affaire ici. »

La femme accepte tout de même de discuter avec Pierre quelques minutes. Elle lui explique qu'il n'a plus à consulter d'autres médiums, car ça le maintient dans le doute et affecte ses facultés psychiques. Elle affirme aussi que M. Lessard père est toujours là pour guider son fils. Pierre est tout à coup sceptique. Il n'a jamais eu une relation facile avec ce père absent de son vivant, pourquoi se manifesterait-il à présent ? La médium s'explique. M. Lessard essaie de communiquer avec son fils par la montre. Elle ne sait pas ce que ça veut dire, mais Pierre, lui, s'illumine.

Alors qu'il était étudiant en administration, il avait écrit un essai de science-fiction sur l'histoire d'un gars qui programmait des montres capables de livrer des messages magnétiques à ceux qui les portaient. Toute la famille de Pierre avait lu ce travail, même son père. La nuit qui a suivi le décès de M. Lessard, Pierre a vu son père assis au bout de son lit, aussi clairement que s'il était encore vivant. Mais M. Lessard ne parlait pas. Dans les jours qui ont suivi, la mère de Pierre lui a demandé ce qu'il voulait garder comme objet, en souvenir de son papa. Le jeune homme de 28 ans à l'époque avait choisi la montre qu'il avait lui-même offerte à son père en cadeau d'anniversaire de mariage. Pour des raisons inexpliquées, la montre refusait de fonctionner dans le bras de Pierre, même si tous les réparateurs lui affirmaient qu'il n'y avait aucun problème avec le mécanisme.

En entendant la voix de la médium, Pierre sort de ses souvenirs. Elle insiste. « Ton père communique avec toi à travers la montre. » Pierre comprend alors que le lien avec le monde subtil ne se produit pas seulement entre lui et le Maître Saint-Germain. Une nouvelle certitude vient de s'ancrer en lui : il est possible aussi de reconnaître les signes de nos Êtres chers disparus à tous moments.

Aujourd'hui, quand une odeur très forte de cigarette se manifeste dans son automobile de non-fumeur, Pierre sait que son père vient lui dire bonjour. C'est de cette façon que M. Lessard se manifeste pour que son fils sache reconnaître sa présence. Il avait toujours une cigarette au bec, jusqu'à la fin de sa vie !

***

Les débuts de Pierre comme médium dans son petit bureau de consultation sont plutôt modestes. Il reçoit quelques clients par-ci, par-là, et pour arrondir les fins de mois, il devient guide pour le Club Aventure. Le propriétaire de l'agence de voyages, Robert Plante, croit profondément en son employé et en ses dons médiumniques hors du commun. Question de mettre les priorités à la bonne place, il permet à Pierre d'organiser son horaire en fonction de ses consultations privées, pour mieux se transformer en guide de voyages exotiques dans les moments moins occupés.

Sur une période d'environ cinq ans, Pierre alterne ainsi entre les consultations privées, les entretiens en canalisation pour diffuser les messages du Maître Saint-Germain devant public, les soins énergétiques et les voyages à titre de guide. Sans s'en rendre compte, chacun de ces voyages représente pour lui une initiation. Pierre se sent porté par le Maître Saint-Germain partout où il va. Chaque périple l'amène un peu plus loin sur son propre chemin de maîtrise de lui-même et de sa médiumnité. Il ne le sait pas encore, mais il est en train de se préparer à devenir le guide de voyages initiatiques qu'il est aujourd'hui.

***

Le temps s'écoule et Pierre prend de plus en plus d'assurance. Même s'il est convaincu qu'il est pleinement à sa place quand il porte son chapeau de médium, il n'en parle que très peu aux gens qui l'entourent. Quand on lui demande ce qu'il fait dans la vie, il répond qu'il travaille comme guide de voyages. Au bout de quelques années de ce temps partagé entre la médiumnité et le Club Aventure, il délaisse tranquillement l'agence pour se consacrer à temps plein à sa mission d'enseignant. Mais cette fois, ce sont uniquement les enseignements du Maître Saint-Germain qu'il transmet.

LES ENSEIGNEMENTS DU MAÎTRE SAINT-GERMAIN

Progressivement, Pierre Lessard devient un médium de transe profonde, c'est-à-dire que son canal se transforme pour céder de plus en plus la place aux Énergies du Maître Saint-Germain. Aujourd'hui, ces vibrations venues d'un autre plan de conscience entrent littéralement dans le corps du médium. C'est ce qu'on appelle le « phénomène d'incorporation ». Ainsi, de parfaitement conscient, sans toutefois pouvoir contrôler le contenu de ses paroles, il est lentement passé à « inconscient » de ce qui se dit, même si les paroles du Maître s'inscrivent en lui dans le processus. Quand les séances de canalisation se terminent, Pierre revient à lui et ne se souvient d'absolument rien. Il a pourtant une mine splendide, comme s'il venait de faire une sieste de deux heures ! Contrairement à d'autres, pour qui la transe est une expérience exténuante, les séances de canalisation avec le Maître Saint-Germain ne fatiguent aucunement le médium. C'est plutôt l'inverse qui se produit : l'exercice lui apporte une énergie renouvelée.

S'il y a eu des moments de doute au début et en cours de route, c'est aujourd'hui une joie pure et une véritable vocation pour le médium de transmettre les enseignements du Maître. Grâce à la guidance qu'il reçoit quotidiennement, il a aussi pu renouer avec ses dons d'enseignant et de communicateur pour devenir le meilleur ambassadeur de ces enseignements dans des contextes où les canalisations seraient moins bien reçues. Sa façon de schématiser et de vulgariser la matière est totalement inspirée.

Depuis qu'il consacre sa vie aux Énergies du Maître Saint-Germain, Pierre promène sans relâche ses conférences et ses canalisations publiques de Montréal à l'Europe francophone en passant par les régions du Québec et du Nouveau-Brunswick. Au début, seules quelques personnes courageuses se présentaient les soirs d'entretiens publics avec les Énergies du Maître Saint-Germain. Puis, il a fallu changer de salle à quelques reprises pour permettre d'accueillir de plus en plus de gens chaque semaine, et ça, sans aucune publicité. Outre le fameux « Maître et Disciple de vous-même », qui est devenu une formule de salutation pour les Énergies du Maître Saint-Germain, un des enseignements de base est d'expliquer l'Amour comme étant une énergie créatrice infinie et très puissante. Pierre l'enseigne avec ferveur, loin des concepts à l'eau de rose reliés au côté plus affectif du terme. C'est ce que le Maître voulait lui dire quand il a affirmé : « Tu parleras d'Amour avec une épée de lumière dans la main. »

Le médium offre aussi des rencontres individuelles aux gens qui sont en démarche spirituelle. Ces entretiens privés en présence des Énergies du Maître Saint-Germain sont si populaires qu'il y plusieurs années d'attente pour obtenir un rendez-vous. De plus, Pierre guide toujours des voyageurs à l'étranger quelques fois par année, mais uniquement pour des voyages initiatiques dans les endroits les plus inspirants de la planète, tels que le Pérou, l'Égypte, l'Inde et le Tibet.

Qu'il soit en train de donner un enseignement en soins énergétiques, de transmettre des connaissances sur la méditation ou d'animer un atelier, comme l'émergence de mémoires de vies antérieures, Pierre alterne toujours entre l'enseignant en lui et le médium de transe profonde, cédant alors sa place aux Énergies du Maître. Mais même quand c'est l'homme qui parle, l'inspiration vient immanquablement du Maître Saint-Germain. Pierre ne peut plus s'exprimer en public sans entendre la « Voix » lui souffler les lignes. Il est constamment accompagné par ces Énergies porteuses d'une connaissance infinie.

Sous la guidance du Maître Saint-Germain et sous le chapeau de l'Œuvre du Rayon Violet (à noter que le violet est la couleur associée au Maître Saint-Germain, qui stimule l'élévation du rythme vibratoire et une ouverture de conscience des Êtres humains), Pierre et sa partenaire Josée Clouâtre ont créé ensemble différentes activités et formations offertes toujours dans le but d'accompagner des gens dans leur évolution spirituelle, de façon très concrète et adaptée à la vie occidentale. D'ailleurs, tous les ateliers offerts avec sa collaboratrice des premières heures leur ont été transmis par le Maître au fil des ans.

Aujourd'hui, ces cours sont enseignés également à des professionnels, tels que des médecins, des psychologues, des profs et autres. Dans les faits, le rôle de Pierre est de transmettre les enseignements en état altéré de transmédiumnité ou en état de veille ; celui de Josée, qui est thérapeute, est de favoriser leur intégration dans une vie concrète équilibrée tant par des accompagnements psychospirituels individuels que par des ateliers offerts à des groupes d'intervenants de différents milieux.

Depuis plusieurs années, Pierre et Josée consacrent toute leur vie à la diffusion des enseignements du Maître Saint-Germain qui, pour eux, sont non sectaires, hors dogmes et contribuent clairement à bâtir un nouveau monde de paix et d'égalité pour tous.

Enfin, à la demande du Maître Saint-Germain, Pierre et Josée ont mis sur pied la Fondation du Rayon Violet, qui a pour but de créer un réseau d'enfants reliant les institutions, comme des orphelinats et des hôpitaux, des endroits les plus démunis de la planète à celles des pays les plus riches. À ce jour, la totalité des fonds recueillis ont été versés à différents établissements du Pérou, Tibet, Inde, et ce, sans retenir aucun frais d'administration à la source.

Vous pouvez trouver toutes les informations concernant les canalisations publiques passées et à venir, enseignements, stages, séminaires, formations et voyages initiatiques offerts par le Rayon Violet en consultant le **www.rayonviolet.com**.

Deuxième partie

ENSEIGNEMENTS DU MAÎTRE SAINT-GERMAIN

Questions-réponses avec la journaliste France Gauthier

« **Un Maître, c'est un Être qui vit très intensément.** Il vit si intensément qu'il n'a pas à abuser de quoi que ce soit. Il est en rapport avec toute la beauté de ce monde avec tant d'intensité qu'il n'a pas à la posséder. »

— Maître Saint-Germain

INTRODUCTION DU MAÎTRE SAINT-GERMAIN

(Note : tous les entretiens avec le Maître Saint-Germain débutent par un petit rituel d'intériorisation que nous retranscrivons seulement dans l'introduction)

Chère Âme, Maître et Disciple de vous-même, accueillez notre Amour.

S'il vous sied, fermez vos yeux, et derrière vos yeux clos, respirez consciemment.

Inspirez la lumière.

Inspirez la luminosité du violet jusqu'au plus profond de votre Être.

À l'expiration, abandonnez vos tensions, vos préoccupations, et autorisez tout votre Être à se détendre.

Goûtez votre propre présence. Goûtez votre vibration.

Ressentez, au plus profond de vos entrailles, l'énergie de vie, l'énergie de création.

Ressentez la puissance de l'Être et sa douceur, délaissant ainsi les aspects plus contractés, les plus ombrageux de votre Être.

Et, vous unissant à votre lumière, voguez à l'intérieur de vous, sans attente.

Lorsque, pour un instant, vous autorisez la création d'un espace d'intimité en ne répondant plus aux sollicitations du mental ou du corps physique et lorsque vous rencontrez la sensation de votre Être, le calme et la paix profonde émergent.

Parce que la paix existe en chaque Être.

Peu à peu, l'autorisation d'être dans la sensation de vous-même vous permet d'être dans la sensation de ce qui vibre autour de vous, c'est-à-dire la Connaissance subtile et les émanations de toutes les formes de vie.

Ces sensations bientôt se transformeront en inspirations. Et ces inspirations pures sauront vous guider vers l'expression juste de votre Être, l'expression de ce qu'il est, de son essence, de ce qui peut le guider vers la joie pure, le vrai bonheur.

Chère Âme, nous vous invitons donc à goûter et à ressentir votre propre présence. Certes, les sollicitations extérieures de votre environnement, comme celles de votre mental et de votre corps, sont nombreuses et font souvent en sorte que vous évitiez ou que vous ne soyez pas disponibles à vous ressentir dans un espace d'intimité avec vous-même.

Pourtant, offrez-vous ce moment, car il s'agit d'un moment d'amour et de respect de vous. Vous y découvrirez qu'au plus profond de vous-même il y a une pulsion de vie, il y a une force de création, il y a une volonté de recherche d'amour et de joie qui vous anime et qui dirige votre vie.

Vous ressentirez que, malgré les obstacles, malgré les douleurs, malgré les frustrations et les désillusions, il y a au plus profond de vous un élan qui vous propulse jour après jour dans cette recherche d'amour et de joie. Vous découvrirez que cette pulsion de vie en vous est une énergie de lumière. Vos talents et vos dons y sont contenus. Toute la beauté de votre Être réside dans cette pulsion de vie. Celle-ci va attirer vers vous maintes expériences, maintes situations qui sont en soi des opportunités de laisser émerger vos talents, vos qualités, votre beauté, de vous honorer, tout en honorant la vie et l'Univers.

Chaque Être humain porte en lui une envie profonde d'aimer et d'être aimé. Lorsque vous reconnaissez que chaque Être humain est mû par cette même pulsion, vous pouvez

reconnaître que vous êtes tous unis. Cette reconnaissance de l'union apaise l'Être, permet une sensation intérieure de paix. C'est la paix de l'Âme. Et lorsque vous ressentez la paix, alors vous pouvez vous déployer beaucoup plus librement sans craindre d'être jugé, sans craindre d'être dans une déviance. Vous pouvez amoureusement être vous-même et faire ou exprimer tout ce que vous portez à l'intérieur de vous. Ainsi, tout ce que vous exprimerez collaborera d'une part à démontrer que vous êtes uni, et d'autre part à renforcer l'union des Êtres.

C'est en ces termes que nous vous invitons à comprendre le sens de cette vie, à comprendre quelle est véritablement la recherche de l'Être humain, ce qui fera en sorte qu'il vibrera de joie pure autant pour ce qui semble être un frein pour lui. Il est important que vous puissiez comprendre que vous êtes une lumière, que vous êtes beauté et que, sur cette Terre, vous n'êtes pas venu pour épurer les aspects de vous qui sont souillés. Vous êtes plutôt venu présenter, démontrer, déployer toutes les facettes de votre Être qui peuvent participer à une œuvre commune, vous donnant vraiment la sensation d'exister, d'être utile, de participer à un mouvement universel et d'être présent dans le Tout.

Tous les Êtres humains recherchent le bonheur. Pourtant, peu savent définir ce qu'est le bonheur. Il n'est pas étonnant que la majorité ne le trouve point. Tous les Sages, tous les Maîtres, tous les Êtres qui vous entourent vous transmettent jour après jour que c'est ce que vous êtes qui peut vous réjouir, qu'il faille vous connaître et vous apprécier, non pas comme un personnage, une personnalité ayant son caractère et ses comportements limités, mais comme un créateur qui a son individualité et qui peut reconnaître sa voie. Cette voie distingue l'Être des autres, sans toutefois l'opposer aux autres, mais au contraire, lui permet de s'allier, de se réunir, d'offrir le meilleur de lui.

Nous vous proposons de considérer la vie sur cette Terre comme une opportunité qu'a saisie le duo Âme-Esprit que vous êtes de manifester à travers ce corps, dans la matière, dans la relation avec les autres Êtres, la beauté de l'Univers. Nous vous invitons à faire en sorte que la vie sur cette Terre soit une célébration, que vous puissiez être dans la sensation que tout votre corps vibre, de telle sorte que lorsqu'il y a un inconfort ressenti au niveau du cœur, vous sachiez que votre voie n'est pas tout à fait juste pour vous. Et lorsque vous sentez une vibration joyeuse dans votre corps, vous pourrez alors reconnaître que la voie est juste vers votre bonheur.

C'est la vibration de votre cœur qui vous indique ce qui est juste pour vous. De cette façon, la Conscience de l'Univers s'unit à votre cœur pour que la façon dont vous vous déployez soit aussi lumineuse pour vous que pour les autres.

Allons ensemble ressentir quel est le sens de cette vie, ce qu'est l'Amour, ce qu'est le bonheur, ce qu'est l'amitié, ce que sont la liberté et le mouvement créateur, car cette Terre est pour chaque Être humain un espace pour y représenter sa beauté et celle de l'Univers. Portez en vous cette conscience. Unissez-vous de plus en plus à ce qui est beau, à ce qui est harmonieux, à ce qui est amoureux. Ainsi, vous vous attirerez cela et vous collaborerez à créer cela dans votre vie.

Merci, Maître Saint-Germain, pour cette introduction. Alors, pourquoi ne pas commencer par définir l'Être humain et le sens de sa vie sur terre?

Certes. Qu'il en soit ainsi.

LE SENS DE LA VIE

Maître Saint-Germain, quel est le sens de notre vie sur Terre ?

L'Être humain est un fils de l'Univers. Il est une création de l'Univers qui se présente sur cette Terre pour collaborer à une grande œuvre commune en déployant ses dons et ses talents, et ce, pour sa plus grande joie. À travers ce déploiement de son Être véritable, il ressent qu'il est utile à l'humanité, qu'il s'accomplit et qu'il œuvre dans l'Univers. Il est donc cocréateur avec l'Univers.

Imaginez l'Univers tout entier comme étant un océan constitué d'une infinité de gouttelettes d'eau. Cet océan, en mouvement perpétuel, fait en sorte qu'il se transforme à chaque instant, qu'il se recrée à chaque moment. Lorsque l'océan rencontre des rochers ou des récifs, une multitude de gouttelettes d'eau se projettent alors dans le ciel. Vous êtes d'accord pour dire que chacune de ces gouttelettes d'eau est une expression de l'océan ? Chacune est encore l'océan, et pourtant, durant la période transitoire où elle est gouttelette, il est facile de penser qu'elle se sente séparée, désunie. Éventuellement, elle va pourtant retomber, couler vers l'océan et retrouver la sensation de sa nature universelle, ce qui veut dire ici, sa nature d'océan.

Vous qui l'observez, qui êtes témoin de la scène, vous n'y voyez aucun drame. À chaque instant, vous observez la gouttelette et vous savez qu'elle est l'océan. Au départ, elle était présente dans l'océan. Certes dissoute, diluée, mais toute présente à la fois. Lorsqu'elle est projetée dans le ciel, bien qu'elle soit une gouttelette, elle est toujours l'océan, et vous savez que son parcours l'entraînera à nouveau dans l'océan. Pourtant, pour elle, durant tout ce périple dans le ciel jusqu'au rocher qu'elle atteindra, pour ensuite couler le long des parois vers l'océan, elle pourrait avoir l'impression d'être séparée.

Chaque Être humain incarné est comme une gouttelette. Tôt ou tard, il retrouvera la sensation qu'il est universel. Son parcours l'entraînera éventuellement à nouveau dans l'Univers. Il pourra d'ailleurs conscientiser en chemin qu'il est encore l'Univers, avant même d'avoir quitté l'incarnation, tout comme la gouttelette peut être reconnue comme étant l'océan, même en dehors de celui-ci. Comment ? En prenant conscience de ceci...

L'Âme des Êtres humains est en soi une lumière, une énergie qui existe partout dans l'Univers. Si on revient à l'analogie de la gouttelette, l'« Âme » de celle-ci existe partout dans l'océan. Que la gouttelette soit à un endroit de l'océan, qu'elle soit en suspension dans les airs ou sur un rocher, son Âme est une énergie qui existe partout. Où qu'elle soit, elle EST l'océan. Il en va de même pour l'Être humain. Son Âme existe partout et fait en sorte que, où qu'il soit, il EST l'Univers.

Si la gouttelette d'eau est entraînée du ciel vers les rochers, puis vers l'océan, nous dirons que cette attraction de la gouttelette vers l'océan, qui peut être représenté par le Tout, est sa Conscience ou son Esprit. L'Esprit oriente son parcours, un parcours conscient qui lui permet de retrouver l'union totale avec l'océan.

C'est la même chose pour l'Être humain. **Son Esprit le guide de telle sorte qu'il puisse retrouver totalement les sensations d'être uni avec le reste de l'Univers, avec le Tout.**

Qu'il en soit conscient ou non, il est uni au Tout. Par son Âme, il est l'Univers. Toutefois, par son incarnation, il a l'impression d'être séparé. L'Esprit va donc le guider, orienter son parcours. Par la Conscience, l'Esprit va lui offrir une direction. En clair, l'Esprit donne à l'Être la direction à suivre dans ses recherches pour que tout ce qu'il fait et ce qu'il est fasse sens. L'Esprit le guide pour qu'il puisse contribuer à la retrouvaille de la sensation qu'il est le Tout, même dans l'incarnation.

C'est ainsi que l'Être humain est à la fois une Âme qui existe partout dans l'Univers et un Esprit qui lui offre la direction pour se réunifier au Tout.

Mais pourquoi l'Être humain se sent-il « divisé » ?

Parce qu'il est lumière à la source et que cette énergie va se manifester dans la matière. La matière est également de l'énergie, mais à un rythme vibratoire plus lent. Prenons un exemple concret. Vous pouvez observer que le rayon de soleil est uni à tout ce qui est présent dans la salle où vous êtes, tant à l'atmosphère qu'à chacun des objets sur lesquels il se pose. On ne peut pas en dire autant pour la chaise qui ne vous semble pas si unie à tout ce qui existe. Pourtant, elle est aussi énergie. Mais parce que l'énergie vibre à un rythme moins rapide, parce qu'il y a une contraction de l'énergie quand elle est sous forme de matière, elle semble être moins en fusion. C'est une apparence, une illusion. La chaise est tout autant en relation avec l'énergie totale de cette salle que chaque cellule, chaque particule d'énergie qui s'y retrouve. Il en est de même pour l'Être humain.

Lorsque le duo Âme-Esprit s'incarne dans la matière, dans la chair, il peut pour un instant avoir l'impression d'être séparé à cause de la densité. L'Être peut se sentir moins dissout, moins dilué dans le Tout, à cause de la forme qu'il utilise. Cette sensation de séparation fera naître en lui le besoin d'être reconnu comme étant universel. **Uni-versel**. Tout comme si la gouttelette d'eau portait le besoin d'être reconnue comme étant l'océan et, tant et aussi longtemps qu'elle ne le ressent pas, elle va tenter de s'exprimer pour que cette reconnaissance puisse devenir réelle.

C'est ainsi que deux parcours s'offrent à l'Être humain dans sa recherche de reconnaissance. **Le premier parcours est celui du déploiement de sa nature véritable et de son essence.**

Sa nature véritable

D'une part, sa nature véritable, c'est d'être l'Univers. Et que fait l'Univers ? Il crée. Il est dans un mouvement créateur perpétuel. Il fait en sorte que tout se recrée continuellement. **Nous pourrions nommer l'Univers « Dieu ».** Il crée tout ce qui existe et son mouvement fait en sorte que sa création se transforme de façon continue. **Ainsi, de par son Âme qui est dissoute dans tout l'Univers comme la goutte dans l'océan, l'Être humain est universel. Il est aussi Dieu. Il est donc un créateur. De par sa nature, l'Être humain est créateur.** Et même s'il est incarné, il est toujours énergie de lumière en mouvement, et ce mouvement fait en sorte qu'il est créateur.

Son essence

D'autre part, son essence est son individualité, ce qui le représente. Chez l'Être incarné, donc celui qui s'est uni à la matière, il y a des dons, des talents, des qualités qui lui sont propres. C'est cela que nous appelons son « essence ». Il va pouvoir retrouver la sensation de l'union avec le Tout en déployant ses talents, ses dons, ses qualités, ce qui créera en lui la sensation d'être l'Univers.

Puisque l'Univers est créateur, l'Être humain, en créant, se sentira uni à l'Univers. Il va ici retrouver une paix profonde, puisque l'espace de non-paix ressentie auparavant est créé par la sensation de séparation. Lorsqu'il se sent plus universel parce qu'il est créateur, il retrouve un espace de paix, et sa création va favoriser une joie profonde et pure.

Le mouvement créateur, c'est le mouvement de l'Univers. C'est le mouvement de Dieu. Et ce mouvement est Amour. Pour comprendre cette notion d'Amour, demandez-vous ce que vous pouvez offrir de mieux à ceux que vous aimez, sinon le meilleur de vous-même. Si le meilleur de vous-même est d'être par votre essence créatrice un enseignant, par exemple, eh bien c'est en vous déployant, en vous mettant en mouvement comme enseignant que vous pourrez offrir le meilleur de vous. Le mouvement est donc Amour. Et ce mouvement est orienté vers la réunification au Tout.

Dans cette perspective, l'Être va retrouver en lui des pulsions, des élans de vie qui naissent de son essence et qui inspireront sa création. À partir de ses dons, de ses qualités, de ses talents, l'Être va créer pour retrouver la sensation du Tout. Et son Esprit le guidera, l'orientera dans les voies qui font sens pour lui. Les voies qui font sens pour lui sont les voies qui respectent ses dons et son orientation. C'est donc une perspective qui est faite de paix, d'amour, de joie, de lumière. **L'Être va se reconnaître par le déploiement de ses dons et retrouver ainsi la sensation qu'il est le Tout.**

C'est bien beau tout ça, et on se le souhaite tous, sauf que, si je ne m'abuse, ce n'est pas tout à fait ce qu'on observe chez la grande majorité, sinon la presque totalité des Êtres humains, non?

Il y a une autre voie que la très grande majorité, soit plus de 97 % des Êtres humains sur cette Terre, va emprunter.

Rappelez-vous que l'Être est mû par un besoin de reconnaissance qu'il est uni, qu'il existe dans le Tout. Selon la guidance qu'il aura reçue des Êtres qui l'ont conçu, de ceux qui l'accueillent et de l'humanité lorsqu'il se présentera sur cette Terre, **il va identifier « le Tout » comme étant « tous les autres Êtres humains »**. Ainsi, il pourra être guidé, dans ce parcours de réunification, à être et à faire ce qu'il faille être et faire pour être aimé, pour satisfaire les Êtres qui se trouvent autour de lui et pour être intégré.

S'unir au Tout signifiera, pour lui, être accueilli et aimé par tous les Êtres humains. Or, les proches autour de lui ont des besoins et des désirs qu'ils projettent vers l'Être. Dans ces conditions, l'Être peut tenter toute sa vie de répondre aux besoins des autres en développant des états et des habiletés qu'il croit être justes pour être apprécié, et ce, toujours dans le même but d'être reconnu.

Toutefois, ces habiletés qu'il utilise, qu'il développe pour répondre à la demande extérieure ne sont pas nécessairement en correspondance avec ce qu'il est véritablement, avec son essence. Il va donc créer un écart entre son essence, ses dons, ses talents, ses qualités et ce qu'il développe vraiment pour être reconnu. Il va développer simultanément une image, un « personnage », ce que vous appelez aussi « la personnalité ».

Puisque ce n'est pas lui, ce n'est pas son essence, il va se créer une autre représentation de lui et tenter de satisfaire tout son environnement. Entendez par là tout autant son environnement familial, social, culturel, éducationnel que religieux. **Il va créer un personnage qui tentera de répondre à « ce qu'il croit » que cet environnement attend de lui, toujours pour être reconnu.**

Bien sûr, comme il crée un écart entre ce personnage et ce qu'il est véritablement (son Être véritable), il risque de vivre des insatisfactions. Il peut vivre certaines joies de plaire aux Êtres qui l'entourent, mais il vivra surtout des insatisfactions, car il ne s'exprimera pas selon ses dons à lui. **Cet écart, ces insatisfactions représentent le conflit de l'Être avec lui-même.**

Puis, l'Être vivra d'éventuelles tristesses, colères, impatiences et frustrations qui seront nourries, d'une part, par l'écart entre son personnage et son Être véritable, d'autre part par ses actions. Pourquoi ? Parce que, n'étant pas lui-même, il ne réussira jamais véritablement à être et à faire ce qui satisfait totalement son environnement et qui le satisfait, lui, simultanément.

Reprenons en d'autres mots. **L'Être va tenter d'être et de faire ce qu'il croit devoir être et faire pour être aimé.** S'il est aimé, cela ne convient pas. Un jour ou l'autre, il sentira qu'il est aimé pour ce qu'il n'est pas, donc il ne sera pas satisfait. Ce n'est pas lui qu'on aime, c'est son personnage. Et s'il n'est pas aimé, cela ne conviendra pas non plus. Il sera très insatisfait, puisqu'il a fait tout ce qu'il a cru devoir être et faire pour être aimé, et il ne l'est pas. C'est une voie sans issue, et c'est pourtant la voie que les Êtres humains utilisent.

Pourquoi 97 % des Êtres humains?

Le conflit de l'Être avec lui-même naît du besoin de reconnaissance. La réponse à votre question est à l'intérieur même du processus de division. L'Être se sent divisé d'avec le Tout. Nous savons qu'il ne l'est pas, mais puisqu'il se sent divisé, il fait appel à l'extérieur pour être accompagné, guidé, invité à son déploiement, plutôt que d'écouter ses voix intérieures. C'est à l'extérieur qu'il répond pour adopter les façons de faire les plus gracieuses, les plus nobles ou les plus tendancieuses. **Malheureusement, l'Être laisse l'extérieur dicter son mouvement.**

Nécessairement, même avec la meilleure volonté et le plus grand amour, les proches comme les parents, par exemple, peuvent projeter chez un Être leurs propres besoins.

Mais en réalité, l'Être n'est pas divisé. Il est uni. Et lorsque, dans son parcours, les insatisfactions et les divisions s'intensifient, l'Être peut reprendre conscience qu'il est déjà uni à un autre niveau et choisir de retrouver la voie de l'expression de soi, le **Je Suis véritable**.

Le **Je Suis véritable** est la dimension divine, christique, universelle de l'Être. Elle est associée à son Âme. Le **Je Suis véritable** se manifeste dans l'Être par une énergie de création, une pulsion de vie et par une envie profonde de se déployer à partir de ses propres énergies, de ses propres pouvoirs, de ses propres forces.

Lorsque l'Être, voulant répondre à l'extérieur, emprunte l'autre voie, c'est qu'il est dans une sensation limitée du Je Suis véritable au moment de l'incarnation. S'il n'est pas guidé à retrouver cette force de vie intérieure et à comprendre quelle est sa vraie nature, alors il ira nécessairement vers l'autre voie, celle de répondre aux autres.

Est-ce que vous nous suivez bien ?

Oui. Mais je suis intriguée de savoir qui est dans le 3 % ? Qui reconnaît tout de suite sa nature et son essence ?

On ne vous a pas dit « tout de suite », chère Âme.

L'on vous a dit que, dans cette humanité, 3 % des Êtres retrouvaient la sensation du **Je Suis véritable** et choisissaient de résoudre le conflit intérieur en suivant la guidance, l'inspiration de leur lumière universelle. Oui, de ce 3 %, certains sont guidés dès la naissance. Mais certains autres retrouvent cette conscience pendant le parcours. Pourquoi ? Comment un Être peut-il retrouver cette voie ? La voie la plus contractée — appelons-la ainsi...

La plus difficile...

— ... entraîne l'Être vers des insatisfactions qui pourront dégénérer en différentes formes de conflits. Ces conflits pourront aussi dégénérer en différentes formes d'inconforts que nous verrons ultérieurement...

Vous voulez dire des maladies, des souffrances ?

Oui, dans des formes de maladies et de souffrances. Éventuellement, l'Être vit tant d'inconforts, tant de douleurs, tant d'insatisfactions qu'il se rend compte en cours de route que la voie, au cœur de laquelle il se trouve, ne fait pas sens. Il se rend compte qu'il est certainement plus qu'un Être incarné. **Il est une Âme.** Il ne sait comment la définir, mais il sait qu'il est plus que seulement de la matière. Il sait aussi qu'il a une pulsion pour aimer et être aimé, une pulsion d'unification. Cette pulsion, cette orientation, c'est l'Esprit.

Et il se rend compte que sa façon d'être et ses façons de faire ne lui permettent pas véritablement d'aimer, d'être aimé, d'être profondément satisfait, joyeux et paisible. Et qui plus est, il souffre. Alors, l'Être est intelligent. Si une voie l'entraîne dans le conflit, la solitude intérieure et des souffrances, il peut choisir de changer de voie. Peu à peu, pas à pas, il va ressentir ce qui le fait vibrer profondément et va retrouver l'autre voie.

Il y a donc deux voies, chère Âme: une voie qui est naturelle et une voie qui est biaisée par le besoin même d'être reconnu, par l'illusion que l'Être n'est pas déjà uni. Cela signifie que l'Être est déjà en conflit avec lui-même et que ce conflit avec lui-même va dégénérer en conflit avec l'extérieur ou avec son corps, sous une forme ou sous une autre. Ce sont des thèmes que nous pourrons observer de façon beaucoup plus fine par la suite.

D'accord. Maintenant, pouvez-vous me donner un exemple, pour bien imager le sens de la vie et le chemin qui peut le faire dévier?

Imaginons qu'un Être s'incarne. Il est bien sûr de nature universelle, comme tous les Êtres, et son essence se définit par des dons ou des qualités de nourricier et d'union avec la terre. C'est un Être qui a des qualités et une propension à œuvrer avec la terre pour que, d'elle, puissent émerger des arbres, des plantes, une nourriture saine. C'est un Être qui porte en lui une dimension terrestre. Il a en lui des qualités pour bien sentir, bien comprendre la terre et la faire vibrer.

Vous nous suivez dans cet exemple?

Oui. L'Âme d'un jardinier ou d'un agriculteur.

Voilà. Il se présente dans une société d'Êtres bien nantis, mais dans une famille qui porte à la fois des insécurités et qui, à travers le continuum familial, a pu équilibrer ses insécurités par un travail au niveau de la loi. De père en fils, ils ont donc toujours œuvré comme des hommes de droit, des hommes de loi.

Des avocats ou des juges...

C'est cela. Un métier noble dans cette famille qui permet aux Êtres de bien vivre, d'être honorés, appréciés, reconnus dans leur image, et donc, de mener une vie apparemment bien en équilibre. L'enfant qui naît est accueilli dans cette famille sans aucune pression, et encore moins d'oppression quant à ses choix de vie. L'Être est dirigé dans une éducation qui favorise son développement intellectuel, sa capacité d'analyse, de synthèse, d'élocution. Parallèlement, il s'intéresse à la matière, aux fleurs, aux plantes, et certes, dans sa famille, on n'y voit aucune objection. Alors, il y a un jardin dans lequel il peut jouer avec le jardinier. On ne peut que l'encourager à ce niveau. Et dans cette atmosphère plutôt agréable, l'Être va grandir.

Adolescent, il est toujours fort intéressé par les plantes. Le jardinier est bien sûr un homme humble qui reçoit un humble pécule pour sa contribution. Il est logé dans cette famille bien nantie et n'a pas beaucoup de véritable liberté, puisqu'il n'a pas de capacités pécuniaires, mais la famille l'aime bien.

Vous voyez, nous ne faisons pas un exemple sordide !

En effet.

L'enfant est toujours guidé dans ses études. Et bien que le jardinier ne soit pas dévalorisé, tout le contexte familial fait en sorte que ce qui apporte des satisfactions extérieures à l'enfant n'est pas associé aux plantes. Bien qu'on lui permette d'être toujours fort attiré par les plantes, toute la famille se réjouit d'autres éléments qui proviennent de toute la liberté que permet le travail d'homme de loi, que ce soit au niveau pécuniaire, au niveau de la reconnaissance, des droits de ceci et des privilèges de cela.

Et lorsque vient le moment de choisir une orientation, l'Être est alors fort appelé par le jardinage. Mais à la fois, tout indique autour de lui que, pour son bien-être, pour sa liberté sur cette Terre, pour la reconnaissance de toute son image, il serait préférable qu'il soit un homme de loi.

Donc, nous disons que l'influence, dans cet exemple, est fort subtile mais constante. Nous pouvons dire que jusqu'à maintenant, il n'y a pas de tort en soi. Il sera un homme de droit et va jardiner tant et aussi longtemps qu'il en ressentira l'appel. Toutefois, lorsqu'il débutera son travail, il y aura tant d'exigences, tant de demandes, tant de pression, tant de sollicitations que, pour vraiment répondre aux exigences, aux performances, il ne pourra plus donner place à cet élément terrien en lui et il ira plutôt uniquement vers ce parcours d'homme de droit. Mais il est bien accompagné, soutenu, supporté. Il développe une carrière qui est une réussite. *Successful,* dites-vous ?

Oui, un « success story ».

Alors, il est reconnu socialement. C'est un homme qui a développé une prestance. Il réussit sa vie selon les normes extérieures. Il est dans la lignée de la famille, dans la lignée de la culture sociale, et tout va pour le mieux. Toutefois, tout son parcours est une réponse à ce qu'il croyait qu'on attendait de lui. Jamais il ne fut guidé à ressentir ses élans, ses pulsions véritables. Jamais il ne fut guidé à reconnaître ce qui lui permettrait une joie véritable.

Ses satisfactions, tant sur le plan affectif, monétaire que social sont tout de même pour lui une réussite et il croit que sa vie l'est tout autant. Toutefois, plus il y a des exigences de performance, plus il se sent emprisonné. Peu à peu, il sent aussi qu'il n'est pas vraiment profondément satisfait. Il veut toujours plus. Il a de plus en plus de désirs. Il se sent quelquefois aimé pour ce qu'il n'est pas et cela le rend amer. Progressivement, intérieurement, il sent l'emprisonnement. Avec le temps, cette situation va entraîner soit des difficultés relationnelles aux niveaux affectif et professionnel, soit des difficultés avec son propre corps.

Les Êtres autour de lui lui diront : « C'est la vie ! » Selon les normes de la société, il a une vie parfaite, mais bien sûr, le rythme de la vie fait en sorte qu'il y a un peu de dégénérescence de ceci ou de cela. Nous vous disons en ce jour : **Cela**

n'est pas la vie! Les satisfactions de surface qu'il a cru être et nommées ses « joies réelles » ne correspondent point à l'ampleur des satisfactions et des joies qu'un Être peut vivre lorsqu'il entre dans la voie lumineuse et amoureuse de lui-même.

Bien. Maintenant, j'aimerais que vous m'apportiez une précision sur l'Âme, l'incarnation comme telle. Est-ce qu'il y a quelque chose qu'on peut comprendre, à notre niveau très terrien, de la manifestation d'une Âme dans un corps? Comment cela se produit-il?

Expliquons ceci. Lorsqu'un homme et une femme se rencontrent pour créer, ils sont (le plus souvent inconsciemment) déjà en relation avec une Âme qui veut s'incarner. Une Âme est en relation avec leurs Âmes pour favoriser une unification et une synchronicité. Dans l'union de ces deux Êtres, un germe est créé. Ce germe porte nécessairement une fibre universelle, puisque chacun des deux créateurs est universel. Il ne peut en être autrement. Ce germe, parce qu'il porte une fibre universelle, va commencer à croître.

Vous voulez dire le fœtus?

Oui, le fœtus va croître. Donc, il y a un mouvement de vie qui est bien entendu naturel, puisqu'il y a la vie dans tout. Lorsque le fœtus croît, la vibration de l'Âme se présente pour conscientiser ce fœtus, c'est-à-dire qu'il y a une rencontre. Le duo Âme-Esprit s'associe, s'unit à ce germe ou à ce fœtus, si vous préférez. À ce moment, le fœtus, c'est-à-dire l'Être, est déjà en relation avec son essence, l'essence de l'Âme. Déjà là, il y a une inscription de ses qualités et de ses dons. Et déjà là aussi s'inscrivent des éléments mémoriels, ce qui appartient à d'autres expériences passées.

Est-ce que vous voulez parler de la notion des vies antérieures?

Oui, des mémoires de vies antérieures sont déjà présentes.

Si on accepte cette affirmation, elle explose en 1000 questions. Entre autres, ça nous amène à voir que l'Âme choisit son incarnation, choisit ses parents.

Voilà.

... on peut aller très loin, là, si on part là-dessus ?

Nous pouvons aller aussi loin que vous voulez, chère Âme, aux confins de l'Univers, puisque nous y sommes déjà.

[rire]

Lorsque les Êtres humains transmettent que l'Âme choisit ses parents, son incarnation, ils ont raison. Toutefois, ce n'est pas un choix mental, intellectuel, tout comme vous choisissez votre chemisier. C'est un choix énergétique. Un choix d'attraction énergétique. Il y a deux Êtres humains, un homme et une femme, qui sont bien sûr les expressions d'une Âme. Il y a une autre Âme qui n'est pas incarnée. Ces Âmes, dans tout le mouvement de la matrice universelle, vont s'attirer.

Les deux Êtres incarnés vont créer un germe. Un fœtus va naître. Par ce phénomène d'attraction, il y aura eu un choix. Quelles sont les bases de ce choix ? Comment se crée cette attraction ? Cela est très complexe dans l'Univers. Utilisons une analogie. Imaginons que vous ayez une multitude d'enfants pour lesquels vous devez acheter des vêtements. Les enfants sont de tous âges, de toutes grandeurs.

Vous allez donc vous procurer vraiment une multitude de vêtements de toutes tailles, de toutes couleurs, de toutes formes. Il y a une demande et il y a une offre. Il faille qu'il y ait une intelligence universelle, qui se trouve dans chaque cellule créée par l'Univers, pour faire en sorte que la demande et l'offre puissent être en correspondance. Vous allez faire en sorte de bien répartir chacun des vêtements, n'est-il point ?

Bien sûr.

Pouvez-vous imaginer, dans l'Univers, tous les Êtres qui portent en eux à la fois des élans, des pulsions que d'autres Êtres vont faciliter et qui portent en eux aussi déjà des incompréhensions, des blessures qui pourront être guéries à travers des expériences qui naîtront de rencontres avec d'autres Êtres ?

Vous voyez toutes les demandes d'expériences et les offres d'expériences ? Il y a là un grand système d'attraction. C'est du magnétisme. Un phénomène électromagnétique. Et il y a une Intelligence qui fait en sorte qu'il y a une répartition, un assemblage qui, en soi, est parfait.

C'est ainsi que cette Âme fut attirée vers l'Âme de deux Êtres qui, par ce qu'ils portent comme élan, comme pulsion de vie, mais aussi par ce qu'ils portent comme contractions, charges, mémoires, caractère et personnalité, sont les acteurs idéaux. Ils peuvent favoriser à la fois des situations et des scénarios permettant à l'Être qui va naître de se libérer de ses charges, et aussi un environnement pour déployer ses talents.

Wow ! Il faudra en reparler dans un chapitre complet !

Certes. S'il vous sied, ce peut être dans le chapitre sur le karma et la réincarnation aussi.

D'accord. Est-ce qu'on a fait le tour pour ce chapitre ?

À la première phrase, nous avions fait le tour.

[rire]

Lorsque vous portez votre attention pour comprendre toute cette structure matricielle de l'Âme, de l'Esprit, de l'Être incarné, cela peut vous sembler fort complexe. Alors, nous vous dirons : Rappelez-vous ce qui est essentiel. **L'Âme, l'Esprit et le corps sont unis avec le Tout. Vous n'avez pas à vous concentrer sur cela. Vous n'avez qu'à être dans la sensation de ce qui vous fait vibrer, de ce qui vous anime profondément, et faire en sorte de le déployer pour que votre vie fasse sens. Et votre vie fera sens lorsque vous sentirez que vous êtes créateur.**

Nous verrons ultérieurement que, dans la sensation du créateur, vous pourrez vous diriger vers le bonheur. Vous pourrez mieux comprendre l'Amour, l'amitié. Qu'il en soit ainsi.

Je voudrais juste une précision. Quand vous dites « créateur », les gens confondent. J'imagine que ce n'est pas réservé aux artistes et à ceux qui peuvent justement être dans une création artistique ?

Non point. Utilisons le terme « créateur dans l'expression juste de qui vous êtes ».

Alors, ça peut être un créateur qui construit des maisons, un autre qui raccorde des tuyaux comme un plombier, etc.

Certes. Ce peut être un idéologue, ce peut être un accompagnant, ce peut être un soigneur. « Créateur » signifie utilisation de son énergie pour transformer ce qui est. Ainsi, lorsque vous soignez un Être, vous utilisez votre énergie en relation avec les Êtres pour permettre que la situation se transforme. Lorsque vous êtes un chanteur, vous utilisez votre énergie pour chanter et faire en sorte que l'ambiance, l'atmosphère se transforme. Lorsque vous construisez, vous... et ainsi de suite.

Vous saisissez ?

Oui. Merci beaucoup. On peut élaborer maintenant sur tous les thèmes que nous avons abordés dans ce premier chapitre !

LE BONHEUR

En quelques mots, nous vous proposons un regard sur le bonheur. Observez comment tous les Êtres humains ont comme point commun la recherche du bonheur, quelle que soit leur origine, de quelque culture qu'ils soient. Et même s'ils le dénient, vous pourrez observer et ressentir que la recherche du bonheur pour cette incarnation est en soi une grande motivation chez les humains.

Il est toutefois étonnant de constater que ce bonheur est difficilement définissable par la très grande majorité des Êtres. Lorsque vous leur demandez : « Qu'est-ce que le bonheur ? », les voilà à court de mots, à court de gestes, et ce qu'ils expriment sera souvent ambigu, confus, incomplet. N'est-il point fascinant d'imaginer que le monde entier cherche le bonheur, alors qu'il ne peut le définir ? Vous ne serez certes pas étonné qu'il ne le trouve point !

Lorsque vous entendez les quelques définitions du bonheur, vous pouvez vous rendre compte, avec ceux-là même qui transmettent ces définitions, que le bonheur est associé à une forme de « relation avec » la matière ou avec les autres Êtres ou avec l'image de soi. Nous utilisons ces mots plutôt que de vous dire « la possession, l'attachement affectif ou l'orgueil associé à sa propre image », pour ne point être trop brutal !

C'est vrai que ça fait plus mal !

« Relation avec » nous semblera plus fin, n'est-il point ?

Un peu !

Or, observez comment, des Êtres les plus démunis aux Êtres les mieux nantis, la recherche du bonheur existe toujours. Même pour ceux qui ont le plus de possessions matérielles, de possibilités de s'accomplir en termes d'image de soi, et qui peuvent vivre des relations intimes, amicales, amoureuses très riches, le bonheur n'est pas acquis. Plusieurs Êtres transmettront que leur bonheur est l'ensemble de toutes les petites joies quotidiennes, et ils auront raison. Leur définition est juste, mais leur compréhension des petites joies est erronée, puisqu'ils ne vivent pas le bonheur !

Le bonheur est une fascination. Bien sûr que c'est le thème central qui peut réunir l'humanité tout entière. Vous imaginez ? Tous les Êtres cherchent le bonheur et l'associent souvent à l'amour, et ils ont encore raison ! Le bonheur et l'amour s'associent naturellement. Or, vous constatez, à cette étape de l'évolution de l'humanité, que les Êtres ne sont pas heureux. Ils ont pourtant la possibilité de nombreuses satisfactions quotidiennes, particulièrement pour un tiers des hommes de cette planète.

Alors pourquoi les Êtres les mieux nantis ne trouvent-ils toujours pas le bonheur ?

Lorsque les Êtres cherchent à identifier le bonheur comme étant une satisfaction en réponse à un désir, ils peuvent se rendre compte que lorsque le désir est satisfait, cette satisfaction n'est pas suffisamment intense et fait naître un autre désir. Et lorsque cet autre désir est satisfait à son tour, la satisfaction n'étant toujours pas suffisamment ample, un autre désir se présente, et ainsi de suite.

Les Êtres recherchent une intensité. Et de désir en désir, certains peuvent même verser dans des abus qui feront en sorte que non seulement les satisfactions ne seront pas suffisamment intenses, mais en plus les effets seront destructeurs. Voilà que nous sommes en pleine errance, avec cette recherche du bonheur !

Pourquoi les Êtres humains cherchent-ils encore à satisfaire des désirs de possession matérielle et de relations affectives — nous n'osons pas dire de « possession » affective — ou d'image de soi, lorsqu'ils ont pourtant expérimenté, dans cette vie ou dans une autre, que cela ne permet pas le bonheur ? La possession n'apporte que des satisfactions éphémères et superficielles. Pourquoi ? Simplement parce que les Êtres sont divisés d'avec eux-mêmes. En tentant de répondre aux désirs des autres pour être aimés, ils s'éloignent de la Connaissance, de la Conscience et de la sensation de ce qui peut vraiment leur procurer un bonheur ou une joie pure.

Comment un Être peut-il retrouver cette joie pure ?

La joie pure est ressentie lorsque l'Être « exprime » véritablement ce qu'il est. Nous entendons par le mot « expression » tout ce qu'il émane par sa vibration venant de son état d'être, ses pensées, ses paroles, ses gestes et ses actions. Tout ce qu'il émane, toute sa création fera en sorte que ses sensations lui feront goûter une joie intérieure qui se propulsera vers l'extérieur. La joie pure peut être représentée comme un soleil qui vibre dans le cœur de l'Être et qui émane ses rayons en toutes directions de façon tout à fait naturelle.

Ainsi, nous vous disons que le bonheur, la joie pure, ne peut être vécu que par le respect du mouvement de l'individu, de son essence, de ce qui le caractérise. Il peut bien sûr obtenir maintes satisfactions sur le parcours du bonheur, et, il est même important qu'il puisse rechercher toutes ces satisfactions par ses sensations.

Que voulez-vous dire ?

Nous invitons les Êtres humains à utiliser tous leurs sens, intérieurs et extérieurs, pour jouir de la vie. Tous les sens apportent aux Êtres humains la possibilité de goûter, déguster, apprécier la vie et tout ce qu'elle leur apporte. Lorsqu'un Être déguste la vie, lorsqu'il est dans la sensation de la vie, il stimule son envie d'être dans la sensation de lui-même, de ce qu'il est véritablement. C'est un chemin vers le bonheur.

Il y a une corrélation directe entre sentir un élément vivant extérieur et se sentir soi-même. Lorsque, par exemple, vous posez votre regard sur un paysage merveilleux, vous en ressentez la vibration. Le paysage provoque une sensation à l'intérieur de vous. Vous direz : « C'est une joie. » Lorsque vous posez votre regard sur un enfant qui tente de se lever pour marcher, vous êtes émue de joie. Vous avez même une sensation de vie, vous sentez la vie en lui, vous sentez la beauté de la vie et vous sentez la recherche d'élévation à travers cet enfant. Dans la simplicité et dans l'humilité, vous êtes touchée, vous êtes réjouie et vous souriez. On pourrait également prendre l'exemple de la nourriture. Lorsque vous goûtez un mets qui est savoureux, non seulement vous jouissez de la saveur en bouche, mais c'est tout votre Être qui se réjouit.

Ainsi, ces réjouissances que procurent les sensations permettent de sentir la vie en vous, de vous sentir. Et la sensation de soi, stimulée par la sensation de la vie, vous permet d'être en relation avec ce qui vous anime, avec ce qui vous stimule, ce qui vous fait vibrer vous-même. Donc, les sensations que vous vous autorisez à chaque instant sur votre parcours de vie vous permettent d'être en relation avec la sensation de vous-même, d'être en relation avec votre essence.

Ces sensations vont stimuler votre envie de vous exprimer, de créer, de vous manifester telle que vous êtes, de respecter profondément votre Être. Si, au plus profond de vous-même, il y a une pulsion pour chanter et que votre regard se pose sur un magnifique paysage qui vous fait vibrer de joie, il va sans doute émerger, dans la sensation de vous-même, le goût de chanter. Vous voudrez chanter ! C'est une analogie, bien sûr.

Lorsque la sensation de joie que vous avez à regarder un enfant tenter de marcher vous réjouit, elle stimule en vous l'envie de marcher. Qu'est-ce que marcher pour vous, sinon chanter, écrire, danser, construire, soigner, vous exprimer, concevoir intellectuellement un projet ou toute autre pulsion selon votre propre essence ?

Voilà comment les Êtres se stimulent mutuellement. Il faille que vous soyez dans les sensations de la vie pour pouvoir stimuler vos sensations de vous-même et libérer l'énergie créatrice pour lui permettre de s'exprimer. Et c'est lorsque vous vous exprimez dans votre création, dans votre essence, que la joie pure se manifeste. C'est là que vous rencontrez le bonheur.

Le bonheur n'est certes point un diplôme qu'on acquiert. Il se renouvelle à chaque instant, et c'est pourquoi nous vous disons : Bien sûr, le bonheur est l'ensemble de toutes les joies du jour, de toutes les joies de votre expression qui fut stimulée par toutes les sensations joyeuses que vous avez rencontrées. Il est donc manifestement essentiel que l'Être soit présent dans la vie, qu'il puisse regarder, goûter, sentir, toucher, entendre, vivre, vibrer... Il est essentiel d'aller à la recherche des jouissances !

Mais attention, non pas de façon abusive ! Le piège, bien sûr, vous l'aurez compris, est de croire que ce qui vous apporte une jouissance, une sensation joyeuse pourra vous apporter le bonheur total. Si, par exemple, un mets savoureux vous offre une sensation agréable, joyeuse, confortable, il serait bien sûr erroné de croire qu'en vous nourrissant abondamment de ce mets, vous allez atteindre le bonheur.

Vous verserez vers des abus, et cette abondance, ce déséquilibre vous entraînera plutôt dans des destructions. Ce qui, au départ, vous réjouissait sera, à la fin, votre destructeur. Il vous faille bien comprendre que la voie vers le bonheur est une voie qui vous invite à être dans la sensation de la vie pour vous éveiller à ce qui vous fait vibrer encore plus profondément. La joie pure s'atteint jour après jour, moment après moment, dans l'expression de soi.

C'est magnifique. Mais les lecteurs vont vouloir savoir comment ils vont arriver à vraiment ressentir l'expression d'eux-mêmes. En fait, comment retrouver leur essence?

Certes. Nous y reviendrons dans la partie sur comment créer sa vie...

D'accord. Alors j'aimerais poser des questions sur le bonheur...

Certes, chère Âme.

Ceux qui croient que de privilégier une voie spirituelle les amènerait nécessairement à une vie de moine vont être bien soulagés d'entendre le propos que vous venez de faire. Spiritualité n'égale pas privation, si j'ai bien compris?

Là, vous nous posez une question sur l'ascétisme. Plusieurs croient que les Êtres engagés sur les voies spirituelles et religieuses doivent également suivre une voie d'ascétisme nécessaire à l'atteinte de la joie spirituelle. **Une très grande majorité de gens attirés par la voie spirituelle ne répondent pas à cette attraction par peur d'avoir à s'éloigner des sensations qui leur apportent des joies au quotidien... Et cette majorité a bien raison!**

Vous serez étonnée de nos propos, mais là, il y a une grande confusion. Il faille bien expliquer les choses. Lorsqu'un Être est à la recherche du bonheur, il va progressivement découvrir, stimulé par ses sensations, ce qui le fait vibrer. Il va découvrir son essence, s'exprimer, se manifester, ce qui lui apportera des sensations de joie et de bonheur. Et ces sensations de joie et de bonheur pourraient — pourraient, disons-nous — faire en sorte que ce qui lui apportait une satisfaction auparavant sera remplacé par sa propre expression.

Pouvez-vous l'expliquer par un exemple?

Imaginons, par exemple, qu'un Être aime boire un verre de vin, se nourrir de mets savoureux, et par la suite, aller danser. Il y a là plusieurs joies. Et si, en plus, il est entouré d'amis, voilà un moment joyeux, n'est-il point?

Ça m'apparaît un bon programme !

Toutefois, tous s'accorderont à dire que c'est un moment joyeux, mais CE N'EST PAS LE BONHEUR. Alors, qu'en est-il ? Ces moments de joie font vibrer l'Être, lui donnent la sensation vraiment d'exister, lui donnent la sensation d'être, lui donnent même la sensation qu'il y a un certain sens, ne serait-ce que pour la joie du moment. À la recherche du bonheur, certains Êtres pourraient vouloir intensifier cette joie. Ils pourraient boire plus de vin, manger davantage et danser jusqu'au défoulement total, pour se rendre compte qu'à un certain niveau, ils ne goûtent plus la sensation de joie. En fait, les résultats sont à l'opposé. Le jour suivant, ils récoltent des malaises. Donc, ce qui fut joyeux et agréable a pu provoquer, dans l'abus, d'abord la dissolution du moment agréable, et ensuite des détériorations.

Ainsi, l'Être, non pas surdiscipliné, mais dans sa sagesse naturelle, pourra retrouver un équilibre. Donc, il se réjouit. Nous l'invitons à se réjouir : se réjouir du vin, du mets savoureux, se réjouir de ce moment de déploiement de son corps dans la danse, de son mouvement. Il se réjouit de cela, il vibre, il est de plus en plus dans la sensation de lui-même.

Il découvre à l'intérieur de lui-même, par cette sensation, une force, une puissance, une envie de créer, de vivre, et puis toute cette joie l'entraîne progressivement dans la conscience et dans la sensation qu'il a, par exemple, une envie profonde de chanter. Ou il a une envie profonde d'aller vers la guérison des Êtres. Ou il a une envie profonde d'être un constructeur, etc. La joie provoquée par toutes ces sensations l'amène dans la sensation de lui-même.

Alors, de plus en plus, il va s'autoriser à exprimer ce qui est en lui. De cette façon, le constructeur va s'autoriser à construire, dans une forme qui fait sens pour lui. L'Être qui est mû par une envie de chanter va chanter davantage, puisqu'il en a ressenti l'appel. L'Être qui veut se destiner à l'accompagnement ou à la guérison des Êtres ira de plus en plus dans cette direction, et tous vont vivre ainsi des joies.

Bien sûr, il se peut que l'Être qui chante enfin et se réjouit de plus en plus de son expression puisse encore avoir envie de jouir d'un verre de vin, d'un mets savoureux. Mais plutôt que de danser, il se réjouit de chanter. Et l'autre, plutôt que de danser, va aller peut-être construire. Et l'autre va conclure que le verre de vin lui apporte moins de joie maintenant... vous nous suivez ?

Très bien.

Il n'y a rien dans l'Univers qui dise à ces gens : « Tu dois éliminer le vin, le mets savoureux et la danse. » C'est simplement que l'Être, dans la sensation de lui-même, se rend compte que ce qui lui apportait une joie lui en apporte un peu moins maintenant parce qu'il a d'autres joies.

Comme votre enfant qui actuellement éprouve une grande joie à jouer avec un petit hochet. Dans 20 ans, il semblera normal qu'il n'ait plus cette joie. Allez-vous conclure que, pour grandir, il doit absolument être dépourvu de son hochet ? Allez-vous enlever les hochets à tous les enfants parce que vous constatez qu'à 20 ans, ils ne s'en servent plus ?

C'est un exemple éloquent.

Alors, est-ce que cela signifie que, dans une voie spirituelle, vous devez enlever toute la joie d'un repas savoureux accompagné de vin à un Être parce que vous avez vu des Êtres qui, dans la joie, le bonheur d'exprimer et de créer ce qu'ils sont, ont laissé de côté certains aspects par choix, comme le vin, par exemple ?

Qui plus est, allez-vous demander à un Être la chasteté, parce que vous avez observé que certains Êtres, dans leur recherche de la joie pure, ont atteint une telle extase que ces états semblent dépasser la joie du mouvement sexuel et qu'ils ne vont plus vers la sexualité ? Allez-vous éliminer la sexualité en vous disant : « Tiens, il ne faille plus avoir de relation sexuelles parce que, un jour, peut-être n'en aurai-je plus envie ? »

J'imagine que vous allez me dire « non ».

Bien sûr que non ! Nous vous disons : Tout au contraire, chères Âmes, c'est une aberration. Réfléchissez. C'est un illogisme que d'amener les Êtres dans l'ascétisme pour qu'ils puissent aller vers la joie pure. Tout comme il est une aberration que les Êtres aillent dans la complaisance ou l'abus pour aller vers la joie pure. D'une part, l'ascétisme fait en sorte que l'Être va rejeter des éléments qui le stimulent à être dans la sensation de lui-même. D'autre part, l'abus fait en sorte que l'Être va détruire des capacités de se sentir lui-même. Il va donner son pouvoir à des objets extérieurs dont il abuse.

Ainsi, la voie ascétique n'est pas véritablement en accord avec la voie spirituelle, pas plus que la voie d'insouciance et d'abus.

Sommes-nous suffisamment clair ?

Oui, mais pour être certaine que j'ai bien compris et que le lecteur a bien compris, on connaît tous des gens, ou on l'a expérimenté soi-même, qui ont bu beaucoup du vin, mangé entre amis, dansé toute la nuit et qui ne savent pas nécessairement quelle est leur essence ! Alors, je ne vois pas le lien entre goûter les petites joies et reconnaître son essence.

Vous pouvez reconnaître votre essence progressivement, mais nous vous disons : **Commencez par reconnaître la sensation de vous-même. Lorsque vous ne la reconnaissez pas, c'est que vous n'êtes pas présent.**

Reprenons des exemples, pour que vous saisissiez bien. Vous êtes à l'écoute d'une musique qui vous fait vraiment vibrer. Vous vibrez, vous êtes dans une sensation de joie. Lorsque vous êtes vraiment à l'écoute de cette musique et vraiment dans la sensation, il y a des sensations de vous qui émergent. Il y a des envies, des goûts qui montent naturellement. Cela ne signifie pas que toute votre vie va se définir en une seule chanson !

Votre piège, vous savez — et c'est une parenthèse — votre piège en est un qui correspond à la structure de votre société. Rapidement, on vous dit, lorsque vous avez 18 ans approximativement : « Quelle carrière voulez-vous faire ? » Vous avez quelques jours pour décider, n'est-il point ?

Oui, c'est un problème pour plusieurs jeunes.

Et par la suite, vous nous dites : « Je veux savoir mon essence maintenant, pour orienter ma vie maintenant. » Vous êtes dans la même structure mentale, intellectuelle qui vous a amené vraiment dans des pertes de joie, des pertes de bonheur. **L'essence sera ressentie.** Lorsque vous vous nourrissez d'un mets, est-ce que vous dites, à la première bouchée, que vous voulez avoir toute la jouissance de ce mets immédiatement, et comme cela vous n'aurez pas à manger le reste ?

Non, au contraire.

Alors, comprenez bien. Lorsque vous êtes à contempler un paysage extraordinaire, qu'il vous fait vibrer par son intensité ou par son infinité, et que vous êtes présent, non pas juste à l'extérieur, mais présent à vous-même, qu'est-ce que cela provoque ? Cela fait émerger la sensation de force en vous, la sensation de beauté, de pureté. **Si vous savez reconnaître la beauté d'un paysage, c'est parce qu'elle est en vous. Vous ne pouvez pas reconnaître la beauté à l'extérieur, si elle n'est pas en vous.**

Là où il y a une faille, c'est que vous n'êtes pas présent. Pourquoi n'êtes-vous pas présent ? Parce que toute l'éducation vous a entraîné à projeter votre attention à l'extérieur de vous. Le paysage est beau. Vous dites qu'il vous fait vibrer. Vous croyez que c'est le paysage seulement qui vous fait vibrer ? Non. C'est votre relation au paysage qui vous fait vibrer, et c'est vous-même. Mais les Êtres vont chercher un autre paysage et un autre, et un autre, et un autre encore, comme ils vont chercher un autre mets et un autre mets, ou une autre bouchée, une autre bouchée, une autre bouchée, jusqu'à ce qu'ils soient plus que saturés.

On se suit, chère Âme ?

Oui, très bien.

On ne vous dit pas que la sensation unique, un seul goût d'un mets savoureux, un seul regard furtif sur un paysage va faire éclater votre essence. On vous dit que les sensations que vous autorisez — et elles doivent être multiples et continues — vont collaborer à vous faire vibrer de plus en plus intensément et à être en relation avec vous-même. Voyez la différence. On ne vous dit pas : Contemplez un paysage pendant 30 secondes, et puis voilà, c'est tout. **On vous dit : À chaque instant de votre vie, soyez dans la sensation !**

Il y a tant à offrir, tant de beauté, tant d'intensité, tant d'harmonie, que dans cette sensation, nécessairement, vous nourrissez la sensation de vous-même. C'est une façon de vivre, c'est un état d'être, et non pas un « truc », dites-vous, pour y parvenir rapidement.

Ce que l'on veut vous transmettre est que **la somme de ces sensations n'est pas le bonheur**. C'est ce que nous vous avons dit, d'entrée de jeu. Toutes ces sensations vous permettent d'être de plus en plus dans la sensation de vous-même et de libérer ce qui, à l'intérieur de vous, vous fait vibrer.

Alors, ça ne veut même pas dire, à la limite, d'arrêter de faire un sport extrême, ce qui apporte des sensations fortes ?

L'important est la conscience que ce qui vous apporte une sensation a pour but d'être dans la sensation de vous et de ce que votre Être peut être et faire pour continuer d'être dans cette sensation de vous. Si vous faites du sport extrême, le piège est ceci. Vous faites du sport extrême, cela vous amène dans des sensations. Vous croyez que c'est le sport qui vous les fait vivre. Alors, vous en faites de plus en plus. Vous allez vers un abus de sport extrême, et vous n'êtes toujours pas dans le bonheur.

Mais si vous faites un sport qui vous amène dans la sensation et que cette sensation éveille en vous le goût de votre propre création, alors vous pouvez en faire aussi longtemps que vous voulez ! Tant et aussi longtemps que l'élément extérieur, qu'il soit le sport, que ce soit la dégustation d'un paysage ou d'un mets, tant et aussi longtemps que ces sensations vous éveillent à vous-même, il n'y a pas de problème. C'est une nuance qui est fine, et à la fois grossière. Le piège est de croire vous satisfaire de cette sensation. Mais vous n'en serez jamais satisfait ! C'est pourquoi vous en voulez plus. C'est cela qu'il faille comprendre.

Voyez-vous, imaginons qu'un Être associe son bonheur à une maison. Alors, il va travailler dans le but d'amasser un pécule pour s'offrir la maison. Puis, il obtient la maison. Il n'a pas le bonheur, mais il a une satisfaction d'avoir la maison. Alors, il a l'impression qu'il faille un jardin autour de cette maison. Alors, le jardin se crée. Il n'a pas le bonheur. Alors, il désire une maison à la campagne, et là, il croit qu'il sera heureux, que ce sera le bonheur. Alors, il obtient la maison à la campagne. Il n'a toujours pas le bonheur. Il lui faille un voilier. Il obtient le voilier. Il n'a pas le bonheur. Pourquoi ? Parce qu'il identifie son bonheur à un objet qui est à l'extérieur de lui. Il perd son pouvoir. Il donne son pouvoir à l'objet de son désir, et il se rend compte qu'il n'a pas le bonheur. Donc, il se dit : « C'est une relation amoureuse qui me permettra d'avoir le bonheur. » Alors, il vit une relation amoureuse, qui lui offre des joies, des satisfactions. C'est merveilleux, n'est-il point ? Toutefois, il se dit : « J'ai plusieurs joies, je suis choyé, mais ce n'est pas le bonheur. »

Ce qu'il recherche au fond, c'est une intensité intérieure. Cette intensité intérieure est obtenue lorsqu'il est en contact avec l'intérieur et qu'il l'exprime extérieurement, lorsque ses dons véritables associés à sa pulsion peuvent s'extérioriser, ce que nous disons être « sa création ». N'entendez pas création artistique ou artisanale. Toute forme de création qui représente sa pulsion, tant que ce soit lui qui crée.

Alors, vous nous direz : « Pourtant, je connais des artistes qui créent, des chanteurs qui chantent. Ils s'expriment, mais ils n'ont pas le bonheur. » Alors, nous vous dirons : Est-ce que le chanteur chante ce qu'il veut profondément chanter ? Est-ce qu'il chante les chants qui le font vibrer, ou s'il chante parce qu'il doit gagner un certain pécule et qu'il doit répondre à une demande populaire, à ce que les autres Êtres désirent ?

On ne vous dit pas que vous devez nier toute recherche de travail et de pécule ; on vous dit : Ce n'est pas cela qui procure le bonheur. **Ce qui procure le bonheur, la joie réelle, c'est lorsque vous exprimez ce qui vous fait vibrer.**

Les nuances sont tellement importantes, chère Âme... et si les Êtres saisissent cela, leur vie se transforme.

On a l'impression parfois que certaines personnes semblent avoir le gène du bonheur. Par exemple, j'ai une petite sœur qui semble être née avec le gène du bonheur. Elle ne se pose aucune question existentielle, elle n'est pas dans la conscience ou dans une recherche spirituelle, et elle est parfaitement heureuse.

Est-ce que « le gène du bonheur » existe ?

L'expression « gène du bonheur » est merveilleuse ! Bien sûr qu'il existe, ce gène, mais en tout Être humain. **Il est la fibre universelle de tout Être.** Tous les Êtres humains sont mus par une force, par une puissance, par une énergie fondamentale qui les guide dans l'amour, l'envie d'aimer, l'envie d'être aimé, associée aussi au bonheur.

Comprenez bien que lorsqu'un Être exprime et crée ce qu'il est lui-même, ce qui vibre en lui, il est Amour. Il est Amour de lui. Il est Amour de ce qu'il est en tant qu'Être incarné, en tant qu'Âme, en tant qu'Esprit. La joie pure et le bonheur s'unissent. L'Amour, c'est le mouvement créateur, et la joie pure, c'est l'effet du mouvement créateur.

Nous savons que nous ne répondons pas encore à votre question...

J'attends toujours !

Mais vous devez bien saisir cela. Attendez. Tous les Êtres portent en eux cette envie d'aimer, et certes, nous pourrions vous dire que cette envie d'aimer est associée à la fibre universelle ou au « gène du bonheur ». Il n'est pas nécessaire qu'intellectuellement, mentalement, vous sachiez tout ce que nous vous transmettons. Il est simplement important que vous soyez à l'écoute, dans la présence et dans l'expression de qui vous êtes.

Un Être, votre sœur, par exemple, n'a pas nécessairement réfléchi, analysé pourquoi elle est joyeuse et heureuse. Ce qui est intéressant, c'est d'observer cet Être qui ne va pas chercher sa joie et son bonheur dans ses possessions, dans ses attaches affectives, mais qui se réjouit d'être et de faire. Elle va se réjouir, non pas nécessairement du gain ou du résultat. Ce qui fait son bonheur, c'est son mouvement.

Le processus qui mène au résultat, finalement. C'est ça, le mouvement ?

C'est le sentier lui-même.

Et pourquoi se réjouit-elle du parcours ?

Parce qu'elle aime ça !

Parce qu'elle aime, parce que ce qu'elle choisit dans son parcours est ce qui la fait vibrer, ce qu'elle est.

Il y a des Êtres qui diront qu'ils aiment ce qu'ils font, et nous leur dirons : Est-ce que vous aimez ce que vous faites ou si vous aimez ce que le résultat de ce que vous faites vous permet de vivre, vous permet d'obtenir comme satisfactions ?

Expliquez-nous la nuance par un exemple.

Imaginez que vous, chère Âme, vous ayez choisi une voie pour faire la médecine, profession qui vous permet une certaine notoriété, une certaine image, une certaine liberté matérielle et financière. Elle vous permet aussi que plusieurs Êtres soient attirés vers vous, parce que vous avez une certaine aisance. Donc, vous avez des relations affectives qui sont plus faciles à créer, du moins au premier niveau. Vous pourriez vous dire : « J'aime la médecine parce qu'elle me permet de m'accomplir. Je me sens vraiment quelqu'un. »

Est-ce qu'on se suit bien ?

Très bien.

Est-ce que cela vous donne le bonheur ?

Non.

Vous allez vers une autre voie qui est une voie d'animation. Une voie d'animation fait simplement en sorte que, bien que vous puissiez être ravie de résultats lumineux, ce qui vous apporte la joie, c'est d'animer. Et dans votre cas, faire la médecine ne vous apporterait pas la joie de l'expression, même si le résultat de votre médecine pourrait vous apporter des satisfactions périphériques superficielles. Pour **vous**, nous entendons. Pour un autre Être, ce serait tout à fait l'inverse.

Je comprends très bien la nuance.

Alors, imaginons un Être qui, sans aucune connaissance psychologique et/ou spirituelle, est porté par sa propre vibration et choisit des voies d'expression qui lui ressemblent. Alors, l'Être est heureux.

Vous nous dites : « Mais il n'est pas conscient, il n'est pas dans une voie spirituelle. » Nous disons plutôt : Il est dans une voie spirituelle. Vous savez, il y a des Êtres qui connaissent tout des voies spirituelles...

Et ils sont toujours malheureux !

Ils connaissent la voie spirituelle, mais ils ne sont pas DANS la voie spirituelle. Alors que d'autres ne connaissent rien de la voie spirituelle et ILS SONT DANS la voie spirituelle.

Je vois.

Expliquons-le autrement. Nous pouvons disserter longuement ensemble sur l'amour. Vous pouvez savoir, intellectuellement, tout ce que signifie aimer. Mais cela ne signifie pas que vous aimez. Il y a des Êtres qui ne connaissent rien et qui sont pur amour. Il y a des Êtres très simples, très humbles, mais qui sont des expressions de l'amour pur et qui ne connaissent rien à la spiritualité. **Ils ne connaissent pas, ils SONT la spiritualité.**

Parfait. Dissertons maintenant sur l'Amour avec un grand A !

L'AMOUR

Dans l'Univers, il ne se présente que deux choses : l'Amour et la Conscience. L'Amour est le mouvement créateur. Tel que nous l'avons déjà brièvement expliqué, l'Amour est l'expression de création qui apportera chez l'Être humain l'état de joie. Mais il faut comprendre que le mouvement créateur est orienté. Cette orientation est la Conscience, grand maître d'œuvre sur la voie de la réunification. L'Amour est donc un mouvement créateur qui permet la joie profonde de l'Être, puisqu'il est orienté par la Conscience vers l'union avec toutes formes d'existence.

Pour l'Être humain, cela peut être entendu comme son pouvoir de stimuler le mouvement créateur en lui. **Aimer peut ainsi être défini comme étant le pouvoir de créer, le pouvoir de donner la vie, le pouvoir d'animer tout ce qui vit.** Tous ces termes peuvent être compris comme étant synonymes ou dans la même perspective, soit celle de favoriser la vie.

Lorsque, de tous les âges, les voies spirituelles et initiatiques ont transmis à l'Être humain comment il devait s'aimer lui-même, il était aussi transmis à l'Être de s'animer, d'éveiller son pouvoir créateur, de respecter l'énergie créatrice en lui. Mais souvent les Êtres ont confondu. Ils ont cru que « s'aimer soi-même » était de répondre à ses désirs, à ses besoins, à ses souhaits, de s'offrir maintes petites attentions qui faisaient en sorte que l'Être pouvait ressentir des satisfactions que nous avons nommées « superficielles ».

Or, l'Amour de soi est un respect profond de son énergie créatrice. Lorsqu'un Être se respecte, cela signifie que son énergie créatrice lui permet d'être, lui permet d'exister et lui permet de vivre. Donc, le respect de l'énergie créatrice dans un Être signifie qu'il permet à cette énergie de se déployer, de s'intensifier, de se manifester, de s'exprimer. En résumé, l'Amour d'un Être pour lui-même consiste à honorer l'énergie de vie en lui, à lui offrir l'espace pour se déployer. Cette énergie de vie, qui est aussi associée à ses dons, ses qualités réelles et profondes, lui permettra de créer et de ressentir la joie comme résultat de sa création. Le déploiement de cette énergie est Amour. La sensation de ce déploiement est la joie.

Ainsi, l'Être s'honore lui-même en s'autorisant à être et à exprimer ce qu'il est. Par le fait même, la sensation de lui ou la sensation d'exister va vivre une extension dans son action. S'aimer soi-même signifiera tout autant respecter sa vibration, c'est-à-dire respecter l'intensité de l'énergie qui le guide vers une expression, que respecter cette expression elle-même. En d'autres termes, il y a l'Être et il y a son expression ou, si vous aimez mieux l'entendre ainsi, il y a **être et faire**.

Bien sûr, souvent, les Êtres se sont perdus dans ces notions parce que, lorsqu'un Être est à l'écoute de lui-même, qu'il entre en relation avec l'énergie créatrice et qu'il veut l'entendre, l'honorer et la respecter, alors il lui donnera place et elle se manifestera dans une action. Souvent, les Êtres ainsi, pour se respecter, ont donné toute la place à l'action, au faire.

Lorsque l'Être s'autorise à créer, à s'exprimer, à faire, il peut en venir à s'éloigner de l'être véritable en lui. **Il faut toujours qu'il y ait ce mouvement ondulatoire de va-et-vient entre être et faire. L'Être y retrouve la sensation de lui-même (être) et cette sensation le guide dans son expression (faire).** L'expression le ramène donc à ce qu'il est. Or, souvent, les Êtres se sont perdus dans le faire. Et lorsqu'ils sont perdus dans le faire, ils doivent retrouver un état d'être. Quand ils le retrouvent, souvent, ils ne veulent plus faire, de peur de s'y perdre encore, de perdre leur sensation d'être. Il faille bien comprendre que l'Amour, c'est la reconnaissance à la fois de l'Être qui vibre dans son énergie et l'autorisation de s'exprimer, donc de faire. C'est ainsi que l'Être va s'animer, et ce faisant, il va vivre l'union avec l'énergie en mouvement dans tout l'Univers.

Aimer et être aimé

Maintenant, vous pouvez observer que les Êtres humains sont tous dans une intention d'aimer et d'être aimé par un autre Être humain. Cela est tout à fait naturel, car toute forme d'énergie est attirée par une autre forme qui est de même nature. Alors, les Êtres humains s'attirent et, lorsqu'un Être humain en attire un autre, c'est que la vibration qu'il émane fait vibrer l'autre. La vibration qu'il émane, soit sa lumière, son parfum, son expression, est en résonance avec l'autre. L'Être vit un bien-être, une stimulation, et c'est ce qui fait en sorte qu'il est attiré vers l'autre.

Cette attraction est en soi une réelle stimulation à la vie. En clair, il y a un Être humain, là, qui est vivant devant vous et l'attraction vers cet Être humain est déjà, en soi, une vibration qui vous anime. **Par ce qu'il est et ce qu'il exprime ou ce qu'il fait, il stimule la vie en vous. Il vous anime, il vous stimule, et c'est pourquoi vous direz un jour que vous aimez cet Être.** Il vous stimule à honorer votre propre énergie créatrice. **En des termes plus simples, cet Être vous donne envie de vivre.** Cet Être vous donne envie d'être vous-même, d'exister, vous donne envie de vous exprimer, d'être dans toute votre beauté.

La guérison du couple

Mais il peut y avoir confusion. Certains Êtres vous attirent parce que vous portez une blessure, une déchirure, une souffrance. Par exemple, un Être, par ce qu'il est et ce qu'il exprime, vous donne l'impression ou la sensation que dans son environnement, en sa présence, vous pourrez guérir cette blessure. Vous avez l'impression que vous pourrez retrouver une paix, ce qui est très sain en soi. Et s'il en est de même pour l'autre, vous voilà réunis !

Vous voilà réunis pour un espace de guérison. Il y a une relation affective qui sert à panser les plaies. Les deux Êtres vont trouver une satisfaction ensemble dans un mouvement de retrouvaille d'eux-mêmes. Les Êtres nomment souvent cette forme « amour ». Elle est certes l'ouverture à l'Amour. La blessure crée l'envie de guérir. Ainsi, certains Êtres, parce qu'ils sont similaires ou complémentaires, vous attirent, et vous les attirez à créer un duo, un cocon qui favorise une guérison.

Lorsque les blessures sont pansées de part et d'autre, alors vous voilà beaucoup plus disponible à permettre l'émergence de l'énergie créatrice. Pour continuer dans l'harmonie, le couple doit toutefois transformer sa dynamique et créer une mutuelle stimulation.

Le couple amoureux

Ainsi donc, l'amour réel entre deux Êtres est le mouvement créateur de chacun qui stimule l'autre. Aimer signifie stimuler la vie dans un Être et apprécier la stimulation de la vie en soi que cet Être procure par sa propre expression, par son propre déploiement. Il s'agit au fond de sensations d'intensification de son propre mouvement créateur.

L'autre, par ce qu'il est, par ce qu'il exprime, par ce qu'il fait, fait en sorte que vous vous sentez davantage vous-même. Vous vous accordez plus d'espace de reconnaissance, vous goûtez mieux l'énergie de création en vous, vous êtes plus en contact avec votre envie de vivre et la façon dont elle peut se manifester. Vous aimez cet Être parce qu'il stimule la vie en vous, et votre amour stimule la vie en lui.

Voilà comment deux Êtres peuvent s'unir dans l'Amour, et leur parcours ensemble de mutuelle stimulation fera en sorte qu'ils seront de plus en plus créateurs, de plus en plus dans la joie, et certes, de plus en plus unis. Chacun représentera pour l'autre la vie. Et lorsque deux Êtres qui s'aiment vivent la joie, c'est que leur union est représentative de l'union avec tous les Êtres humains, et même de toutes les formes de vie.

Lorsque vous aimez un enfant, c'est qu'à l'intérieur de vous, vous ressentez que vous avez collaboré à stimuler, animer la vie dans cet enfant et que la vie en lui, la façon dont il est, provoque, intensifie votre envie de vivre. La vie stimule la vie.

Résumons. Vous aimez un Être. Cela signifie que vous aimez ressentir le mouvement créateur en lui, son énergie de création. Vous aimez la vie en lui, vous aimez le voir se déployer dans ses dons et ses talents parce que cela vous anime. C'est aussi simple que cela.

Les pièges

Ce qui est plus complexe, c'est lorsqu'un Être projette des attentes vers un autre Être. Lorsqu'un Être a inscrit en lui que l'amour qu'il recherche est créé par la présence d'un Être œuvrant à satisfaire ses besoins, à répondre à ses attentes, il y a un problème. Cela n'est pas souvent exprimé ainsi, car ce n'est pas noble ! C'est tout de même une réalité.

Souvent, les Êtres aiment ou croient aimer un partenaire parce que celui-ci, dans ce qu'il est et dans ce qu'il fait pour eux, leur procure une sensation de bien-être. Ils croient aimer parce que l'autre Être leur offre un cocon, une chaleur, une tendresse, des présents, une sécurité, des caresses, des sourires. Tout cela est merveilleux, et les Êtres peuvent s'en réjouir. Qui plus est, nous invitons les Êtres à vraiment goûter les sensations qui peuvent être créées et qui peuvent naître des relations entre les Êtres humains. Toutefois, ces sensations, qui éveillent des éléments de joie, qui apportent des satisfactions, ont pour but de permettre à l'Être de mieux ressentir ce qu'il est, d'être plus en relation avec lui-même pour retrouver l'énergie créatrice en lui.

Or, lorsqu'un Être est attiré par un autre parce qu'il pressent qu'avec cette personne, il retrouvera un environnement de paix, une chaleur humaine, une compréhension, cela lui apportera certes des satisfactions, un calme intérieur qui présidera à l'émergence d'une réelle énergie de vie créatrice. Toutefois, il s'agit ici d'une **affectivité**. L'Être apprécie, goûte, se réjouit, ressent et profite de ce que l'autre lui offre, ce qui lui permet de se sentir bien. Cela est merveilleux ! Toutefois, si l'Être projette ses attentes de façon continue et que, pour lui, le bonheur et l'amour ne résident que dans ce que l'autre lui offre, tôt ou tard, il sera désillusionné. Il sentira que ses satisfactions ne sont pas suffisamment profondes... et ses désirs seront encore plus grands !

Un jour, il se rendra compte que l'autre ne peut pas satisfaire ses désirs dans l'amplitude et la profondeur recherchées. Mais avant qu'ils ne s'en rendent compte, souvent, il y a des heurts, des malaises, des inconforts, des conflits et des projections parce que l'un et l'autre peuvent ressentir des frustrations. Évidemment qu'il y a des frustrations, puisqu'ils ont inscrit en eux que l'amour permet d'apporter des satisfactions, des réponses à des désirs et des besoins. Inévitablement, il va s'ensuivre tout un ensemble de réactions que vous connaissez fort bien !

Est-ce que l'on confond l'Amour et être en amour ?

Il s'agit simplement de mots, chère Âme. Il y a une confusion entre amour et affectivité. Les Êtres disent aimer. Alors, si nous disons à un Être : Pourquoi aimez-vous cet Être ? Souvent, ils sont sans mots, n'est-il point ? Comment pouvez-vous sentir l'amour, exprimer l'amour, s'il n'y a pas de mots ?

C'est un ressenti ?

Alors, tentez de définir ce ressenti. Qu'est-ce que vous aimez chez l'autre ? Et, là, voilà les Êtres qui vont transmettre qu'ils aiment sa patience, ils aiment sa joie, ils aiment ceci et cela... Mais ils vont surtout aimer comment l'autre leur offre quelque chose. Comment il leur offre un bien-être par sa patience, par son sourire, par sa joie, par ses attentions, par sa disponibilité. Est-ce qu'on se suit bien ?

Oui.

Ce que nous vous disons, c'est que si vous aimez un Être pour ce qu'il vous offre, tôt ou tard, vous serez en difficulté parce que, si ce qu'il vous offre répond à vos besoins et à vos attentes maintenant, vous vous sentez peut-être satisfaite présentement, mais c'est une satisfaction qui n'est pas totale.

Nous allons prendre un autre chemin, pour que vous compreniez bien. Imaginons que vous êtes, vous, emprisonnée. Vous êtes dans cette salle, et l'on vous offre un travail derrière une machine. Puis arrive un Être qui dit vous aimer. Il vient, il vous apporte votre repas, il vous fait des sourires, des caresses, il vous transmet des grands mots d'amour, et vous sentez vraiment qu'il vous apprécie. Il vous transmet que vous êtes d'une grande beauté, d'une grande tendresse. Vous sentez qu'il répond à toutes vos attentes d'un amoureux. Vous êtes comblée, n'est-il point ?

Ou presque.

Ou presque ? Vous n'êtes pas comblée ?

Non, puisque je suis dans une prison !

Bon. Mais vous aviez envie d'une présence, de caresses, de chaleur, de compréhension. Il vous donne tout cela. Et là, ce n'est pas suffisant. Après un certain temps, bien qu'il continue à donner tout cela, vous pourriez être un peu plus maussade, parce que vous êtes dans votre prison. « Ce n'est pas sa faute » — vous direz. Mais vous serez maussade envers lui, n'est-il point ?

Il y de fortes chances, oui.

Vous aurez envers lui des attentes qu'il ouvre les portes. Vous aurez envers lui d'autres attentes, qu'il ne pourra pas combler. Un jour ou l'autre, il ne pourra pas combler vos besoins. Vous croyez que vous aimez un Être parce qu'il vous offre un bien-être. Or, ce que nous vous disons: Ce n'est pas cela que votre Être recherche. Il n'est pas un Amour, il est une compensation. Il participe à vos compensations, puisque vous ne pouvez pas l'aimer inconditionnellement. Que signifie « aimer inconditionnellement » ? S'il ne vient plus vous voir dans votre cage, s'il ne vous fait plus de sourires, s'il ne vous apporte plus de nourriture, l'aimez-vous toujours ?

Un peu moins!

Alors, qu'est-ce qu'était l'Amour? L'Amour est sans conditions, n'est-il point? C'est ce que vous proclamez tous, mais qu'aucun Être ne parvient à vivre dans votre définition actuelle de l'amour. Non, vous voyez que vous aimez cet Être pour ce qu'il vous offre. Mais ce qu'il vous offre, un jour ou l'autre, ne sera pas suffisant. Vous aimez l'Être parce qu'il est présent. Par contre, si, pour un moment, cet Être est fort passionné, il vibre, il vit profondément dans ce qu'il exprime, mais cela fait en sorte qu'il n'est pas près de vous pendant un long moment, êtes-vous toujours en amour ?

Oui, sans doute.

Alors, être en amour véritablement n'est pas associé nécessairement à l'affectivité. C'est cela que vous avez à comprendre. Lorsque l'on vous dit: Aimez tous les Êtres, les gens croient qu'ils doivent aimer tous les Êtres, les prendre dans leurs bras, les caresser, leur pardonner. Ce qu'on veut vous dire, c'est qu'aimer signifie reconnaître chez les autres tout leur mouvement créateur, tout leur déploiement et s'en stimuler. Pour chacun d'entre vous, c'est être dans votre voie pour stimuler les autres Êtres. Voilà ce qu'est aimer.

Lorsqu'un Être dit aimer un lieu, c'est parce que ce lieu va l'animer, va favoriser en lui un espace de paix et une stimulation de son énergie de vie. Lorsqu'un Être dit aimer un paysage, c'est que ce paysage, par sa vibration, stimule en lui la vie, fait renaître la paix ou l'intensité, fait renaître l'envie de vivre. C'est ainsi que l'Amour est ce mouvement de vie, ce mouvement créateur. **Et aimer un Être, c'est aimer voir l'Être vivre dans tout ce qu'il est, ce qui provoque en vous l'envie de vivre. Voilà ce qu'est l'Amour. Aussi simplement que cela.**

Cela ne correspond pas à votre définition, mais votre définition correspond pour une très grande majorité d'Êtres à plusieurs conflits et à plusieurs malaises, n'est-il point ?

J'en conviens.

Quand vous aimez un enfant, que faites-vous ? Vous lui offrez différentes opportunités de se déployer. Mais si vous lui dites : « Fais ceci, fais cela, tu dois aller vers cette carrière, tu dois rester près de ta mère », ce n'est pas nécessairement de l'amour. Aimer votre enfant, c'est vibrer profondément pour le stimuler.

Vous savez, lorsque vous êtes maussade, lorsque vous êtes plus éteinte, vous voyez que vos enfants en sont influencés, n'est-il point ?

Ça change leur comportement, en effet.

Que cherchez-vous à faire avec vos enfants ? Être vivante, n'est-il point ? Pourquoi ? Parce que vous voulez qu'ils soient vivants.

Pour qu'ils puissent s'en inspirer, bien sûr.

Voilà. **Cela, c'est de l'Amour.** Et c'est la même chose avec un partenaire.

Je pense que tout le monde peut très bien faire la différence entre l'amour inconditionnel pour un enfant et le transposer dans un amour avec un partenaire, sauf que c'est beaucoup plus difficile à faire. Ce que je veux comprendre, dans le fond, c'est comment faire pour reconnaître le véritable Amour dans notre vie amoureuse ? Qu'est-ce qu'on cherche, au fond ?

Vous n'avez pas à chercher à reconnaître un véritable Amour. Vous n'avez qu'à vivre, chère Âme. Vivez et, lorsque votre envie de vivre et de créer s'intensifie, reconnaissez si un

Être à vos côtés le provoque. On ne vous dit pas : Faites ceci, faites cela. Nous vous expliquons seulement ce que vous vivez dans vos vies d'Occidentaux.

Imaginons que vous soyez attirée par un Être. Vous croyez que c'est de l'amour. Vous créez une relation affective. Vous êtes bien l'un avec l'autre. Il y a un cocon. Vous répondez mutuellement à vos besoins. Tout est parfait. C'est passionnant. C'est agréable. Vous êtes « en amour ».

Et puis, par la suite, vous ne l'êtes plus !

Que s'est-il passé ? Vous avez recherché une joie dans d'autres directions. Ce contexte de relation affective était agréable, mais ce n'était pas suffisant. Vous avez besoin de trouver ce qui vous permet de sentir une satisfaction profonde. Et dans votre exploration, il se peut que, par moments, vous soyez moins présente, moins attentive, moins ceci, moins cela que vous ne l'étiez il y a quelques années. Là, l'autre est moins satisfait dans la relation, parce que ce qui le rendait amoureux était tout ce que vous étiez et faisiez pour lui. Puis, il y a des conflits.

Lorsque cela se produit, vous vous rendez compte que : « Tiens, nous avons vécu une période de guérison, une période de relation affective agréable et intense, et le parcours se continue, tout simplement. » Mais, un jour, vous rencontrez un Être et vous réalisez que ce ne sont pas les fleurs qu'il vous offre, ce n'est pas sa présence physique ni ses caresses que vous aimez de l'Être, même si vous le goûtez avec plaisir. Non, ce que vous aimez, c'est sa passion de vivre. Vous aimez le voir agir. Même s'il n'est pas du tout dans votre voie ou dans votre milieu.

Tiens, imaginons qu'il soit un sportif. Vous le regardez, et lorsque vous voyez l'intensité, la passion se déployer en lui, lorsque vous le voyez vibrer, heureux, cela vous donne envie, vous aussi, d'être ainsi dans votre voie. Non pas de faire du sport, mais d'être plus vivante dans votre propre voie ! Et lorsque lui vous voit dans votre voie, cela lui donne envie de vivre... Vous vous stimulez l'un et l'autre, et vous vous sentez amoureux de la vie dans l'autre, non pas de son personnage. C'est cela que nous tentons de vous transmettre.

Ce dont vous allez vous rendre compte, c'est que lorsque vous êtes prise dans une image de vous-même, vous attirerez un Être avec lequel vous vivrez des confrontations. Vous serez attirés, au départ, par ce que vous vous offrez mutuellement, et éventuellement, vous allez vous confronter. Ce sont les images, les personnages, les personnalités qui se confrontent. Et puis, peut-être un jour chercherez-vous à vous séparer. Ou bien vous allez vivre ainsi toute votre vie, jusqu'à ce que vous soyez dans une forme d'indépendance, d'indifférence. Vous voyez cela chez certains duos, n'est-il point ?

Très souvent même !

Il y a d'abord une certaine forme d'indépendance. Puis, ils mènent des vies séparées, quoiqu'ils soient ensemble. Et ils continuent de se confronter pour les espaces très courts où ils sont côte à côte.

Il y a aussi des Êtres qui se rencontrent et qui ont eu des blessures. Pour un moment, ils vont panser leurs blessures. Ils sont bien ensemble. Après un certain temps, cela devient ennuyant. Les blessures ont été pansées. Le cocon amoureux est ennuyant.

Pourquoi tout cela ? Ce sont des expériences qui permettent de dépasser la personnalité, dépasser les désirs, dépasser les besoins, pour aller vers une véritable recherche d'expression. Rappelez-vous que le bonheur, la joie pure provient de votre expression à vous, et non pas de l'Être à vos côtés. **Le but de l'Être à vos côtés est de stimuler votre expression, votre mouvement.** C'est cela qu'il vous faille comprendre.

Voyez un autre exemple. Vous entrez chez vous, en fin de jour, et vous avez un partenaire qui vous ouvre la porte, qui vous prend dans ses bras, qui vous transmet qu'il vous aime. Il a préparé un dîner. Il y a des chandelles. Il vous offre un massage. Il a fait couler votre bain. Il est adorable, n'est-il point ?

Ça semble parfait... pour un temps !

Ce n'est pas suffisant. Il peut faire cela toute votre vie, de toute façon, un jour ou l'autre, bien qu'il soit adorable, il deviendra un ami. Pourquoi ? Parce que ce n'est pas ce que vous cherchez. Vous cherchez un Être qui vous accueille, bien sûr, avec un sourire, avec une chaleur, peut-être avec les fleurs et le repas, mais qui s'intéresse à ce que vous avez vécu, ce que vous êtes et ce que vous avez fait. Et pourquoi il s'intéresse à cela ? Parce que cela le nourrit. Et vous vous intéressez à ce qu'il a été et à ce qu'il a fait dans sa journée parce que cela vous nourrit. Voilà ce que vous cherchez.

L'Âme sœur

J'aimerais qu'on aborde maintenant la notion de l'Âme sœur. Est-ce que ça existe et est-ce qu'on a raison, pour plusieurs, de faire de la recherche de l'Âme sœur un objectif de vie ?

Le but d'une existence est de trouver la joie pure qui permet la sensation d'union avec le Tout. La recherche de l'Âme sœur n'est pas un but mais un moyen. La recherche est un moyen, et la trouvaille aussi !

[rire]

Nous vous taquinons.

Parce que l'Âme sœur, dans votre vie, ce n'est pas l'atteinte d'un but. Rencontrer une Âme sœur peut être un objectif pour vous déployer davantage, mais souvent, il y a erreur en la matière. Les Êtres croient que l'idéal amoureux, c'est de rencontrer l'Âme sœur. L'idéal amoureux, nous l'avons déjà défini, que ce soit avec une Âme sœur ou avec une autre Âme. **L'Âme sœur a cet avantage qu'elle va sentir l'attraction à partir de ce que vous êtes réellement.**

Imaginons que vous êtes un personnage. Imaginons que vous êtes un acteur au théâtre. Il y a un Être qui apprécie votre façon de jouer et qui peut être attiré par vous pour cette raison uniquement. À côté, il y en a un autre qui lit derrière ce personnage, au cœur de ce personnage, votre intensité. Ça, c'est l'Âme sœur. L'Âme sœur est attirée par ce que vous êtes réellement. L'Âme sœur ressent, reconnaît, perçoit ce que vous êtes, vibre à cela.

Si, par exemple, vous, chère Âme, êtes assise calmement dans un endroit public, un Être peut se présenter et se dire: « Cette femme est si calme, elle m'attire. » Pendant un moment, vous allez vivre peut-être une relation agréable, parce qu'il aime votre calme, jusqu'à ce qu'il se rende compte que le calme était temporaire. Vous êtes un Être très vivant, vivace, agité même.

[rire]

Est-ce qu'on se suit bien ?

Vous semblez bien me connaître !

Et, là, il se dira: « Mais j'ai été trompé. » Non. Nous lui dirons plutôt: Vous vous êtes trompé ! Nous le disons à la blague, mais c'est très important. Les Êtres projettent sur l'autre qu'ils furent trompés. Attention. Ils se sont trompés !

Bon, maintenant, le premier homme a vu l'Être calme en vous, puisque c'est ce que vous présentez. Un autre homme entre, et lui, lit instinctivement toute votre intensité. Il sent que vous êtes un Être intense, dans une grande mouvance. Il saisit que vous êtes une boule de feu, et pourtant, vous êtes assise calmement devant lui. Là, nous dirons: il y a plus de propensions à ce qu'il soit une Âme sœur.

C'est une métaphore, bien sûr. Un Être peut lire que vous êtes du feu sans être votre Âme sœur, évidemment. Mais l'Âme sœur est un Être qui sent, perçoit, entend, ressent qui vous êtes réellement, et il est attiré par cela. Il cherchera à stimuler en vous non seulement vos qualités, mais aussi et surtout votre essence véritable, vos dons et talents. Ce sera donc vivant.

Bien sûr, ce sera propulsant, stimulant. À moins que vous ne soyez en résistance avec ce que vous êtes. Si un Être est en résistance, si un Être ne se reconnaît pas lui-même ou si un Être a peur d'être lui-même tout en s'étant reconnu, la présence de l'Âme sœur n'est pas très confortable. Donc, ce n'est pas un but, mais ce peut être fort intéressant. Pour un Être qui cherche, sur la voie de la maîtrise, à vraiment trouver la joie profonde, l'Âme sœur ou une Âme soeur est vraiment idéale. Malgré tout, il n'est pas rare de voir deux Âmes sœurs préférer une relation d'amitié, après avoir vécu dans un duo amoureux houleux dû à cette provocation. Bref, pour l'Être qui veut un cocon paisible, tranquille de satisfaction de ses besoins, l'Âme sœur n'est pas l'idéal.

Il y a donc deux façons bien différentes de comprendre le concept de l'Âme sœur?

Ce que nous tentons de vous faire prendre conscience est que **vous ne savez pas qui vous êtes**. Vous ne savez pas faire la distinction entre votre Être dans sa personnalité et l'Être humain véritable dans sa lumière. Alors, c'est pour cela que nous vous répondons toujours à deux niveaux.

Si vous nous dites: « Que cherchent les Êtres humains comme idéal? » Dans les faits, et parce qu'ils ne se connaissent pas, ils cherchent comme idéal un partenaire avec lequel ils s'entendent bien, avec lequel ils vivent une relation calme et tranquille. Ils veulent une relation dans laquelle ils sont compris et sentent que leurs besoins sont comblés. Ils sont prêts à faire certains petits compromis, mais ils veulent surtout que leurs désirs soient satisfaits. Donc, ils vont rechercher un Être qui a sensiblement les mêmes désirs qu'eux, afin qu'ensemble, ils répondent à leurs désirs et qu'ils soient dans la même situation de surface. Voilà ce que la majorité des Êtres humains recherchent.

Avec l'Âme sœur, par contre, qui reconnaît tout votre Être, la relation peut parfois être houleuse parce que ce partenaire ne se contentera pas de vous laisser être ce que vous n'êtes pas.

Est-ce qu'on se suit bien?

Très bien. Alors revenons à l'Être qui, dans une voie évolutive, cherche un idéal avec un grand I.

Alors, consciemment pour certains Êtres et inconsciemment pour d'autres, ce qui est recherché, c'est l'Être qui, par ce qu'il est et par ce qu'il fait, vous donne cette envie d'être ce que vous êtes et de faire ce que vous avez à faire.

Est-ce qu'on a une seule Âme sœur sur la Terre ou si on peut en trouver plusieurs sur notre chemin de vie ?

Combien en voulez-vous ?

Ah, écoutez, on peut en prendre ! [rire]

Certes, votre réponse est fort juste. Fort juste ! Plus que vous ne le croyez.

Pourquoi vous limiter à une seule Âme sœur ?

Pourquoi donc, en effet ?

Vous savez, un ami, par exemple, vous permet de vous livrer à lui avec grande transparence, et vous pouvez en avoir plus qu'un, n'est-il point ? Parce que cela vous permet de vous découvrir sous différents angles, selon la vibration ou le parfum de chacun de ces amis.

Alors, se pourrait-il qu'il y ait un ami qui soit une Âme sœur, c'est-à-dire un ami qui puisse voir en vous ce que vous êtes réellement et, par sa transparence, il stimule cela en vous ? Il ne cherche pas à vous faire plaisir en vous confortant dans vos caprices. Il veut vous offrir son amitié, qui est de l'Amour, tout en stimulant qui vous êtes réellement. Et vous direz : « Voilà un véritable ami. Il me dit la vérité telle qu'il la ressent. »

On se suit bien ?

C'est très clair.

Il peut y avoir un Être qui se présente dans votre vie et lise en vous ce que vous êtes. De votre côté, vous le stimulez profondément, et vous ressentez une attraction envers cet Être. Vous sentez qu'avec cette Âme sœur, vous pourriez vivre un duo tandis qu'avec un autre, vous sentez que la relation d'amitié est tout à fait juste.

Vous pouvez aussi vivre une relation d'Âme sœur avec votre mère, votre frère ou votre sœur. Votre sœur, par exemple, vous savez qu'elle sent, qu'elle pressent, qu'elle perçoit exactement qui vous êtes. Non seulement elle le met en lumière, mais elle anime votre essence par ce qu'elle est elle-même : sa franchise, son humilité et sa force font en sorte que vous avez envie d'être vous-même. Nous vous dirons : Voilà deux Âmes sœurs qui se sentent, qui se comprennent, qui se stimulent, mais il n'y a pas nécessairement une relation amoureuse. Alors, bien sûr que « vous pouvez en prendre », selon vos termes !

[rire]

Et qu'il y ait un partenaire affectif, intime, amoureux qui soit une Âme sœur et qu'il y ait une amie qui soit une Âme sœur, qu'il y ait une sœur qui soit une Âme sœur, pourquoi pas ? Chaque Âme sœur est un Être qui vous reconnaît dans ce que vous êtes, donc qui va faire en sorte de stimuler cela. Pourquoi ? Parce qu'une Âme sœur n'appréciera pas que vous soyez autre chose que ce que vous êtes. Elle peut apprécier le chemin que vous empruntez pour vous y rendre, mais n'appréciera pas que vous vous complaisiez dans ce que vous n'êtes pas. En ces termes, elle va continuellement vous provoquer. Est-ce que vous avez envie d'une telle relation d'Amour ?

Bien sûr, même si ça peut être moins facile !

Pour conclure sur ce thème, nous vous dirons : Aimez tant votre partenaire, vos enfants, vos amis que chaque jour, vous puissiez les stimuler en leur transmettant ce qui vous anime dans la vie. Parlez-leur avec effervescence de ce qui éveille la joie en vous. Soyez vivant et vibrant avec les Êtres que vous aimez, parce que c'est cela qui stimule la vie en eux. Nous souhaitons que vous puissiez aujourd'hui comprendre que votre amoureux ou votre amoureuse n'est pas là pour vous servir en satisfaisant vos besoins, mais pour servir la vie en vous, en vous stimulant à être vous-même. Donc, rendez-lui la pareille.

L'AMITIÉ

L'amitié est une expression très pure de l'Amour. L'amitié est certes la base essentielle de toute liaison amoureuse qui cherche à évoluer vers une relation à la fois humaine, spirituelle, cosmique telle que de nombreux Êtres souhaitent le vivre. L'amitié est un vase d'accueil de rencontre des Âmes sœurs.

L'amitié est en soi une relation entre deux Êtres qui choisissent, par attraction mutuelle, de s'offrir le meilleur d'eux-mêmes et d'offrir leur regard à l'autre. Ce regard de l'autre se veut une reconnaissance. Une reconnaissance que l'Être a tant recherchée en lui ou à l'extérieur de lui. Une reconnaissance qui est aussi associée à un des rôles de la mère. Non point que l'amitié ait à jouer le rôle de mère, mais certes celui de la reconnaissance de l'Être dans tout ce qu'il est, dans son essence.

La relation amicale permet à l'Être de se révéler à lui-même. Bien sûr, l'amitié peut être extensive, c'est-à-dire se présenter sous une multitude de thématiques, puisque les Êtres s'unissent dans toutes les expressions d'eux-mêmes. Elle peut aussi être plus particulièrement orientée sur une thématique, comme dans le cas d'une recherche existentielle ou d'une activité particulière. L'amitié permet aux Êtres de se révéler à eux-mêmes en accueillant le regard de l'autre à leur égard.

L'amitié avec soi-même

Bien entendu, il va sans dire que l'Être a à créer et à nourrir avant tout une amitié avec lui-même. L'amitié avec soi-même, c'est l'expression d'un profond respect pour ce qui vibre en soi. Certes, il faille entendre que ce n'est point une appréciation des caprices ou des désirs, mais un respect, un amour de ce qui vibre en soi, de sa capacité de croître, d'évoluer, de chercher l'amour, de chercher la joie.

L'Être est donc invité à être son principal ami. Il aura de la difficulté à vivre une relation d'une telle importance avec un autre Être, s'il ne s'accorde pas cette relation avec lui-même. Toutefois, plusieurs Êtres vont s'ouvrir à eux-mêmes, développer une amitié grandissante avec eux-mêmes en ayant connu l'amitié avec un autre Être.

C'est ainsi que la relation avec un autre Être permet souvent un effet de miroir, un reflet de soi. Non point que l'autre, l'ami, soit similaire à soi-même. Non point qu'il maquille sa vraie nature, se masque pour vous projeter l'image de vous-même. Mais n'ayant pas véritablement d'attentes que vous combliez un désir en lui, simplement parce que sa présence est le fruit d'une attraction pour jouir de la vôtre, il vous transmet de façon transparente ce qu'il capte, ce qu'il ressent de vous.

La transparence

Ainsi donc, le cœur de l'amitié est la transparence. La transparence est en soi une disponibilité de l'Être à laisser émaner vers l'autre ce qu'il en capte, ce qu'il en ressent. Et cela, sans camoufler certains aspects qui pourraient créer une turbulence, confronter et à la fois stimuler l'autre, par peur de le froisser. Bien sûr, les amis n'ont pas à se confronter continuellement pour autant. Mais la peur de froisser, qui fait en sorte que l'expression juste n'est pas transmise, ne peut être présente dans la relation amicale. Parce que cette peur fait en sorte que vous, par exemple, qui portez aussi un respect, un amour et une confiance en votre ami, vous pouvez vous leurrer vous-même. Si l'expression de l'ami à votre égard n'est pas transparente, alors que vous avez l'envie et l'impression qu'elle l'est, alors cette non-transparence peut collaborer à votre distraction, votre dispersion, votre égarement dans votre vie.

Lorsque vous portez en vous la conviction qu'un Être vous indique une voie qui est claire pour vous et que, dans les faits, il ne vous l'indique pas, voilà qu'une ambiguïté se crée, sans que vous le sachiez réellement maintenant. Certes, vous aurez compris que ce qui détériore, amoindrit, et même détruit, l'amitié, c'est la non-transparence. Quelquefois, cette non-transparence est causée par la peur d'un des amis de peiner l'autre, la peur de le choquer, la peur de le froisser, la peur de sa réaction ou même la peur de perdre l'amitié. Ce faisant, bien sûr, il y a une perte d'intensité de l'amitié et la création d'une ambiguïté qui, tôt ou tard, sera ressentie.

Ainsi, la transparence est la disponibilité d'un Être à transmettre à l'autre ce qu'il capte de lui, au risque même d'errer, de se tromper. En ces termes, nous dirons que la transparence ne signifie point que l'ami porte en lui la certitude qu'il a raison et que l'autre a tort. Il porte la sensation, l'impression de ce qu'il a capté et il le transmet à l'autre. Bien sûr, cette transparence fait en sorte qu'il est aussi totalement disponible à accueillir l'autre dans sa réponse.

Il est intéressant de noter que cette transparence, ce n'est pas la transmission de tous les secrets, de toutes les connaissances. L'ami n'a pas à partager tout ce qu'il sait avec vous. Il peut évidemment avoir ses zones d'intimité envers lui-même. Toutefois, ses pensées, ses réflexions envers vous ont tout avantage à être transmises, même spontanément, pour nourrir l'amitié, puisque l'amitié, ce n'est pas une mutuelle relation de support nourrissant l'illusion, nourrissant l'ego, nourrissant l'orgueil ou nourrissant la vulnérabilité.

Bien sûr que des amis peuvent s'entraider. Ils vont nécessairement le faire par amour. Mais le but de l'amitié n'est point d'avoir un Être qui puisse vous aider lorsque vous serez en difficulté, mais plutôt d'avoir un Être qui, par sa présence et sa lumière, reconnaît la vôtre. Il reconnaît vos qualités, vos dons, et vous en témoigne.

Souvent, lorsque vous êtes en difficulté, c'est l'ami qui vous rappelle qui vous êtes, ce que vous portez à l'intérieur, et ainsi, qui collabore à ce que le regard sur vous-même soit plus juste, que vous puissiez vous reconnaître. C'est aussi l'ami qui vous transmet que l'image que vous avez de vous-même, par moments, est surfaite, distorsionnée ou orgueilleuse. Là encore, il participe à votre évolution. L'ami est vraiment le reflet de soi par le rôle qu'il joue. Sans être vous, il vous reflète votre Être, avec intensité et amour. Et certes, il accueille de la même façon ce que vous lui transmettez.

Les Âmes sœurs se retrouvent confortables dans la relation d'amitié. Ce confort affectif, qui n'est pas un attachement mais vraiment une vibration, fait en sorte que **l'amitié peut, par moments, se transformer en relation intime amoureuse. D'autre part, toute relation intime amoureuse devrait être d'abord et avant tout une relation d'amitié expansive.**

C'est simple, n'est-il point ?

C'est magnifique aussi. Comment se fait-il que, dans nos sociétés, on ne réussisse pas à être des amis avant d'être des amoureux ?

Dans tout ce que recherche un Être, il y a une recherche d'expression et d'intensité. Cette recherche d'expression et d'intensité fait en sorte que l'Être, sentant l'attraction pour un autre Être, sentant sa disponibilité à être transparent, à goûter la vibration de l'autre, et sentant la disponibilité de l'autre à être transparent, à émettre un reflet de lui-même, fait en sorte que les deux Êtres deviennent rapidement confortables. Et plutôt que de permettre le déploiement de l'amitié, ils vont rapidement vers une intimité sexuelle à cause de l'ampleur et de l'intensité de cette attraction.

L'intimité sexuelle est intéressante, puisqu'elle permet l'expression de soi dans le mouvement de l'énergie sexuelle, l'énergie de feu. L'Être s'exprime, d'une part, et il s'unit avec encore plus d'intensité, puisque, en plus de l'union psychique, psychologique, vibratoire, il y a aussi l'union physique. Les Êtres précipitent la création d'une union intime amoureuse parce qu'ils ressentent la beauté et l'ampleur de la relation amicale.

En clair, ils sautent une étape ! Ils sentent l'importance de cette nouvelle relation amicale qui débute, et leur recherche si importante de ce qu'ils croient être l'amour fait en sorte qu'ils veulent aller plus rapidement dans ce qui est recherché. Toutefois, l'Être conscient de la véritable recherche, celle de la reconnaissance, pourra mieux goûter l'étape de l'amitié, parce que l'amitié offre, nous vous l'avons dit, la reconnaissance de soi.

Lorsque l'Être porte des masques, lorsqu'il veut aussi aller chercher la satisfaction à l'extérieur de lui, alors il veut aller rapidement vers cette intimité amoureuse. Nous pourrions ajouter que les Êtres sont aussi mus de façon très, très importante par le besoin et l'envie de l'unification.

L'amitié est pourtant une forme d'union, mais ils veulent aller encore plus loin. Ils ont raison ! Toutefois, ce faisant, en « brûlant les étapes », comme vous dites, ils peuvent aussi errer, tenter d'aller vers la création d'une union intime amoureuse qui n'a pas sa raison d'être entre ces deux personnes, et ainsi altérer une relation amicale potentielle qui aurait pu être importante.

Vous nous suivez ?

Ça veut dire qu'en brûlant les étapes, on peut aussi aller de déception en déception ?

Certes. Ce qu'il faille comprendre, c'est qu'il ne faille pas trop se juger, vous savez. L'attente, ici, ne correspond pas à une discipline spirituelle, et encore moins religieuse. Il est naturel que l'Être ait envie de cette union encore plus grande, à cause de son besoin de reconnaissance, de l'intensité à l'intérieur de lui, de son élan pour l'union et l'expression. L'union amoureuse intime permet tout cela.

Donc, l'Être a envie de tout cela, et puisque l'autre, qui a tout pour être un ami, porte la vibration qui semble vouloir répondre à cela, il précipite les choses. C'est naturel. Il faille simplement que, par expérience, les Êtres se rendent compte que les amitiés peuvent être, par moment, thématiques. Une amitié grandiose sur une voie professionnelle, sur une voie de recherche existentielle ou sur une voie sportive même ne signifie point pour autant qu'il y aura cette intensité à tous les niveaux que semble suggérer la relation intime amoureuse.

Et certes, particulièrement lorsque deux Âmes sœurs se rencontrent, la précipitation dans l'intimité amoureuse peut — non pas toujours, mais « peut » — saboter toute la relation. Souvent, une relation intime amoureuse eut été d'un déploiement très, très heureux s'il y avait eu la création de l'amitié avant. La création de l'amitié ne nécessite point un espace temporel bien défini, par exemple une année, deux années, trois années. L'amitié peut se créer très rapidement, et c'est là que, souvent, les Êtres confondent. Ils ont l'impression qu'ils ont créé très rapidement une relation, mais ils ne l'ont pas nécessairement fait.

Qu'est-ce que vous voulez dire?

Ils ont senti l'attraction. Ils sont dans la sensation de l'ampleur de l'attraction mutuelle, mais ils ne l'ont pas déployée. Ils n'ont pas pris un moment pour déployer cette attraction, exprimer cette attraction et ainsi, créer l'amitié. Ils vont rapidement vers la tentative de créer une relation intime amoureuse et faire en sorte qu'elle soit au centre de leur vie.

Voyez-vous, la nuance est que l'amitié est en périphérie, d'abord, de votre vie. Dans l'expérience de celle-ci, elle se dirige de plus en plus vers le centre de votre vie, alors que la relation intime amoureuse se situe immédiatement dans le centre de votre vie.

Vous nous suivez ?

Je crois...

Ce que nous vous disons, c'est que la relation amicale est une relation qui n'est pas au centre de vos préoccupations, mais qui vous permet à vous d'être au centre de votre vie. Ce sont des expériences qui sont périphériques à vous, mais qui vous stimulent à être au cœur de votre vie, au cœur de vous-même. Elles vous permettent d'être de plus en plus conscient de ce que vous êtes, de plus en plus animé. Et certes, la relation amicale peut se déployer de plus en plus et se rapprocher du centre de votre vie.

Vous pouvez avoir un ami que vous côtoyez de ci de là, mais les moments que vous vivez avec lui sont fort lumineux, fort transparents, fort stimulants. Lorsque vous n'êtes pas avec l'ami, l'influence de ce moment demeure grande, même si l'ami n'est plus là, au centre de votre vie. C'est dans ce sens qu'elle peut être périphérique. Bien sûr, plus l'influence est grande, plus vous êtes en résonance, plus vous vous rendez compte que cet ami se dirige vers le centre de votre vie.

Or, lorsque vous choisissez d'entrer dans une relation intime amoureuse immédiatement, l'autre est tout de suite au centre de votre vie, alors que souvent, vous-même n'y êtes pas !

Vous voyez ce qui se passe ?

Touchée. Au centre !

Vous voilà à nouveau dans un processus que nous avons bien observé, c'est-à-dire à tenter de satisfaire l'autre que vous placez au centre de votre vie. Mais lorsque vous commencez par la relation amicale, quel que soit le temps que vous consacrez pour développer cette amitié, vous êtes toujours au centre de votre vie. Plus vous ressentez l'autre, plus son regard sur vous, qui, rappelons-le, fait en sorte que vous vous sentez vous-même au centre de votre vie, devient intéressant et agréable. Et plus vous avez envie de lui offrir votre regard, plus il entre dans votre vie, pour peu à peu se diriger au centre avec vous.

Alors que de multiples Êtres, comme vous le dites, « tombent en amour »...

Ça fait mal, hein?

Certes, ils trébuchent et tombent, ils sont obnubilés par la présence de l'autre et placent l'autre au centre de leur vie. Ils tentent d'être et de faire ce qui peut réjouir l'autre. Tout est merveilleux tant aussi longtemps que l'autre est réjoui... Jusqu'à ce que l'autre ait envie aussi d'un Être qui vit et vibre dans sa création, dans son expression, et non pas qu'en fonction de lui.

J'aimerais qu'on aille plus loin sur la notion de transparence. Il y a des amis qui ont de la difficulté à prendre la confrontation. J'entendais justement des gens me dire dernièrement: « On ne peut pas lui dire ça, à cette amie-là. » *Est-ce que l'amitié est réelle quand on doit marcher sur des œufs?*

Une relation de copains qui ont un plaisir à partager une activité, qui s'entendent bien pour une activité ou pour une autre, c'est de la camaraderie, et non pas de l'amitié profonde. Cela n'est pas un jugement. Il est fort intéressant qu'il y ait des camarades, n'est-il point?

J'imagine.

Vous allez vers une activité culturelle avec un camarade. Vous partagez vos goûts, vos envies, vous partagez votre critique et vous vivez de bons moments qui créent une réflexion, ultérieurement. Bien sûr, l'autre est important aussi. Même si sa vision est différente, c'est important, ça collabore à ouvrir votre conscience, à assouplir votre mental, à poser votre regard sur d'autres angles. Cela collabore à votre évolution.

Les camarades sont importants, qu'ils soient culturels ou collaborateurs professionnels. Tous sont des Êtres qui, par ce qu'ils sont, ce qu'ils offrent, invitent l'Être à ouvrir son regard, à ouvrir son cœur, à s'ouvrir à lui-même. Mais il se peut qu'un camarade ne soit pas disponible, ne soit pas ouvert, n'ait pas envie que vous lui transmettiez votre appréciation, votre regard, ce que vous concevez de lui.

Ne confondez point avec le conseil. Les amis n'ont pas à se conseiller. Ils ont simplement à être transparents avec l'autre, c'est-à-dire à se transmettre ce qu'ils vivent, ce qu'ils captent et ce qu'ils ressentent. Bien sûr que, sans conseiller, ils peuvent aussi transmettre les visions qu'ils ont pour l'autre, ce qu'ils entendent pour l'autre. Ils vont parler pour eux-mêmes aussi, pour nourrir l'image, la vision, le regard de l'autre sur eux-mêmes. Mais il se peut que le camarade ne soit pas disponible à entendre cela et qu'il soit souvent choqué d'une parole.

Mais l'amitié est vraiment associée à l'Amour. L'Amour, cela signifie qu'il y a une reconnaissance de ce qu'est l'autre, de tout son mouvement évolutif. Plus particulièrement, l'Amour est une vibration ressentie comme joyeuse dans le regard sur l'autre cherchant cet Amour, cherchant à exprimer ce qu'il est. Alors, bien sûr que lorsqu'il y a un Amour réel, comme dans l'amitié, l'Être est disponible à entendre de l'autre ce qu'il ressent. Cela ne signifie pas que ce n'est pas provocant, mais l'ami ne veut jamais blesser. Au contraire, il veut aider à se guérir.

Allons à l'extrême avec cette notion. Par exemple, en essayant d'être transparent et d'aider l'autre à se guérir, parfois, on peut en arriver à une rupture d'amitié. Que doit-on en comprendre?

Souvent, lorsqu'une amitié se dissout, c'est que les deux Êtres se sont engagés sur des voies légèrement différentes qui, avec le temps, créent un écart. Ce qui fait en sorte que le regard sur l'autre se transforme par moments en évaluation, en conseils, en approbation ou désapprobation. Il est important de constater les nuances dans ce que nous vous disons être la transparence.

Les Êtres versent rapidement dans le conseil ou l'approbation, n'est-il point, plutôt que de simplement dire : « Voilà, je ressens la justesse de ton action. Là, je ne sens pas la justesse. Je ne saisis pas tout à fait pourquoi tu vas dans cette direction. » Lorsque l'ami, par exemple, vous voit délaisser une opportunité ou délaisser un travail, plutôt que de vous dire : « Je te conseille de faire ceci ou de faire cela », plutôt que de vous dire : « Tu as tort de faire ceci », il vous dit : « Je le sens bien. Je sens bien qu'avec tes qualités, avec ton intensité, cela fait sens » ou bien il vous dit : « Je ne saisis pas tout à fait pourquoi tu laisses passer cette opportunité. Avec tout ce que je perçois de toi, avec toute ta dynamique, il me semble que c'eut été intéressant. » Et il est là, présent, pour entendre.

Il suscite, par sa transparence, une recherche encore plus profonde d'éclairage. Non pas une justification. L'ami ne cherche pas la justification. Il cherche à comprendre pour mieux éclairer. **Des amis, ce sont des éclaireurs mutuels.**

Alors, lorsque l'amitié se brise, souvent, c'est que les Êtres ont, par leurs expériences, choisi des orientations ou des visions de la vie différentes, et que les sensations, perceptions, impressions de l'ami à votre égard sont souvent différentes des vôtres. Ce n'est pas un choc, un conflit ou un élément qui confronte votre orgueil, votre image ou votre camouflage, mais vous vous rendez compte que l'ami n'est plus dans la même orientation. Ainsi, ce qu'il vous propose de vous, bien qu'il reconnaisse toutes vos qualités, est qu'il est fondamentalement en désaccord avec votre façon de vous déployer.

Alors, est-ce préférable de dissoudre l'amitié ?

Certes, bien sûr, et il vaille mieux la dissoudre lorsque vous êtes encore des amis. Lorsque vous ressentez que vos chemins vont dans différentes directions et que vous n'êtes pas vraiment dans la sensation de cette direction, il est peut-être temps de dissoudre cette amitié. Mais vous l'aimez toujours, vous êtes toujours appréciateur de ses qualités, de sa beauté, et vous vous saluerez agréablement, lorsque vous vous rencontrerez sur vos chemins respectifs.

Donc, il faut enlever de notre langage, « L'amitié, c'est pour la vie » ?

Non point.

Ça peut être pour la vie et ça peut aussi ne pas l'être ?

Voilà. Il faille être vigilant dans l'utilisation des mots. Lorsqu'il y a des amitiés très profondes, les Êtres se stimulant mutuellement comme des Âmes sœurs vont souvent suivre le même parcours. Pourquoi ? Parce que s'ils sont attirés véritablement l'un par l'autre, c'est qu'ils ont les mêmes propensions à œuvrer dans le même parcours. Alors, très souvent, des amitiés peuvent être pour la vie. Mais il y a des amitiés plus circonstancielles.

Vous nous suivez ?

Oui. Et je pense qu'elles peuvent être tout aussi importantes pour une évolution dans un temps donné, n'est-ce pas ?

Une amitié peut exister pour une période très courte et être vraiment déclencheur d'un grand mouvement chez un Être. Vous rencontrez un Être pendant un mois, par exemple, et vous sentez une attraction vers cet Être. Vous avez, disons, un parcours professionnel à vivre ensemble, mais il y a une telle reconnaissance de l'autre, un tel confort dans la présence de l'autre qui se déploie que vous partagez l'un et l'autre toute cette sensation, cette intensité dans l'autre. L'ami peut vraiment faire en sorte, par sa reconnaissance, par son impression avec vous, de stimuler tout un courant de vie. Et il se peut que, pour tout un ensemble de raisons, quelquefois géographiques, quelquefois par choix de travail, vous ne vous revoyiez plus.

Toutefois, cette amitié courte et intense demeure. Elle ne sera pas dissoute. Elle peut être en suspens. Il y a eu une grande intensité qui a été un déclencheur pour vous, mais tout un ensemble de circonstances font en sorte que vous n'êtes plus ensemble. Toutefois, cette amitié existe toujours même si elle n'est pas actualisée.

Il peut y avoir des amitiés qui sont très, très fortes, mais pour lesquelles un élément va créer une rupture. Par exemple, vous avez un ami avec qui il y a vraiment, de façon mutuelle, stimulation, reconnaissance, respect de l'autre et transparence. Un jour, une opportunité est offerte à l'un ou à l'autre, vous plaçant dans une situation de concurrence que vous ne voulez pas vivre en tant qu'amis. Il peut même s'agir d'une relation amoureuse que vous êtes amené à vivre. Cela ne rompt pas nécessairement l'amitié.

Toutefois, il peut y avoir une situation dans cette concurrence où un Être exprime — l'un des deux — qu'il a profondément envie de vivre cette opportunité. Il l'exprime avec tant d'intensité qu'il va capter l'occasion, et l'autre peut être choqué qu'il n'y ait pas eu, ensemble, une discussion véritable pour évaluer lequel des deux pourrait en bénéficier. Alors, il peut être choqué et rompre l'amitié.

En fait, nous vous dirons que l'amitié est rompue par l'orgueil de l'un ou l'autre, ou des deux. **L'orgueil est vraiment un élément extrêmement destructeur dans une vie.** C'est le premier piège qu'un Être rencontre dans son évolution, et c'est le dernier piège qu'il affrontera, avant de vraiment être dans toute sa maîtrise.

L'orgueil nous tenaille vraiment jusqu'à la fin?

Certes, et l'orgueil, qui est vraiment un des éléments les plus destructeurs de l'amitié, se présente tout autant sous sa forme positive que négative. Par exemple, l'Être que vous invitez à prendre la parole devant une audience et qui refuse parce qu'il se juge non habile est dans l'orgueil. Il a entendu les autres propos des Êtres avant lui et il ne veut pas y aller. Vous direz : « Peut-être qu'il est humble, qu'il est conscient qu'il n'a pas les habiletés », et nous vous dirons qu'il est orgueilleux !

Pourquoi ? Parce que s'il est invité à prendre la parole, c'est que vous savez qu'il a des connaissances, des expériences, des choses à dire, mais lui n'a pas l'habileté de la parole. Alors, il craint pour son image. Il y a des Êtres qui n'ont aucune habileté oratoire ; toutefois, ils ont des choses à partager. Ils diront pour se défendre que c'est un complexe d'infériorité. Nous vous dirons encore : C'est de l'orgueil.

Pourquoi ? L'orgueil naît de la comparaison. Vous vous comparez comme inférieur ou vous vous comparez comme supérieur à un autre. Quel est le résultat de votre comparaison ? C'est de l'orgueil tout de même.

Est-ce que vous nous suivez bien ?

Oui. Mais par rapport à l'amitié...

Bien, dans l'amitié, vous avez pu observer, par exemple, que, dans une amitié réelle, l'un des deux va vers de grands succès, alors que l'autre est beaucoup plus mitigé, pour ne point dire quelquefois va vers des insuccès, et il va se produire relativement souvent que c'est l'Être qui connaît des non-succès qui va rompre l'amitié. C'est une forme de contraction de l'ego, une forme de jalousie.

Est-ce qu'on se suit ?

C'est très clair.

Celui qui a des succès peut rejeter l'autre. Cela se produit aussi. Mais c'est souvent l'opposé. La difficulté pour les Êtres est tout à coup de se rendre compte que leur ami, celui qu'ils ont nourri de leur regard, de leur lumière, réussit alors qu'eux ne réussissent pas. Cela est difficile pour l'ego, et certes, c'est initiatique. **L'amitié est initiatique.** C'est un parcours vraiment important chez les Êtres humains. Nous ne saurons qu'encenser l'amitié et encourager les Êtres à ne pas rompre inutilement les relations amicales.

Pour terminer, nous vous proposons une invitation pour les Êtres à nourrir l'amitié de la transparence. De façon concrète et pratique, nous vous disons : Pour favoriser une évolution dans ce monde, une évolution vers la maîtrise, une évolution spirituelle, soyez dans une intimité amicale avec des Êtres. Et pour assurer l'intensité de cette amitié et son développement, soyez transparent. C'est une invitation claire et concrète : **Soyez transparent.** Transmettez à vos amis ce que vous sentez, ce que vous percevez, et certes, soyez suffisamment présents à vous-mêmes pour entendre que ce que vous transmettez provient du cœur, et non pas de votre ego.

LA SEXUALITÉ

D'entrée de jeu, nous vous proposons de dissoudre toutes formes de croyances que la sexualité vous éloigne de la maîtrise et de la spiritualité. De façon toute naturelle, la sexualité est au cœur de la vie de tout Être humain incarné. Par le fait même, la sexualité est aussi au cœur de la vie spirituelle de tout Être humain, puisqu'elle est l'expression du duo Âme-Esprit dans l'incarnation.

Tout Être humain est né d'une rencontre sexuelle. Bien que l'union de deux Êtres ait tout avantage à être une union amoureuse, elle est inévitablement sexuelle pour qu'il y ait procréation. Or, si l'Être est né d'une union sexuelle, comment pourrait-il faire fi, nier, occulter la sexualité dans l'évolution de son parcours sur la Terre ? Encore davantage, comment pourrait-il exclure la sexualité d'un parcours spirituel ?

L'énergie sexuelle fait partie intégrante de l'énergie de vie d'un Être. Sur cette Terre, un Être va inévitablement ressentir une force qui, de ses entrailles, va le guider à s'exprimer, à créer, comme elle l'a guidé à naître, à croître, à transcender les obstacles de sa vie. C'est l'énergie de vie, l'énergie de création. Or, l'énergie créatrice est aussi associée à l'énergie sexuelle. Cette énergie qui s'élève des entrailles, du hara (chakra ou centre d'énergie situé au bas du ventre), parcourt tout l'Être jusqu'à son cœur et puis jusqu'à sa couronne (chakras du cœur et de la tête). Par la sexualité, l'Être se présente à l'autre, se présente à lui-même aussi, s'exprime et peut aussi procréer, c'est-à-dire continuer sa création au-delà de lui-même. **La sexualité est une partie intégrante de la spiritualité.**

Parmi les premières sensations de l'Être humain depuis sa naissance, il y a des sensations au niveau des organes génitaux, des sensations que nous dirons « sexuelles ». Les sensations du corps et les sensations énergétiques permettent à l'Être de se révéler, de sentir qu'il existe en relation avec son environnement, qu'il existe en relation avec son Esprit et qu'il est bien incarné. L'Être est mû, stimulé par une force qui est aussi très subtile, une attraction vers l'autre, vers la vie, vers l'union. Donc, les sensations sexuelles favorisent la sensation de soi et favorisent la sensation de la vie. Elles participent ainsi à l'éveil de l'Être.

D'autre part, ces sensations sexuelles invitent l'Être à communier avec un autre Être. Souvent, dans l'attraction vers un autre Être, il y a l'attraction sexuelle, c'est-à-dire une envie profonde de ressentir un bien-être corporel dans la rencontre de l'autre. Mais la sexualité permet aussi l'union des Êtres. Vous savez fort bien qu'au-delà de permettre la procréation, la sexualité permet d'abord une véritable intimité entre deux Êtres. Et lorsque l'Être ressent la joie, l'extase, l'orgasme, il est dans la sensation d'union avec lui-même, avec l'autre et avec la Vie. Comprenez bien. Lorsqu'un Être est dans ce moment d'extase, il n'est plus à se contempler lui-même ; il est à vibrer l'extase, n'est-il point ? Et pendant ce moment de vibration, il est à la fois lui, c'est-à-dire qu'il n'est pas perdu dans le néant, mais il est à la fois l'autre et à la fois la Vie.

La sexualité permet à l'Être de vivre physiquement et énergétiquement une joie, et donc de vivre une sensation d'union qui fait en sorte que cette extase va se déployer bien au-delà du physique. Elle va l'entraîner dans l'aspect émotionnel, mental et spirituel, puisqu'elle l'amène dans l'union.

Certes, deux Êtres peuvent occulter, nier ou craindre l'intimité entre eux et limiter la sexualité à l'acte sexuel. C'est une limitation qui va souvent entraîner l'Être vers des abus. Cela vous étonne ? Pourtant, si l'Être limite sa disponibilité à l'autre qu'à l'aspect physique, dans la sexualité, il ne ressentira pas une satisfaction durable. Il n'y aura qu'une satisfaction corporelle éphémère, peut-être même très éphémère.

Pourtant, si l'Être dépasse cette réserve de la dimension corporelle et qu'il est aussi présent lorsqu'il s'implique énergétiquement, la sensation dans la relation sexuelle sera à la fois physique et très subtile. Elle se présentera au niveau du cœur, et là, il y aura une véritable union, une véritable intimité. Cette intimité pourra par la suite se prolonger, se perpétuer dans une relation plus ample. Il n'en demeure pas moins que dans la relation sexuelle, même s'il n'y a pas de relation amoureuse à plus long terme, plusieurs dimensions de l'Être existent : corporelle, énergétique et l'union amoureuse durant le rapport sexuel.

Est-ce que vous nous suivez ?

Très bien, mais ça soulève plusieurs questions. La première : pourquoi a-t-on pensé, depuis des milliers d'années, qu'il fallait évacuer la sexualité des voies spirituelles, particulièrement dans les grandes religions, comme la religion catholique ?

Plusieurs religions, plusieurs voies spirituelles ont invité ou obligé les Êtres à la chasteté, suggérant ainsi de concentrer leur attention et leur énergie à toute la voie spirituelle. Certes, le plaisir, les sensations de joie que les Êtres peuvent ressentir dans la relation sexuelle, a souvent créé une forme de limitation de l'Être à la dimension corporelle. Ainsi, les guides des voies spirituelles ont choisi de demander d'occulter l'attraction sexuelle pour se réserver à une attraction spirituelle, plutôt que d'inviter les Êtres à vivre une expansion de la sexualité. Cette expansion permet que la sensation du corps puisse s'unir à une sensation énergétique et à une sensation du cœur.

Il y a là, de la part des autorités religieuses, une forme d'incompréhension de l'énergie et de l'appel spirituel de l'Être. Chaque Être humain porte en lui une pulsion pour s'élever, retrouver sa nature véritable universelle, retrouver sa source. Dans l'incarnation, toutes les sensations de la vie vont permettre à l'Être de sentir vraiment l'ampleur des différentes formes de vie qui se manifestent à lui et qui l'accompagnent dans son élévation. **Bannir la sensation sexuelle est impossible.**

L'acte sexuel peut être défendu par les religions, mais l'attraction sexuelle ne peut pas être occultée. De multiples exemples vous révèlent actuellement qu'à travers les âges, la chasteté imposée n'a pas permis de dissoudre l'attraction sexuelle. Au contraire, elle a invité une multitude d'Êtres à vivre dans la culpabilité, et certains autres à verser dans des abus.

Est-ce que c'était par ignorance ou par besoin de pouvoir?

Les deux. La sexualité est une pulsion qui permet l'union et la procréation des Êtres. Est-il logique pour une religion qui proclame l'amour et l'union des hommes qu'une pulsion au cœur même d'un Être, qui favorise l'union et la procréation, ne soit pas permise chez ses prêtres?

Lorsqu'un Être évolue sur cette Terre dans le chemin de retrouvaille de sa nature, de son essence, il sera guidé à travers ses sensations à reconnaître toutes ses capacités énergétiques, tout son pouvoir. L'Être va vivre des sensations dans la sexualité, comme il va en vivre dans la nourriture physique, dans des activités en relation avec la nature, dans le partage avec ses amis...

Ces sensations font en sorte qu'il sera de plus en plus ouvert à la vie et à lui-même. Elles vont lui offrir de plus en plus des états d'expansion durant lesquels l'énergie s'élève en lui, de ses entrailles vers la couronne. L'Être sera de plus en plus expansif, et il ira de plus en plus vers des états amoureux, puis vers des états extatiques.

Ainsi, un jour ou l'autre, dans une vie ou dans une autre, un Être va atteindre des états d'extase dans l'incarnation simplement en goûtant la vie dans son ensemble. En étant présent à toutes les réalités, il sera peut-être moins attiré par les sensations qui l'ont guidé vers ces extases.

Prenons un exemple. Imaginons votre fils. Il a des jouets, puisqu'il est encore petit. Ces jouets composent une partie importante de sa réalité, même de son univers. Il éprouve beaucoup de plaisir quand il joue avec ses jouets. Si vous lui dites : « Un jour, tu devras quitter tes jouets », le voilà bien triste, parce qu'une grande partie de ses joies proviennent présentement de ses jouets.

Pourtant, vous savez qu'un jour il sera un homme et que ses jouets n'auront plus d'intérêt pour lui. Non pas parce qu'ils sont néfastes pour l'Être humain. Non pas parce qu'ils sont ridicules ou mauvais. Non, simplement parce qu'ils ne correspondent pas à l'intensité qu'un homme veut vivre dans l'incarnation. Alors, sachant que votre fils ne sera plus intéressé par ses petits jouets lorsqu'il sera un homme, allez-vous maintenant lui demander de bannir ses jouets ?

Bien sûr que non !

Vous qui êtes un adulte, pouvez-vous saisir qu'il n'y a aucun drame à ce qu'un enfant puisse, dans son évolution, laisser de côté ses jouets pour aller vers d'autres éléments qui lui apportent de grandes satisfactions ?

Bien sûr !

Durant votre parcours terrestre, il y a des attractions sexuelles, des relations sexuelles qui vous apportent des joies et un bien-être. Cela vous permet de vous exprimer, de vous ressentir, de ressentir l'autre, d'entrer dans une union de façon de plus en plus intense. C'est magnifique, et certes, tout ce que cela permet fait en sorte que vous serez de plus en plus uni avec vous, de plus en plus uni avec les autres, de plus en plus uni avec la vie, et cette union pourra vous permettre de vivre de grandes extases sans même qu'il n'y ait de sexualité, ultérieurement.

Lorsque nous disons cela aux Êtres, voilà que plusieurs craignent...

Oui, de devoir mener une vie de moine !

Certes, et donc ils craignent la voie spirituelle par peur de devoir délaisser la sexualité. On ne vous dit point que vous devez délaisser la sexualité. On ne vous dit point que vous devrez la délaisser, non plus. L'on vous dit simplement qu'il se peut qu'un jour ou l'autre, vous ayez tant de joie, tant d'extase à vivre sur cette Terre que vous n'ayez plus cette envie de la sexualité.

Actuellement, lorsque vous craignez la voie de la maîtrise, lorsque vous craignez de devoir quitter la sexualité, vous êtes comme votre fils qui ne peut pas comprendre qu'un jour il n'aura plus ses jouets, parce que cela est au cœur de sa vie.

Est-ce que vous nous suivez bien ?

Oui. Alors, c'est aussi une erreur mathématique ? On a vu des Maîtres qui n'avaient peut-être plus besoin de sexualité dans leur vie et on s'est dit « Pour devenir Maître, il faut enlever la sexualité à tout le monde » ?

Voilà. C'est une erreur de calcul, une erreur d'évaluation. Sur la voie de la maîtrise, l'Être qui retrouve des états d'extase va naturellement favoriser ces états et délaisser la sexualité, sans même qu'il y ait de rupture. Un Maître, ce n'est pas un Être qui vit dans l'ascétisme ou dans la réserve ; c'est un Être qui jouit de la vie plus que tout Être sur cette Terre, chère Âme. Lorsque les Êtres humains comprendront cela, ils iront avec plus de spontanéité dans la voie de la maîtrise. **Un Maître, c'est un Être qui vit très intensément.** Il vit si intensément qu'il n'a pas à abuser de quoi que ce soit. Il est en rapport avec toute la beauté de ce monde avec tant d'intensité qu'il n'a pas à la posséder.

Mais la sexualité demeure tout à fait naturelle pour l'Être humain. Alors, aux Êtres qui ont enregistré qu'il fallait délaisser la sexualité pour vivre la maîtrise, nous vous disons : Non, c'est tout le contraire.

Voilà qui vous plaît, n'est-il point ?

Pas mal !

La sexualité permet à l'Être de se découvrir, de redécouvrir l'autre, de redécouvrir des sensations grandioses qui le révèlent à lui-même et qui permettent aussi à la vie de se révéler à lui. Or, on ne vous dit pas qu'il faille vous rendre disponible à des abus ou des défoulements sexuels.

Il y a des Êtres qui ressentent la solitude, qui ressentent qu'ils ne sont pas à la hauteur de leur environnement et qui vont choisir de se nourrir abondamment pour retrouver un plaisir dans la nourriture. Il y a des Êtres qui vont choisir d'aller vers une sexualité déséquilibrée, un abus de sexualité, pour vivre des sensations de joie, des satisfactions corporelles, parce qu'ils n'ont pas suffisamment de satisfactions dans l'ensemble de leur vie.

Alors, la voie spirituelle que nous vous proposons est une voie dans laquelle vous reconnaissez la sexualité, vous l'utilisez comme une énergie de vie qui vous permet d'entrer en relation avec vous-même et avec les autres. C'est aussi simple que cela !

Est-ce qu'il y a des enseignements spirituels reliés à la sexualité qui ont déjà été transmis ? Est-ce qu'on peut orienter les lecteurs vers des ouvrages de référence sur la sexualité et la spiritualité ?

Depuis des millénaires, des enseignements sur l'importance des sensations du corps pour permettre à l'Être de se révéler à lui-même ont été transmis. Ils enseignent l'importance des sensations pour que l'Être apprivoise non seulement son corps, mais son environnement matériel, son incarnation, et pour qu'il puisse aller retrouver l'Esprit grâce à ses sensations. Il s'agit du tantra, qui est une voie spirituelle de l'hindouisme, invitant l'Être non pas qu'à la sexualité, mais à la reconnaissance de toutes les sensations qui permettent une intensification de l'énergie en lui, une élévation de son rythme vibratoire.

Imaginons, par exemple, qu'il y ait un fruit qui vous attire, qui vous appelle. Une pomme, peut-être ?

Ah, le fruit défendu !

Lorsque vous vous nourrissez de cette pomme, lorsque vous en goûtez toute la saveur, vous entrez en relation avec la vie et avec vous-même. Le plaisir de l'union avec cette pomme, c'est la saveur de la pomme dans votre bouche et dans tout votre Être. C'est beaucoup plus que simplement une saveur dans la bouche, c'est un plaisir dans tout votre corps. Pour certains, ce sera une pomme, pour d'autres, un autre mets. Peu importe. Il y a des Êtres qui se nourrissent sans savourer, mais il y en a d'autres qui vont savourer la vie en se nourrissant. C'est ainsi qu'ils vont se nourrir avec plus de présence, plus d'intensité, parce qu'ils se réjouissent de toute la vie en se nourrissant.

Il y a des Êtres qui vont aussi savourer la vie en contemplant un paysage magnifique. Comprenez qu'ils savourent beaucoup plus qu'un simple paysage. Ils savourent la vie ! En savourant ce fruit ou en savourant ce paysage, l'Être se décontracte, il se détend, s'allège. L'Être va ainsi ressentir une joie, une intensité dans toute sa poitrine. Il se sent plus présent à lui-même, plus présent à la vie, plus présent à l'Univers. Il existe dans l'Univers.

De la même façon, lorsqu'un Être va ressentir les joies corporelles dans une relation sexuelle, elles peuvent l'entraîner dans une joie de l'union avec l'autre Être. Et la joie de l'union avec l'autre Être peut l'entraîner vers la joie de vivre, d'exister, d'être uni, non seulement avec l'autre Être, mais d'être uni à la vie. Voilà ce que nous entendons par la voie des sensations que le tantra, par exemple, va exprimer.

Ainsi donc, plutôt que de vous nourrir de façon intense et rapide parce que vous aimez cette nourriture, vous êtes invité à savourer plus longuement pour augmenter l'intensité du plaisir. **Que ce soit dans la contemplation d'un paysage, dans la dégustation d'un fruit ou dans la relation sexuelle, les Êtres sont invités à être plus présents, plus disponibles à savourer, à intensifier le plaisir par une « non-précipitation ».** En d'autres termes, prenez votre temps et entrez davantage dans la sensation !

Est-ce que vous nous suivez bien ?

Très, très bien.

Comment voulez-vous que la sexualité ainsi exposée soit un tort ? Au contraire, la sexualité est une partie naturelle et essentielle sur la voie spirituelle. Comme toute autre forme qui offre des sensations, il faille comprendre que l'abus est créé par une séparation d'avec soi-même. L'Être qui est dans l'abus sexuel ne goûte que très peu et que très superficiellement l'intensité de la relation sexuelle. Même s'il croit sur le moment que cela est très intense, il n'est en relation qu'avec le corps. Plus il va savourer et plus il sera disponible à la véritable union, plus il y aura une véritable intensité et moins il y aura de nécessité d'abus.

Les principes masculin et féminin

De façon naturelle, l'homme, qui est associé au principe masculin, va d'abord rechercher la sensation physique. Dans la première phase de sa vie, il est mû par une grande force sexuelle et cherche vraiment à exprimer cette puissance physique. Plus il va vivre l'expérience de l'incarnation, plus il va permettre à la sexualité de l'entraîner dans l'union énergétique et amoureuse avec l'autre.

La femme, quant à elle, va au début de sa vie chercher à créer une relation amoureuse. C'est le principe féminin qui veut ainsi se déployer. Et plus la femme va vivre l'expérience de la vie et plus elle sentira qu'elle a moult voies pour exprimer toute son intensité créatrice, plus elle acceptera aussi de vivre l'intensité corporelle.

Les hommes et les femmes finissent donc forcément par se rejoindre?

Voilà. La sexualité va véritablement favoriser une union entre la femme et l'homme. Cela peut vous sembler naïf comme énoncé. Toutefois, ce ne sont pas toutes les relations sexuelles qui sont de véritables unions, mais elles conduisent vers cette union.

J'aimerais qu'on parle des unions de conjoints de même sexe. Les homosexuels ont vécu beaucoup d'oppression à travers les âges. Dans la voie spirituelle, est-ce que l'union entre deux Êtres est exempte de toute forme de discrimination?

Au niveau physiologique, l'attraction sexuelle répond au besoin de se perpétuer, de procréation. Donc, sur ce plan strictement physiologique, le rapport sexuel entre deux Êtres d'un même sexe ne fait pas sens. Pourtant, sous un angle spirituel, la relation sexuelle permet l'unification des Êtres. Là, l'union entre deux Êtres d'un même sexe fait sens.

De façon générale, des Êtres de sexe opposé s'attirent parce qu'ils portent chacun les deux principes, masculin et féminin, et que l'un de ces principes est accentué. Le principe féminin chez la femme est accentué, le principe masculin chez l'homme est accentué. Dans l'union de l'homme et de la femme, il y a une mutuelle stimulation à ce que chacun puisse équilibrer ces deux forces, car il s'agit de deux puissances, deux formes, deux expressions d'énergie bien distinctes. Ainsi, le rapport d'union entre les deux sexes va favoriser l'équilibre chez chacun des partenaires.

Maintenant, il y a certains hommes qui portent en eux une prépondérance du principe féminin. À l'opposé, certaines femmes portent une prépondérance du principe masculin. Ces Êtres peuvent donc ressentir une attraction pour une personne du même sexe. Ce qui est important, dans une perspective spirituelle, est que l'union physique de deux Êtres collabore à l'union de deux Âmes et de deux Esprits. Lorsque deux Êtres s'unissent et vivent vraiment une union, chacun est déjà plus disposé, disponible à l'union avec les autres Êtres sur cette Terre.

Cela est très important pour permettre que cessent les discriminations quant à l'homosexualité.

Voilà qui rétablit bien les faits !

Deux Êtres qui sont attirés l'un par l'autre s'unissent bien sûr pour se révéler à eux-mêmes, mais aussi pour s'ouvrir à toute l'humanité. Il faille bien comprendre que, dans une perspective spirituelle, chaque Être est mû par une pulsion d'union avec le Tout. Le Tout, c'est aussi tous les autres Êtres. Mais il arrive que les Êtres, par leurs blessures, leurs contractions, ont des appréhensions, quelquefois des fermetures. Lorsqu'un duo se crée, l'Être est donc invité à s'ouvrir totalement à l'autre. Et l'autre représente, pour lui, tous les autres. S'il y a un cocon refermé sur lui-même, nous dirons que ce duo n'est pas sain. Mais si l'union des deux Êtres favorise leur ouverture à la vie, alors ce duo se trouve vraiment au cœur d'une voie spirituelle.

Si deux Êtres de même sexe sont attirés l'un par l'autre, qu'ils ont des relations sexuelles qui les entraînent dans une véritable union et une véritable ouverture à la vie et aux autres, le parcours est donc vraiment un parcours spirituel. Si deux Êtres de même sexe ne se rencontrent que pour les joies corporelles de la relation sexuelle, alors ils ne sont pas plus, pas moins limités que deux Êtres de sexe opposé qui se rencontrent pour les mêmes raisons.

Nous vous invitons à ne point juger les Êtres et à mieux comprendre le sens de l'attraction des uns vers les autres. L'attraction sexuelle est au cœur de l'attraction d'un Être vers l'autre. Elle est saine, créatrice, contributrice à une voie d'évolution.

En résumé, l'énergie sexuelle fait partie de l'énergie créatrice. L'Être peut vraiment l'utiliser dans son évolution

spirituelle. La sexualité est une des formes d'expression de l'Être, qui collabore aussi à l'amener dans la sensation de lui-même et vers la maîtrise.

RECONNAÎTRE LES CONFLITS INTÉRIEURS

Les Êtres humains, lorsqu'ils se présentent sur cette Terre, vivent un conflit avec eux-mêmes. Ce conflit crée une contraction, une frustration qui, souvent, est projetée vers l'extérieur. Cette projection vers l'extérieur fait en sorte qu'ils vont chercher des satisfactions dans des compensations. Certains vont même trouver de la joie dans la résolution de conflits, plutôt que dans la paix et l'expression de leur essence.

Nous allons vous faire une métaphore. Imaginons que vous marchiez sur un sentier vers le sommet d'une montagne. Votre idéal, c'est le sommet de la montagne car nous vous avons dit: Vous y goûterez la joie pure. Sur la route, une pierre pénètre votre chaussure. Vous marchez, mais il y a un inconfort, puis vous vous blessez. C'est très désagréable. Vous perdez le sens de votre marche. Vous ne savez plus ce que vous cherchez parce que vous êtes envahie par la douleur de la pierre dans votre soulier. Puis, vous en venez à interpréter que votre véritable joie serait de ne plus sentir votre blessure. Et vous cherchez par tous les moyens à enlever cette pierre. Vous avez l'impression qu'enlever cette pierre est le but de votre vie et que, lorsqu'elle sera enlevée, vous aurez atteint la joie. Vous avez perdu de vue que le but était la cime, que la joie serait d'aller vers ce sommet et de vivre en relation avec vous-même sur le parcours.

Est-ce que vous nous suivez bien?

Oui.

Il en est de même pour les Êtres humains. Nous avons dit que dans tout Être humain, il y a une recherche de reconnaissance, une recherche d'union avec le Tout, donc avec toutes les formes de vie. Et cette union sera retrouvée et ressentie lorsque l'Être s'exprimera réellement, comme tout dans l'Univers. En d'autres mots, lorsqu'il sera totalement lui-même et qu'il pourra créer selon ses talents, il va ressentir qu'il est respectueux et amoureux de lui-même. Il va ressentir une joie et cela lui donnera la sensation qu'il est uni à toutes les formes de vie. C'est le parcours naturel.

Maintenant, rappelez-vous ceci. L'Être humain cherche la reconnaissance. Il cherche à être reconnu comme faisant partie du Tout. C'est ce qui le guidera à rechercher à aimer et à être aimé. Mais l'ensemble de ses mémoires (de cette vie et de ses vies antérieures), de ses codifications génétiques et les influences de son environnement l'entraînent à vouloir répondre à ce que son entourage ou la collectivité semble lui demander.

Il conçoit les désirs, les besoins, les exigences de tous ceux qui l'entourent comme ce à quoi il doit répondre pour être aimé, pour être intégré, pour être reconnu. Ce faisant, il va soit occulter, soit ne pas prendre conscience de ce qui l'anime profondément. Il sera plutôt centré sur ce qu'il croit devoir être et faire pour être aimé et satisfaire les Êtres qui l'entourent, alors qu'à l'intérieur de lui, il y a une pulsion de vie qui le guide à être uni à ses propres dons et qualités pour les exprimer. Il y a ici un écart entre ce qu'il croit devoir être et faire, et ce qu'il est et a à faire. Cet écart est un conflit existentiel, essentiel, qui lui aussi pourrait bien être appelé le **péché originel** !

Cet écart va inévitablement se réduire, un jour ou l'autre, dans une vie ou dans une autre, mais il se peut que cet écart s'amplifie.

Pendant une partie du parcours, si on se rappelle la métaphore de la marche vers le sommet?

Pendant une partie du parcours. Plus l'écart s'amplifie, plus l'Être vivra la douleur et la souffrance parce qu'il est divisé, écartelé. Maintes analogies peuvent être exprimées ainsi. Une mère, par exemple, veut tout offrir à ses enfants, mais à la fois voudrait bien aussi être créatrice par moments dans d'autres voies, dans d'autres secteurs. Elle se sent quelquefois divisée, écartelée. Elle trouvera des façons, des formes de compromis de surface qui lui permettent d'être les deux. Si la femme ne les trouve pas, elle sera dans la souffrance. Plusieurs mères trouvent des façons, à travers des compromis de surface, de réduire cet écart.

Par contre, si cet écart persiste dans l'existence de l'Être, si l'Être est orienté dans une direction et qu'il croit que, dans cette direction, il sera heureux car il répond à tout ce qui lui fut enseigné, à tout ce qu'il a cru devoir être et faire pour être heureux en fonction de ce qu'on lui a transmis, alors il peut s'éloigner de ce qu'il est véritablement. L'écart s'agrandit, s'agrandit, et l'Être vit un malaise intérieur.

Bien des Êtres sur cette voie évoluent dans ce que la société peut nommer « la réussite ». L'Être peut ainsi avoir un partenaire de vie qui soi-disant est « parfait », c'est-à-dire qui satisfait beaucoup de ses désirs. Il peut avoir un travail qui lui apporte une réussite sociale, matérielle, financière, professionnelle où il se déploie. Il peut aussi avoir des enfants qu'il aime profondément, qui le stimulent, et malgré tout, il peut se sentir profondément divisé et malheureux. Parce que toute sa vie, qui semble être une réussite selon des critères sociaux, collectifs, familiaux, religieux, économiques, politiques, ne correspond pas à ce qu'il porte en lui au plus profond de ses entrailles et dans son cœur.

Nous dirons que le conflit est là, présent, ce qui fait en sorte que l'Être vit des frustrations. De tout cela, l'Être peut être conscient ou non conscient. Il y a des frustrations, et ces frustrations peuvent se présenter sous forme de tristesse de fond chez certains Êtres, de réactivité colérique chez d'autres ou d'intolérance, d'impatience. Et elles peuvent les entraîner vers des abus dans une direction ou dans une autre.

C'est là que vous voyez toutes les formes de distorsions. Les Êtres cherchent une intensité, une joie profonde, et vous pouvez bien dire : « Mais ils ont un conjoint ou une conjointe merveilleuse, des enfants merveilleux, un travail merveilleux, une sécurité financière. Tout est merveilleux ! » Malgré tout cela, l'Être est profondément triste, profondément en colère ou profondément dans un malaise.

Vous nous suivez ?

Très bien. C'est le lot de beaucoup, beaucoup de gens, il me semble.

Bien sûr. Bien sûr, chère Âme. Nous décrivons la réalité extérieure d'une très grande majorité des Êtres. Pourquoi ? Parce qu'ils ont répondu à un appel de l'extérieur plutôt qu'à un appel de l'intérieur. Voilà l'écart. Et, cet écart, que va-t-il provoquer ? Les Êtres ont en apparence tout pour être satisfaits, mais il ne s'agit que de satisfactions partielles.

Alors, ils cherchent de plus grandes satisfactions. Ils cherchent à viser des buts beaucoup plus importants, soit au niveau de la carrière, soit au niveau des possessions, soit au niveau de l'intensité passionnelle. Et comme ces buts sont très grands et très éloignés d'eux, ils auront besoin de vivre des joies en attendant. Comme ce qu'ils ont les a satisfaits pendant un certain temps, mais pas profondément, et que ce qu'ils visent, ils ne l'ont pas, alors ils risquent d'aller vers des compensations : nourriture, alcool, drogue, religion, travail, sexe. Mais dans cette direction, ils vont se saboter. Ils vont s'autodétruire.

Qui plus est, nous disons que lorsque l'Être est insatisfait, il y a une frustration. Cette frustration, dans un premier temps, il va la projeter vers les autres. Il va chercher à l'extérieur de lui parce qu'il n'est pas satisfait et qu'il devrait être satisfait. Vous voyez ? Tout est subtil et inconscient.

Lorsqu'un Être a choisi une direction inconsciemment, pour répondre à ce qu'il croyait devoir faire et être pour plaire aux autres, il s'attend à une réponse. La réponse qu'il reçoit est exactement ce qu'il a créé, mais elle n'est pas ce qu'il attend. Il obtient, par exemple, une sécurité financière. C'est satisfaisant, mais ce n'est pas cela qu'il cherche. Il veut la sécurité financière parce que cela le calme, mais ce n'est pas l'intensité qu'il recherche.

« Il s'accomplit dans son travail » — direz-vous. Il y a une performance, il y a une reconnaissance de sa personnalité, de ses talents. C'est bien. C'est satisfaisant, mais ce n'est pas ce qu'il recherche profondément. Alors, il est tout à fait normal que la frustration qu'il ressent, parce qu'il n'est pas profondément nourri et satisfait, soit projetée vers l'extérieur.

Donc, il devient soit triste, insatisfait, maussade ou provocateur envers les autres. Progressivement, puisque c'est subtil, il crée des conflits avec les autres. Avec un conjoint, un confrère, un directeur, un parent, une sœur... Bien sûr, tout cela est inconscient, mais il s'attend à autre chose, et il ne l'obtient pas. S'il a voulu satisfaire l'extérieur, il est mécontent envers l'extérieur. Combien d'Êtres critiquent l'extérieur ?

Beaucoup.

La société ?

Il existe des lignes ouvertes dans les médias à temps plein là-dessus !

Certes. Pourquoi ? C'est tout à fait normal. Ils sont normaux ! Inconsciemment ou consciemment, ils ont choisi ou ont été amenés à choisir de répondre à des exigences extérieures. Ils s'attendent à être joyeux et heureux profondément, mais ce n'est pas le cas. Donc, ils pointent l'extérieur en disant que ce qu'ils y voient n'est pas juste.

Résultat : conflit à l'extérieur. Ces conflits peuvent être avec un conjoint, avec une famille, avec une société, mais si toute une société est en conflit avec sa famille, qu'est-ce que cela crée ? Cela crée des guerres dans le monde. **Ce que nous sommes à vous dire est que le conflit intérieur est la source de toutes vos guerres.** C'est l'écart qui grandit et qui crée la frustration. Frustration pourquoi ? Parce que l'Être n'est pas uni à lui-même et, forcément, il ne peut pas s'unir à qui que ce soit dans ces conditions.

Ce qui est possible — et nous revenons au chapitre sur l'Amour, vous trouverez ça merveilleux ! — vous imaginez cet Être écartelé qui rencontre une personne qui aime la vie dans cet Être ? Imaginons même que ce soit une Âme sœur. Qu'est-ce que l'Âme sœur va faire ? Elle va reconnaître la partie négligée, oubliée de l'Être, et elle va le stimuler à retrouver cette partie. Qu'est-ce qu'elle fait ? Elle stimule la résolution du conflit. Ce n'est pas l'Âme sœur qui règle le conflit. L'Âme sœur stimule ce qui nourrit le conflit, ou l'inverse, elle stimule la résorption de ce qui nourrit le conflit.

Est-ce qu'on se suit, chère Âme ?

Oui. Et j'imagine que pour un Être inconscient, ça peut créer plus de conflits, parce qu'il ne veut pas le reconnaître ?

Bien sûr. Imaginons que vous êtes convaincue que vous êtes une scientifique, chère Âme, et vous avez tout ce qui vient avec : la réussite sociale, la réussite matérielle, beaucoup d'amis, mais que vous êtes profondément triste. Que cherchez-vous ? Vous avez l'impression que vous cherchez un conjoint. Il vous manque un conjoint qui répondra à vos besoins. Mais vous l'avez déjà expérimenté, et cela ne suffit pas... Il se présente une Âme sœur, une Âme sœur qui vous provoque continuellement, parce que cette Âme sœur, bien que vous ayez toutes les réussites, a vraiment ressenti, perçu, saisi que vous étiez une éclaireure et une animatrice, donc vous incite à le reconnaître avec amour.

Ou bien vous l'entendez, et c'est merveilleux. Bien sûr qu'il y aura des étapes, des obstacles. Ou bien vous ne l'entendez pas, et vous vous sentez continuellement jugée, évaluée, provoquée par cet Être qui ne vous comprend pas, selon vous. Ce n'est pas si simple de réduire l'écart. Cela est progressif. **Alors, nous vous disions : L'Âme sœur peut se présenter, mais si votre fenêtre n'est pas ouverte, vous ne sentirez que la provocation.**

Et certes, vous avez peut-être observé dans votre vie des Êtres qui sont passés en provocateurs. Vous les avez peut-être trouvés imbus d'eux-mêmes, orgueilleux, incisifs, et quelques années plus tard, 10 ans, 20 ans — parfois seulement quelques mois —, vous vous rappelez d'eux et vous dites : « Pour moi, ces Êtres semblaient juger ce que je faisais, mais en soi, ils reconnaissaient qui j'étais. » Sauf qu'à ce moment, votre fenêtre était fermée. Alors, vous n'avez vu qu'un Être qui vous provoquait.

Vous avez saisi le conflit lui-même ?

Oui, c'est l'écart.

C'est l'écart entre ce que l'Être est, c'est-à-dire ce qu'il a à exprimer réellement, et l'image qu'il présente de lui. C'est le fossé entre son mouvement créateur, son essence, et sa personnalité ou ce qu'il fait dans la réalité pour trouver l'amour, la reconnaissance, l'appréciation extérieure. Nous faisons une parenthèse pour que vous saisissiez bien que lorsqu'un Être cherche à répondre à cette essence, il est dans un élan amoureux envers lui-même qui attirera le véritable amour. **Et lorsque l'Être cherche l'amour en n'étant pas lui-même, nécessairement, il est dans un conflit.**

Voyez cela, qui est intéressant aussi pour vos lecteurs, pour bien comprendre ce que crée le conflit intérieur.

Imaginons un Être qui laisse de côté ce qui l'inspire, ce qu'il est, pour être et faire ce qu'il croit que l'on voudrait qu'il soit afin d'être aimé. Il est piégé ! Pourquoi ? Imaginez qu'il soit aimé. Vous direz : « Réussite. Il a réussi, tout de même ! » Non, il sera triste. Pourquoi ? Parce qu'au plus profond de lui, il sentira qu'il est aimé pour ce qu'il n'est pas. Ce n'est pas, ici, une pensée, mais une sensation d'inadéquation. Il est aimé, mais il sent qu'il n'est pas aimé pour les bonnes raisons. Donc, il est triste. Il n'est pas bien. Et si, dans l'autre scénario, en faisant tout cela il n'est pas aimé, il n'est pas confortable non plus parce qu'il n'est pas aimé. Il va dans une voie pour être aimé ; s'il n'est pas aimé, ce n'est pas confortable, et s'il est aimé, il n'est pas confortable parce qu'il sait que ce n'est pas sa voie.

Vous voyez ? Comment dites-vous ? « Cul-de-sac » ! Alors, il faille bifurquer. Un jour ou l'autre, dans une vie ou dans une autre, l'Être va bifurquer. Qu'est-ce qui l'entraînera à bifurquer ? La conscience ou la souffrance.

Malheureusement, c'est souvent la souffrance qui nous amène à la conscience...

Vous avez raison, chère Âme, mais voyez-vous, tous nos enseignements, tous nos éclairages sont des stimulations à la conscience avant que la souffrance ne soit trop grande.

Vous avez compris l'écart. Qu'est-ce que crée cet écart ? Si un Être n'est pas profondément satisfait, il est en conflit avec lui-même, il ne répond pas à ce qu'il est. Il va donc vivre une forme de frustration qui va générer de la projection vers l'extérieur. S'il est frustré après avoir tenté d'être et de faire ce qu'il devait être et faire pour remplir ses devoirs, ses responsabilités, obtenir l'amour de l'extérieur, il va bien sûr en projeter la faute vers l'extérieur. Il va créer des conflits.

D'abord des conflits entre deux Êtres, puis des conflits peut-être dans la famille, puis dans la collectivité. Et si cela est vrai pour un Être, cela est vrai aussi pour une collectivité qui tente d'être et de faire ce qu'elle croit devoir être et faire. Et les collectivités entrent en conflit. De là, il y a une progression jusqu'à ce que vous ayez des guerres.

D'autre part, pendant que l'Être est frustré, pendant qu'il critique, pendant qu'il crée progressivement des conflits extérieurs, il n'est toujours pas satisfait. Il va donc chercher des satisfactions plus immédiates. Dans ce cas, il ira vers des compensations, que nous avons dit être des sensations intenses immédiates à travers la nourriture, l'alcool, la drogue, le sexe, la religion, le travail ou la passion affective. Il s'agit d'une illusion de satisfactions. Et cela, évidemment, est une forme d'abus qui l'entraîne progressivement vers la destruction, vers la souffrance. Les deux conséquences de ce conflit intérieur sont la souffrance : l'une par le conflit qu'il projette à l'extérieur, l'autre par la destruction intérieure. En fait, les deux sont destruction de toute façon. Nous y reviendrons dans le prochain chapitre sur les compensations.

Il est essentiel que les Êtres saisissent cela. Tant d'Êtres veulent œuvrer pour la paix dans ce monde, n'est-il point ? Et nous disons jour après jour aux Êtres humains : Soyez conscient de ce qui vous anime. **Si tous les Êtres répondent à ce qui les anime, ils seront joyeux, amoureux. Il n'y aura plus de guerres.**

La guerre — le conflit — est créée par le désir de posséder, de diriger, de contrôler, d'obtenir ce qui appartient à l'autre. Pourquoi ? Parce que l'Être n'a pas de satisfaction. Il la cherche à l'extérieur. Mais lorsque l'Être se déploie, il n'a plus besoin de chercher à l'extérieur. Au contraire, il offre le meilleur de lui-même, et les Êtres autour de lui s'en réjouissent. Ainsi, vous créez une véritable fraternité d'Êtres humains. Cela est simple à comprendre, n'est-il point ?

C'est très simple à comprendre. C'est beaucoup moins simple à appliquer. Peut-être que pour nous, dans une société bien nantie, c'est plus facile à mettre en pratique. Mais allez expliquer ça à un peuple comme les Palestiniens qui, depuis des générations, sont opprimés et manquent de tout. Ce n'est pas évident, il me semble ?

Alors, si nous voulions vous provoquer, nous vous dirions : Oui, et puis ?

Et puis quoi ? C'est à nous de les aider ?

Que voulez-vous faire de plus ? Vous voulez simplement dire : C'est plus difficile à comprendre, et parce que c'est plus difficile à comprendre pour eux, vous ne faites rien ici ?

On se sent peut-être impuissant, à tort.

Voilà. C'est ce que nous voulons vous dire, chère Âme. Votre commentaire est juste. Notre propos ne sert pas un Être qui est dans la pauvreté extrême en Inde ou un Être qui est dans le conflit extrême en Palestine. Notre propos ne peut pas être reçu là-bas, il ne saisit pas de quoi nous parlons. Mais nous vous parlons à vous, les Êtres bien nantis de l'Occident. Pourquoi ? **Parce que si vous entrez dans cet espace de paix et de joie, alors vous allez influencer le reste de la planète.**

Dans l'espace de paix et de joie, les Êtres humains de l'Occident, soit le tiers de la population de l'humanité qui est riche et bien nantie, pourront redistribuer plus équitablement les richesses de cette Terre. Vous saviez que ce 30 % d'Êtres utilise plus de 80 % des ressources abondantes de cette Terre, pourtant amplement suffisantes pour nourrir tous les Êtres humains ? Lorsque les Êtres bien nantis ne seront plus dans l'insécurité, lorsqu'ils ne seront plus dans cette tentative de possession pour remplir leurs besoins, que leur satisfaction proviendra, non pas de leurs possessions, non pas de leur pouvoir, mais de leur propre vibration, de leur création, alors il y aura une potentielle distribution équilibrée des ressources sur cette Terre.

Vous savez, chère Âme, lorsque vous êtes triste, souffrante et malheureuse et que vous avez un pécule d'amassé, vous voulez bien le conserver, n'est-il point ? Et si vous êtes totalement heureuse, en santé, vibrante, vous pouvez offrir un peu de votre pécule plus facilement, n'est-il point ?

C'est plus facile, en effet.

Parce que vous avez compris que l'écart qui crée le conflit crée aussi la destruction physique et psychique et l'ensemble des maladies.

Alors, nous entendons bien votre questionnement, et nous vous disons : Les Êtres qui sont mieux nantis, les Occidentaux entre autres, ont plus d'opportunités pour s'ouvrir à une perspective spirituelle. Et en s'ouvrant à cette perspective, ils vont changer la face du monde.

À l'enfant qui vit au Soudan et dont le seul but est de trouver de l'eau pour vivre, vous n'allez pas lui demander de ressentir sa pulsion existentielle, n'est-il point ? Il vous dira : « C'est l'eau ! » Toutefois, vous, de l'eau, vous en avez en abondance. Et pourquoi cette abondance d'eau est-elle perdue ? Pourquoi y a-t-il tant d'Êtres qui souffrent et qui meurent de soif, alors que de l'eau est perdue ? La raison en est que vous avez peur de perdre les possessions qui vous sécurisent et vous apportent des satisfactions superficielles parce que vous êtes profondément triste et souffrant. En retrouvant la voie de votre joie, vous pourrez mieux retrouver les voies... pour transporter l'eau !

[rire]

Est-ce que cela fait sens, chère Âme ?

Beaucoup. Le seul problème, c'est qu'il va falloir aussi apporter dans ce livre des solutions. Comment fait-on pour retrouver cette paix intérieure ?

Cela, c'est le plus simple !

C'est peut-être le plus simple, mais...

« Mais », voilà, vous avez trouvé ici la faille, chère Âme.

C'est le « Mais ».

Certes. Vous savez, nous pouvons être plus incisif, mais nous ne voulons pas blesser les Êtres. Par contre, quelquefois, il faille secouer. Imaginons, par exemple, une femme qui vit une relation amoureuse platonique, plus que platonique, contraignante et contrôlante. Elle ne peut vraiment pas faire ce qu'elle veut parce que son mari est maussade, colérique et contrôlant.

Vous voyez cette situation ?

Je crois que tout le monde la voit très bien !

Alors, nous disons — et les gens disent — « Mais pourquoi ne quittez-vous pas cet Être ? Vous êtes dans un monde libre. » Et la femme ne quitte toujours pas cet Être. Pourquoi ? Par insécurité financière ? Peur de la solitude ? Nous disons à cet Être : Votre conjoint qui contrôle votre vie et qui n'a aucun intérêt pour ce qui vous anime, ressentez-vous vraiment de l'union lorsque vous êtes assise à ses côtés ? Et l'Être de répondre : « Je sens une solitude, un vide profond. » Et vous ne voulez pas le quitter par peur de la solitude, alors que vous en vivez plus à ses côtés que lorsque vous êtes seule ? La preuve, c'est que lorsqu'il quitte pour un séjour, vous vous sentez tout à coup bien animée, vous vous sentez bien accueillie, vous vous sentez bien vivante. Et lorsqu'il est présent, vous vous sentez bien seule. Pourtant, vous avez crainte de le quitter parce que vous avez peur d'être seule. Alors, où placez-vous le « Mais » ? Crainte matérielle ? Pourtant, il contrôle tout. Vous ne pouvez pas utiliser cette abondance matérielle sans son autorisation. Par contre, vous voilà bien protégée des intempéries, avec le pécule que vous avez amassé à deux. Alors, il pourra bien vous servir, lorsque vous serez malade et que vous aurez besoin de médicaments.

Cela est un peu incisif, n'est-il point ?

Parfois, il faut frapper là où ça fait mal !

Nous dirons que les solutions ne sont pas complexes, mais elles sont difficiles à appliquer parce que les Êtres ont des attachements et des peurs de l'inconnu. Nous pourrons dire que — et retenez bien cet énoncé, car il vous fera comprendre beaucoup de choses — les Êtres ont peur de l'inconnu, mais ils sont prêts à aller vers l'inconnu lorsque la peur de l'inconnu est moins souffrante que les souffrances du connu.

Vous observez, par moments, des femmes qui sont battues, n'est-il point ? Vous avez pu remarquer qu'elles retournent vers leur conjoint violent ?

Très souvent.

Presque toujours. Jusqu'à quand ? Jusqu'à ce que leur peur d'être seule, de ne pas être aimée, de ne pas recevoir d'attention soit moins souffrante que les souffrances que leur partenaire leur inflige. Parce que dans la gifle, il y a une attention. Puis, l'Être qui gifle est presque toujours celui qui, par la suite, à genoux, va encenser sa partenaire, le jour suivant. Il s'excusera. Il va l'aimer dans tous les sens, et cette forme d'amour et d'attention, de tendresse, de joie qu'il apporte ou de sécurité matérielle pour l'instant est connue. La femme va préférer — tout cela est inconscient — supporter la gifle et la douleur que de mettre en péril cette tendresse, cette présence, jusqu'à ce que la gifle soit vraiment douloureuse. Et pour plusieurs d'entre elles, jusqu'à ce que la gifle l'entraîne près de la mort. Lorsqu'elle se rendra compte que l'Être peut vraiment altérer sa vie ou la faire mourir, il n'y a plus de peur de l'inconnu. Rien ne peut être pire que cet Être. Alors, elles vont allègrement vers l'inconnu.

On se suit bien ?

C'est très clair.

C'est facile à illustrer, quoique douloureux par cet exemple, mais c'est la même chose pour l'exemple de la dame qui ne quitte pas son conjoint qui est inintéressant, inintéressé, parce qu'elle a peur d'être seule, d'être en difficultés financières. Lorsqu'elle se rend compte qu'elle se meurt à ses côtés, même s'il n'y a pas de violence physique, lorsqu'elle se rend compte qu'elle se détruit, qu'elle ne vit plus, lorsque la souffrance est assez grande, elle pourra aller vers l'insécurité en sachant que ce n'est pas pire que ce qu'elle vit.

Ce que nous cherchons à transmettre aux Êtres est qu'il peut y avoir une voie de transformation qui n'entraîne pas de très grandes souffrances. Un peu d'insécurité, certes, mais aussi beaucoup de joie sur le parcours. Il faille une transformation progressive avant que la douleur soit trop intense.

Voilà.

LES COMPENSATIONS

Sur le parcours de l'Être qui vit des conflits intérieurs, il y a des pièges, que nous avons déjà identifiés comme étant les compensations. Si l'Être n'est pas présent à lui-même, il va d'abord chercher à satisfaire ses désirs. Pendant qu'il cherche à obtenir satisfaction dans son choix de répondre à l'extérieur, il veut aussi obtenir des satisfactions immédiates. Alors, parallèlement à cette recherche, il va chercher à vivre des sensations agréables. Voilà qui est naturel pour l'Être ! Il ne faille point juger cela. Au contraire, l'Être humain est venu sur cette Terre pour jouir de son propre mouvement créateur dans les sensations.

Alors, il cherche des sensations qui sont agréables, et il les retrouve dans une nourriture physique, dans une nourriture émotionnelle ou dans une nourriture intellectuelle. Il retrouve aussi des sensations agréables dans différentes formes affectives, matérielles, que nous dirons justes tant et aussi longtemps qu'elles permettent à l'Être de goûter les sensations et d'être inspiré par elles pour aller plus profondément chercher le bonheur.

Toutefois, s'il projette sur ces éléments — une nourriture, par exemple — une façon de le satisfaire, plutôt que d'être inspiré par ces joies circonstancielles, il est dans un mode compensatoire. L'équation est la suivante : le conflit avec lui-même dégénère en conflit avec les autres, qui entraîne une insatisfaction et qui peut aussi l'entraîner dans un mode de compensation. Il recherche donc des satisfactions à travers des nourritures, des drogues, des possessions, des relations sexuelles... qui sont abusives. Au premier niveau, tous ces éléments peuvent être des éléments qui apportent des sensations, qui favorisent l'Être à se révéler à lui-même dans sa recherche d'union au Tout. Toutefois, lorsque l'Être n'est toujours point satisfait profondément, il peut en venir qu'à abuser de ces éléments.

Donc, ces compensations, qui, au départ, ont pour but de lui faire vivre des joies du moment par des sensations qui lui permettent de reconnaître comment la recherche de sensations de joie et de bonheur est importante, peuvent devenir des sources de satisfaction quasi uniques. Et comme ces satisfactions ne sont qu'en surface, il cherchera à ce qu'elles s'intensifient.

Plutôt que d'utiliser la sensation joyeuse d'une nourriture pour se rendre compte qu'il devrait aller vers une nourriture plus saine, il peut choisir de se nourrir plus abondamment, sans se soucier de la qualité ou de la quantité, et ainsi, aller de plus en plus vers une destruction.

Les compensations sont de tout ordre. L'Être peut aller vers une compensation alimentaire, comme il peut aller vers une compensation dans l'abus du travail, parce qu'il y trouve une certaine forme de reconnaissance sociale, ou même intellectuelle. Or, plus il abuse de cette compensation, plus il va se détruire.

Ce qui est intéressant pour un Être humain est qu'il utilise sa vie et les événements pour réaligner ses choix, plutôt que de culpabiliser ! N'entendez pas notre propos comme étant : Il ne doit pas faire ceci, Il doit faire cela. Lorsque l'Être se rend compte qu'il y a un conflit, qu'il y a une colère envers un Être, plutôt que simplement refouler ou bien l'émettre, ce qui est valable, il peut aussi se rendre compte de l'agent initiateur de sa colère. Une insatisfaction ? Pourquoi une insatisfaction ? Est-ce parce qu'il y avait une attente ou une dépendance ? Est-ce parce que l'autre Être a dit, a fait, n'a pas dit ou n'a pas fait ce qu'il attendait, et cela l'a fait entrer dans des états d'insatisfaction profonde à cause d'un autre ? Quand il se rend compte d'une forme de dépendance comme celle-là, il peut choisir de la modifier.

Cela ne signifie pas de rompre avec l'Être qui ne le satisfait pas. Cela signifie ne pas être en attente que son bonheur soit créé par l'autre. Donc, il peut rectifier. Voilà qui est intéressant ! **Le conflit avec l'autre peut éclairer le conflit avec soi.** Lorsque l'Être se rend compte du conflit avec soi-même, il peut apporter dans sa vie des rectificatifs pour être beaucoup plus expressif de ce qu'il est véritablement.

Voyez-vous, le parcours semble si simple, si naturel.

De la même façon, lorsqu'il vit des malaises physiques, émotionnels, peut-être même des maladies, par exemple, parce qu'il y a des compensations qui sont trop abusives, il peut les utiliser pour se rendre compte qu'il a cherché une satisfaction. Plutôt que d'être dans la culpabilité d'avoir trop mangé ou d'avoir trop travaillé, il peut simplement, ici, poser un regard sur lui pour se rendre compte qu'il a trop mangé de ceci ou de cela. Pourquoi ? Il a trop travaillé. Pourquoi ? Il cherchait à fuir quelque chose, certes, mais il cherchait surtout à retrouver une intensité, une satisfaction profonde.

À partir de cette constatation, plutôt que de se centrer pour bannir la compensation, il est beaucoup plus intéressant qu'il puisse se centrer pour aller ressentir en lui ce qui pourrait vraiment le satisfaire, aller retrouver les aspects de lui-même qui peuvent émerger et être déployés pour le satisfaire.

Ainsi donc, des formes qui sont destructrices au premier niveau à travers le conflit avec les autres et les compensations peuvent être vues comme des formes nécessaires qui détruisent une illusion, une fausse interprétation de la réalité pour l'Être. En d'autres termes, l'Être se sert de ses inconforts provoqués par le conflit avec les autres et par ses compensations pour aller retrouver ce qu'il est véritablement et sa voie d'expression.

Ainsi, il n'y a pas de culpabilité. L'Être se sert de tout. Tout comme il peut se servir d'une joie profonde pour se rendre compte que tel aspect, telle activité, telle création lui ressemble profondément, il peut aussi se servir d'une tristesse profonde pour se rendre compte qu'il se trahit. Et rectifier le tout. L'Être peut se servir de toutes les situations, de toutes les circonstances, de toutes les relations de chaque instant de sa vie, de chaque moment de sa journée pour réaligner son mouvement. Pourquoi réaligner ? Non pas parce qu'il est errant, non pas parce qu'il est fautif en relation avec ce qu'il doit être selon une doctrine ou un but qui lui est imposé, mais pour réaligner ses choix, ses attitudes, ses comportements afin d'être en relation juste avec ce qui fait sens à l'intérieur de lui.

Le sujet des compensations est fort délicat, puisque les Êtres, lorsqu'ils se rendent compte que certains éléments de leur vie sont compensatoires, ressentent tant de culpabilité qu'ils vont les occulter. Ils les occultent, mais ils continuent. C'est pourquoi nous disons : Éclairez toutes vos compensations sans aucune culpabilité, pour vous en servir pour transformer votre vie. Aller vers des éléments qui sont plus heureux, plus joyeux.

Voilà qui est simple, n'est-il point ?

Compliquons-le ! Prenons un exemple. On a déjà parlé dans le livre des compensations alimentaires. Est-ce la plus courante ?

En Occident, oui, la plus courante des compensations est la nourriture.

Pourquoi ?

Parce qu'elle produit une sensation immédiate, d'abord au niveau du goût, et par la suite au niveau de la sensation d'être habité, d'être plein. Elle compense un vide intérieur.

On se suit bien ?

Oui.

Elle met l'Être en relation avec une certaine joie et avec son corps. L'autre compensation la plus importante, en Occident toujours, c'est le travail. Il faille se rappeler que c'est d'abord une forme de recherche de satisfaction, d'image. Pourquoi le travail ? Parce qu'en Occident, la réussite est associée à une forme de performance en relation avec un statut social et un pécule.

On se suit bien ?

Et une reconnaissance, non ?

Nous y venons. Statut social et pécule sont associés à la reconnaissance. Rappelez-vous quel est le besoin le plus existentiel d'un Être humain.

Se réunir ? La reconnaissance ?

La reconnaissance que l'Être fait partie du Tout, qu'il est uni au Tout. Donc, ce besoin de reconnaissance est toujours présent. Or, il peut être interprété. Dans une collectivité qui revalorise la réussite sociale, professionnelle et donc pécuniaire, les Êtres peuvent interpréter que cette revalorisation est une reconnaissance réelle. C'est une forme de reconnaissance, mais de la personnalité à un niveau social. Ce n'est pas une reconnaissance d'Âme, n'est-il point ? Toutefois, les Êtres voient ce qui leur est présenté, ce qui leur est offert, ce qui leur est servi. C'est cela, la reconnaissance qui leur est servie. Sans que ce soit une conscientisation, ils vont souvent aller de plus en plus vers le travail pour se valoriser eux-mêmes et pour retrouver une reconnaissance.

Bien sûr, si l'Être ne vit pas de satisfaction profonde et de joie, le travail lui-même peut lui offrir une sensation d'utilité.

Cela peut aussi lui offrir éventuellement une certaine forme de reconnaissance. Mais plusieurs Êtres vous diront qu'ils ne se sentent pas particulièrement utiles ou reconnus dans leur travail. Sauf que lorsqu'ils ne sont pas profondément satisfaits, le travail qu'ils vont prioriser dans leur vie leur offrira plus de pécule, plus de confort financier... ce qui leur permettra d'aller vers d'autres formes de compensations ! Et nous tournons en rond ! Parce que le travail offre déjà différentes formes de compensations, et si l'Être ne s'en nourrit pas, il pourra avoir plus de moyens financiers pour aller vers d'autres formes de compensations que pourront être l'alcool, la drogue, certains types de possessions, comme des véhicules de luxe ou d'apparats, d'habits, de maquillage.

Il s'agit évidement de compensations de surface qui, toutes, peuvent être intéressantes au premier niveau. Nous n'allons point condamner le maquillage. Si un Être, en se maquillant, veut représenter l'harmonie, la beauté, et qu'il s'en réjouit, qu'il en soit ainsi. Toutefois, si l'Être a besoin de ce maquillage pour se camoufler, alors il est vraiment dans une forme aussi de fuite de lui-même ou de conflit avec lui-même. C'est un autre aspect.

En ces termes, nous ne pouvons pas vous transmettre que : Cet élément est compensatoire, et cet autre ne l'est pas. Tout élément de la vie peut être compensatoire pour un Être et ne pas l'être pour l'autre. Donc, est-ce qu'un élément est bien ou mauvais ? Un élément est un élément. Une nourriture, un vêtement, un apparat, un travail ou un statut est en soi un aliment, un vêtement, un apparat, un travail et un statut. Il peut être destructeur pour un Être et il peut être accompagnant, stimulant pour un autre.

Chaque Être peut toutefois se leurrer quand nous utilisons le terme « stimulation ». Un Être peut nous transmettre : « Ce travail me stimule profondément. » Il le stimule parce qu'il a une reconnaissance de son statut qui lui donne l'impression d'être reconnu, qui lui donne l'impression d'être aimé. C'est une impression qui, tôt ou tard, s'évanouira.

Bien, justement, c'était ma prochaine question. On a l'impression que les gens ne se rendent pas compte qu'ils sont dans la compensation quand ils travaillent très fort. Et l'impression est qu'il s'agit d'un problème plus fréquent chez les hommes que chez les femmes. Est-ce que je me trompe?

Certes, vous vous trompez, chère Âme.

Expliquez?

C'est le type de travail que vous observez qui diffère. Certaines femmes vont aller vers une compensation dans des activités qui ne sont pas nommées « travail », mais ce sont différentes formes d'activités. Alors, qu'est-ce que le travail? Une activité rémunératrice ou une activité qui permet à l'Être de sentir qu'il agit? En fait, il ne s'agit que de sémantique, n'est-il point?

D'accord. Alors, à partir du moment où l'on ne s'en rend pas compte...

Lorsqu'une femme se donne entièrement pour ses enfants... Oh la la, là, nous allons vers un sujet délicat, n'est-il point?

Um-hum.

Alors, jusqu'à quel point elle accompagne vraiment des Êtres vers l'équilibre et à partir de quel point elle tente de se donner une raison d'être?

Lorsque des Êtres vont vers des activités d'études et d'études et d'études pour tenter de trouver un sens à leur vie, c'est une forme de travail, n'est-il point?

Oui.

Les hommes ont souvent été vers des travaux soit physiques, soit intellectuels, qui semblent plus abusifs que les femmes. Toutefois, lorsque des hommes, dans vos sociétés, permettent un peu plus aux femmes d'exister, vous pouvez observer le même phénomène se développer chez la femme, n'est-il point?

D'accord, mais revenons à ma question. Alors, si on ne s'en rend pas compte, on ne changera rien. Comment fait-on pour prendre conscience, se rendre compte qu'on est dans la compensation?

Lorsque l'Être va vers une activité, va vers une nourriture — utilisons ce terme générique pour désigner les compensations de toutes sortes — et que cette nourriture ne le satisfait pas profondément, il a un indice. Bien sûr cette forme de nourriture lui apporte une certaine joie, une certaine satisfaction du moment, alors il sait qu'elle est intéressante pour cette joie, mais qu'elle ne le nourrit pas profondément. Elle est donc transitoire. Toute tentative d'aller retrouver plus de joie, plus de bonheur, plus de satisfaction à travers elle n'est que compensatoire.

Alors, comment un Être s'en rend-il compte? Il peut chaque jour entrer dans un espace de conscience, d'élévation de son rythme vibratoire. Chaque Être peut faire le choix chaque jour, en commençant la journée, d'observer sa vie, de sentir ce qui fait sens, et simplement, il en prendra conscience. Les Êtres, souvent, ne s'offrent pas ce moment d'observation de leur vie.

Nous avons déjà dit qu'il existe une intelligence cellulaire. Si l'Être observe la quantité d'un aliment dont il se nourrit, il va se rendre compte, avant même de s'en nourrir, que c'est trop. Déjà, intérieurement, il y aura des sensations à cet effet. Non seulement il va se rendre compte que la quantité n'est pas intéressante pour son corps, mais peut-être même que la qualité ne l'est pas non plus. Mais si l'Être ne s'offre pas ce moment d'observation, de regard non culpabilisant, il ira inévitablement vers cette nourriture et il y aura des inconforts.

Tôt ou tard, les inconforts feront en sorte que l'Être pourra se rendre compte qu'il a recours à des compensations. Actuellement, dans vos sociétés, vous répondez souvent collectivement aux inconforts comme s'ils étaient naturels! Il faille que des Êtres puissent transmettre: « Les inconforts sont des réponses naturelles de l'Être, mais ne lui appartiennent pas. »

En d'autres termes, lorsqu'il y a des inconforts, des malaises et des maladies, l'Être peut se rendre compte qu'il a choisi des orientations, des nourritures qui ne lui conviennent pas. Si cela ne lui convient pas, mais qu'il y a eu certaines satisfactions, alors il sait qu'elles étaient compensatoires.

Lorsque vous souffrez, c'est parce que vous vous êtes nourri, physiquement, émotionnellement ou intellectuellement d'une nourriture qui ne vous convient pas. Elle ne vous convient pas parce qu'elle n'est pas associée à votre Être en qualité ou en quantité. Et si vous n'avez pas eu de joie avec cette nourriture, alors, bien sûr, elle est totalement erronée. Si vous avez eu certaines satisfactions, vous dites « Elle était compensatoire ».

Alors, à votre question : « *Comment les Êtres s'en rendent-ils compte ?* », ils s'en rendent compte lorsqu'ils choisissent de s'ouvrir à eux-mêmes, lorsqu'ils choisissent d'observer leurs inconforts et de ne pas en projeter la cause vers l'extérieur. Tant et aussi longtemps qu'un Être est victime, qu'il a l'impression que ses inconforts, ses déséquilibres proviennent de l'extérieur, alors il porte un voile. Il ne se rend pas compte qu'il se détruit lui-même. À partir de l'instant où un Être, en observant comment la vie est parfaite autour de lui, peut ressentir qu'il y a peut-être en lui des indicateurs quant aux choix justes, alors il va se rendre compte qu'il y a eu des compensations.

Bien. À partir du moment où une personne a pris conscience qu'elle a un problème de compensation, disons le travail, que fait-elle ?

À partir de ce moment, l'Être va porter un regard sur lui-même en se disant : « Qu'est-ce que je veux vivre comme satisfactions, comme joies ? Qu'est-ce que je recherche véritablement dans ce travail ? » Il ne faille pas condamner, ni le travail ni soi-même. Il faille l'utiliser. À partir du moment où un Être reconnaît qu'il a une compensation, il peut l'utiliser pour tenter de reconnaître ce que cela lui apporte, ce qu'il recherche. Puis, à partir de cet instant, il peut tenter d'évaluer quel autre aspect de sa vie lui offre un résultat similaire en étant un peu moins destructeur.

Donnez-nous un exemple.

Imaginons qu'un Être porte en lui la peur de la solitude. Pour ne pas être seul avec lui-même, il travaille. Il travaille de façon beaucoup plus importante, voire même, par moments, de façon abusive. Il se destine à son travail et peut même se convaincre qu'il s'en réjouit profondément. Au moment où il se rend compte que c'est un sabotage, qu'il se détruit par ce travail, alors il peut ici observer : « Pourquoi est-ce que je travaille ? Je travaille pour m'occuper. Je travaille pour être avec d'autres Êtres. Je travaille pour que le fruit de mon travail soit reconnu et que des Êtres me voient, me regardent, m'apprécient. » Tout cela semble nourrir jusqu'à un certain point son besoin d'être avec les autres, ce qui semble diminuer sa peur de la solitude. Ce qui semble, disons-nous, au premier niveau, mais qui ne le fait pas véritablement.

Alors, il se rend compte qu'il travaille pour nourrir un espace, pour ne pas être seul avec lui-même. Là, il peut aller vers une transformation progressive et harmonieuse en choisissant des activités qui sont moins destructrices pour lui que l'abus du travail et qui font en sorte qu'il n'est pas dans la solitude. Alors, il pourra choisir, par exemple, des moments de loisirs où il va lire. Il va lire certains écrits qui l'intéressent et dont il pourra éventuellement parler avec ses collaborateurs de travail, lorsqu'il aura retrouvé son travail. Donc, il y aura un autre élément d'intérêt que le travail.

C'est naïf, direz-vous. Puis, il pourra choisir éventuellement, à partir de ses lectures qui lui ont offert la possibilité de certaines discussions, des moments de partage avec des Êtres. Peut-être un repas, un dîner, une sortie, une marche en forêt avec un autre Être, pour le plaisir de la présence et du partage de ce qu'il a découvert dans ses lectures.

De nouveaux champs d'intérêts, bref...

Voilà. Puis, en marchant comme cela avec des Êtres pour partager, il pourra se rendre compte que, dans la nature, il y a toute une présence, ce qu'il n'avait pas découvert parce qu'il travaillait, travaillait, travaillait. Puis, peu à peu, il se rend compte que, si agréable que ce soit de marcher avec un Être, c'est aussi agréable de marcher seul dans cette forêt, puisqu'elle est si habitée. Donc, il réapprend à vivre avec lui-même.

Mais au départ, on ne lui dira pas de se transformer de façon draconienne. À l'Être qui va vers l'abus du travail et qui se sabote pour ne pas être seul, on ne lui dira pas avec insistance : Sois seul, sois seul, sois seul. On lui dira plutôt : Choisis certaines activités qui vont répondre aux mêmes besoins, mais de façon différente et moins destructrice, jusqu'à ce que, peu à peu, la peur de la solitude puisse se dissoudre et qu'il se rende compte qu'en lui-même, il y a un Être intéressant.

Est-ce que vous nous avez suivi ?

Très bien. C'est un bel exemple. On comprend donc que les compensations comme le travail deviennent de l'auto-sabotage de son propre corps, ce qui nous amène finalement vers la destruction.

Certes, et il faille se rappeler qu'il y a une compensation parce que l'Être cherche une satisfaction, un bonheur, une joie. Il cherche une intensité, et il la recherche autour de lui en étant et en faisant ce qu'il croit être juste, souvent parce qu'il a oublié que la façon de la retrouver, c'est d'être en relation avec son essence, avec sa pulsion. Il faille donc éventuellement qu'il s'offre des moments d'intimité avec lui-même pour ressentir ce qui le fait vibrer réellement et profondément. Puis, il faudra qu'il s'offre des moments où il délaisse certaines contractions, pour augmenter son rythme vibratoire et ressentir davantage l'inspiration.

PRINCIPE DU KARMA ET ÉVÉNEMENTS QUI CRÉENT UNE VIE

Chaque Être humain, dans son parcours de vie, sera guidé un jour ou l'autre à comprendre qu'il est le créateur de sa vie. **La croyance en une régie supérieure, une force cosmique universelle qui préorganiserait les événements d'une vie, les rencontres, est en soi une négation de la perfection de cet Univers.** Et, qui plus est, c'est une négation du créateur en chaque Être.

Bien sûr que l'Être porte en lui des intuitions, des sensations, des perceptions qui font en sorte qu'il peut être attiré dans un sentier plutôt que dans un autre. Alors, nous dirons que, par sa réceptivité, l'Être est guidé dans sa destinée. Mais les événements de sa vie, bien que vous puissiez capter quelques événements qui ont une propension à se manifester par la suite, ne sont pas définis à l'avance. Ils sont créés par l'Être.

L'Être ne crée pas sa vie à partir d'une simple visualisation ou une vision de ce qu'il veut. Malgré la puissance de la visualisation, elle ne va pas créer toute une vie. Une vie se crée à partir de tout ce qui émane d'un Être, de tout ce qu'un Être exprime par sa vibration. Nous dirons que c'est l'ensemble de son parfum.

Pouvez-vous préciser?

Lorsque vous utilisez un parfum pour une soirée, un doux parfum de rose, les Êtres peuvent venir vers vous et ressentir la douceur de son arôme. Si votre comportement est prompt et sévère, cela va donner une couleur différente à votre douceur, n'est-il point? Ainsi, même lorsqu'un Être fait une visualisation de ce qu'il veut, il faille que tout ce qu'il fait dans sa vie aille dans le même sens, pour qu'il puisse créer ce qu'il veut créer.

Reprenons en disant simplement qu'un Être crée sa vie, non seulement par une simple vision orientée, mais par l'ensemble de ce qu'il est. Qu'est-ce qu'est cet ensemble? Chaque Être porte en lui, nous vous l'avons dit, une fibre universelle, une pulsion de vie qui définit sa nature universelle et son essence. Chaque Être est donc mû par une force qui l'entraîne dans une certaine direction. Mais chaque Être porte aussi en lui des charges, c'est-à-dire des mémoires qui proviennent de ses expériences passées.

Ainsi, lorsque vous êtes adulte et que vous vous présentez devant une audience, par exemple pour parler, il se peut que vous soyez timide à ce point que les Êtres puissent vous taquiner. Pourquoi? Peut-être parce que, dans votre enfance, vous avez été ridiculisé lorsque vous avez fait une comptine. Il y a des mémoires reliées au passé de cette vie qui influencent vos comportements et vos attitudes.

Lorsqu'un Être vient au monde, il porte aussi des mémoires. Cela signifie que cette vie n'est pas nécessairement sa première vie. **L'Être se réincarne.** Il a eu des vies précédentes. Il (le duo Âme-Esprit) s'est déjà incarné sur cette Terre, et peut-être même sur d'autres plans de Conscience. S'il y a une nouvelle incarnation, cette nouvelle incarnation porte dans ses cellules les mémoires du passé. Tout comme vous, adulte, portez les mémoires de votre enfance.

Dans ces mémoires, il y a des éléments qui sont lumineux, des expériences qui sont enrichissantes, positives et légères. Il y a aussi des blessures qui sont des zones d'ombre, des difficultés en vous, des écorchures. Les mémoires du passé s'inscrivent en vous et vont influencer vos comportements et vos attitudes. Nous dirons donc que vous êtes influencé et que vos comportements sont conditionnés par votre karma. **Le karma, c'est l'ensemble des thématiques qui viennent de vos blessures, mais aussi de vos réalisations lumineuses.** Elles sont inscrites en vous et influencent ce que vous attirerez à vous tout au long du parcours. Le karma est en soi l'ensemble de vos actions passées et de leurs conséquences actuelles, qui conditionnent vos actions dans cette vie-ci.

Ainsi donc, ce que vous portez, votre essence, votre individualité, et les mémoires qui vont définir votre karma s'associent aux codifications génétiques reçues des parents pour influencer ce que vous allez être, ce que vous allez faire, ce que vous allez dire, ce qui va émaner de vous. Nous dirons votre couleur ou votre parfum.

Les événements qui se produiront, les situations, les personnages seront attirés à vous en fonction de ce que vous êtes, ou vous serez attiré vers eux selon ce que vous êtes. **Ainsi, tous les éléments de votre vie sont un théâtre qui, en soi, est un miroir de ce que vous êtes.** En clair, vous attirez à vous des situations qui sont l'équivalent de ce que vous êtes. **Les événements de votre vie sont donc le reflet de ce que vous êtes.**

Lorsque vous attendez de la vie qu'elle vous offre ceci ou cela ou lorsque vous vous sentez victime, alors nous vous disons : Puisque la vie est le reflet de vous-même, vous voilà victime de vous-même, à la fois le prisonnier et le geôlier de votre propre prison.

Lorsque vous en prenez conscience, vous pouvez donc modifier vos croyances et vos comportements, modifier ainsi vos vibrations, vos émanations et attirer d'autres types de circonstances, de situations ou de personnages qui seront le reflet de ce que vous avez modifié. Et vous le ferez par les choix conscients de vos actions, plutôt que d'attirer, par vos réactions inconscientes, des scénarios similaires à ce que vous avez déjà vécu. Ainsi, vous pourrez évoluer dans votre voie vers la maîtrise de plus en plus en accord avec ce que vous êtes.

Plus vous allez reconnaître ce que vous êtes dans vos dons et vos talents, plus vous ferez en sorte de l'exprimer. De cette façon, vous pourrez créer votre vie à votre image réelle.

Le karma est donc un ensemble de thèmes inscrits à l'intérieur de vous qui font en sorte que vous attirez des situations et des personnages vous permettant de changer ce qui ne vous convient pas. Si vous êtes timide, vous allez observer que vous vous attirez souvent des situations dans lesquelles vous êtes inconfortable parce qu'il vous faille parler. L'inconfort que vous vivez vous permet de vous rendre compte que vous êtes timide, et ainsi, vous pourrez aller comprendre pourquoi vous êtes timide. Qu'est-ce qui vous fait peur ? Il y a un manque de confiance en vous, il y a une peur d'une méchanceté des Êtres, il y a une peur de la manipulation, il y a une peur d'être interprété dans vos paroles... Alors, sachant ces peurs, vous allez commencer à vous exprimer en étant vigilant quant à ce que vous transmettez, pour ne pas occulter les peurs ni vous laisser contrôler par elles. Et progressivement, vous allez dissoudre ce karma. Dissoudre le karma signifie qu'après avoir pris conscience des résultats de vos actions qui, elles, sont influencées par des blessures du passé, vous modifiez vos choix et générez des effets qui vous conviennent mieux.

De la même façon, lorsque vous avez un karma lumineux, vous allez attirer des circonstances qui font en sorte que vous pouvez le déployer. Et vous allez le déployer, pour votre plus grande joie !

Si l'on accepte cette notion, on s'entend pour dire qu'il y a des karmas beaucoup plus lourds que juste la timidité. Qu'est-ce qui fait en sorte qu'on arrive avec un si lourd bagage, par exemple qu'on soit un enfant ou une femme abusée, et comment peut-on transcender ce karma-là ?

La lourdeur du bagage est toujours relative aux expériences

passées et à leur interprétation. **Un lourd bagage du présent signifie de lourdes expériences du passé qui n'ont pas été vraiment comprises et dissoutes à la fin d'une autre vie.** Ainsi, les Êtres se présentent à nouveau avec ces thèmes plus lourds. Il y aura des situations à vivre, des événements qui seront lourds et qui leur permettront de continuer la démarche pour transformer ce qui en eux semble inviter ce type d'expériences.

Bien sûr, il faille comprendre qu'il y a aussi une codification génétique, c'est-à-dire une influence de la lignée familiale qui est physique et psychique. Il y a également des Êtres qui portent un karma collectif, c'est-à-dire un karma qui est plus culturel, associé à une région ou à un pays. Par exemple, lorsque des Êtres s'incarnent dans une contrée qui porte un karma d'oppression, c'est que l'Être lui-même, en tant qu'individu, porte ce thème. Il a déjà vécu des oppressions et il a lui-même été dans un mouvement oppressif. Il se réincarne possiblement dans une contrée où il y a aussi ce karma collectif.

Lorsque, par exemple, un Être est fort éprouvé physiquement, il peut aussi porter un karma collectif. Par exemple, il y a des karmas collectifs comme ceux qui vont engendrer ce que nous nommons les « maladies d'amour » comme le sida ou, dans d'autres époques, des maladies comme la syphilis. Les Êtres, bien sûr, n'ont pas à être accusés de comportements insouciants. Nous ne pouvons point généraliser pour chaque Être. Toutefois, il faille comprendre que le sida est associé à un karma collectif planétaire qui fait en sorte que la douleur, l'effroi qu'il suscite puisse rassembler les Êtres. C'est pourquoi nous l'appelons un « karma d'amour collectif ». Et certains Êtres, de par leur bagage antérieur et de par leurs prédispositions, vont porter le karma collectif et contribuer à une transformation quant à la rencontre ou à l'unification des hommes.

Il y a des gens qui vont interpréter cette affirmation comme étant un sacrifice sur Terre. Est-ce que c'est le cas?

Plutôt qu'un sacrifice total, entendons que l'Âme collabore à une évolution collective. Ce que nous vous disons, c'est que l'Âme est associée à des expériences passées qui ont été la source de mauvaises interprétations de sa part. Il y a une autre compréhension de l'Amour qui devra s'inscrire dans l'Être.

Lorsqu'il y a une douleur physique ou psychique, c'est qu'il y a un mouvement chez l'Être qui n'est pas naturel. Lorsqu'une de ses actions va dans le sens de la division, de la séparation, l'Être se contracte, il se cristallise, et il y a la douleur. Lorsqu'il constate cette douleur, il a à transformer une façon d'être, une façon d'exprimer ce qu'il est, une façon d'agir, une façon de comprendre ce qui est. S'il ne le fait pas dans cette vie, il se présente à nouveau avec ce même thème dans une autre incarnation. Il a une prédisposition à porter aussi un karma collectif associé à ce thème pour transformer sa compréhension de l'Amour. Il pourra ainsi collaborer à la transformation de l'amour dans l'humanité.

Vous savez, chère Âme, un Être peut certes quitter cette vie en étant porteur du sida en bas âge et entrer dans une reconnaissance, une sensation de l'Amour qui est très libératrice. Alors qu'un autre peut vivre 80 ans avec différents malaises, mais qui ne l'emportent que tardivement, sans avoir saisi l'Amour. Bien sûr, cela vous semble effroyable qu'un Être quitte à 20 ans. Toutefois, dans la perspective de l'Univers, 20 ans ou 80 ans, ce n'est qu'un moment, un souffle. Certaines expériences peuvent entraîner l'Être vraiment à une prise de conscience, quelquefois tardivement, trop tardivement pour qu'il puisse s'autoguérir, mais toutefois libératrice au niveau de l'Esprit.

On vous écoute.

J'ai peur que ça donne des munitions à certaines personnes qui pourraient utiliser cette information en disant : C'est un châtiment pour des communautés comme les gais et les polytoxicomanes. Pouvez-vous nuancer, pour être sûr qu'on ne tombe pas dans le piège.

Le karma est une relation de cause à effet. Nous pouvons vous l'exprimer pour qu'un Être de bonne foi et de bonne conscience puisse bien l'entendre. Toutefois, les Êtres qui veulent vraiment juger, accuser, pourront toujours mal l'utiliser, chère Âme. **Le karma est une relation de cause à effet.** Vous avez vécu dans un environnement donné et vous avez mal saisi le sens de tout cela dans l'Univers. Vous reprenez dans une expérience similaire pour modifier votre compréhension et votre action.

Combien de vies faut-il pour comprendre et atteindre le chemin de la maîtrise?

Pour vivre l'illumination, il ne suffit que d'une seconde. Maintenant, pour se disposer à vivre cette seconde, il peut y avoir plusieurs vies! En ces termes, nous vous disons que l'ampleur de l'attachement et de l'identification au personnage ne peut pas se mesurer pour chacun des Êtres.

Parlez-vous de l'attachement à la matière, à la Terre?

L'attachement, l'identification au corps et l'attachement aux formes extérieures de satisfaction. En ces termes, nous vous disons: Certains Êtres utiliseront des dizaines et des dizaines de vies, alors que d'autres n'iront pas vers d'autres vies. Ils se présenteront et vivront naturellement l'expression d'eux-mêmes. Chaque Être a ainsi le libre-arbitre, chère Âme.

Il y a aussi plusieurs croyances associées à la réincarnation. Il est par exemple étonnant de constater que plusieurs personnes pensent avoir été Jeanne d'Arc ou Napoléon, entre autres. Comment cela est-il possible?

D'une part, nous vous dirons que si Jeanne d'Arc fut un personnage connu, les thèmes qui lui sont associés furent aussi vécus par une multitude d'Êtres. Plusieurs Êtres peuvent donc s'identifier à un personnage connu, en avoir même une certitude, parce qu'ils sentent la résonance. Ce qui est intéressant dans le regard sur la réincarnation n'est pas la fascination d'avoir été Jeanne d'Arc ou tout autre nom. Qu'est-ce que cela apporte à un Être d'avoir été Jeanne d'Arc, plutôt qu'un illustre inconnu ? Rien de plus, n'est-il point ?

Seulement à l'orgueil.

[rire]

Voilà. Pourquoi est-il intéressant de saisir qu'il y a la réincarnation ? Parce que vous pouvez mieux prendre conscience de certaines thématiques karmiques en vous. Alors, les gens s'identifient à Jeanne d'Arc comme étant une de leurs vies antérieures parce qu'ils ressentent cette thématique de Jeanne d'Arc comme étant présente dans leurs cellules. C'est cela qui est important, afin qu'ils puissent la transformer. Lorsque vous prenez conscience que vous avez une thématique comme celle vécue par Jeanne D'Arc, là vous pouvez œuvrer pour la transformer.

En fait, s'ils ont été dans une vie antérieure un autre nom inconnu, mais qui avait la même thématique, ils peuvent avoir cette impression. Leur Esprit peut leur transmettre l'intuition de Jeanne d'Arc parce que cela les aide à comprendre la thématique, alors qu'un inconnu ne leur parle point.

Est-ce qu'on se suit bien, chère Âme ?

C'est-à-dire qu'ils auraient vécu le thème du bûcher et le fait d'avoir été injustement condamnés ?

Non pas nécessairement le bûcher. Ce peut être le bûcher, mais ce peut être aussi des Êtres qui ont été trahis, évincés ou non reconnus.

Je comprends.

Une multitude d'Êtres furent brûlés sur un bûcher, et presque tous sont des inconnus. Lorsqu'un Être a l'impression d'avoir été non reconnu, abusé et jugé, souvent il va s'identifier à un personnage connu dans le passé. Mais, là, cela nous amène à un élément très intéressant. Les vies antérieures sont-elles importantes pour la libération de l'Être dans cette vie ?

Le sont-elles ?

Voici. Dans votre vie, par le karma, vous allez attirer tous les thèmes que vous avez à retrouver pour vous comprendre. **En d'autres termes, votre vie vous offre tous les scénarios qui vous sont utiles.** Il n'y a donc pas de nécessité d'aller vers les vies antérieures. Toutefois, par moments, les Êtres sont aveuglés par leur scénario actuel. Certains scénarios sont trop douloureux pour qu'ils veuillent y poser un regard. Certains autres sont trop confus. Alors, la retrouvaille de conscience de présences antérieures leur permet de mieux ressentir, mieux retrouver leurs thèmes karmiques de cette vie-ci. Entendez toutefois que le karma permet de comprendre un continuum d'une vie à l'autre, donc une évolution.

Si vous craignez de continuer à être victime dans un continuum, voyez que vous pourriez tout aussi bien craindre d'avoir à recommencer à zéro s'il n'y avait pas ce continuum. La perspective de continuum est beaucoup plus intéressante, dans une voie d'évolution.

On est d'accord que ça va compliquer le travail des psychologues, quand même? Il va falloir tout revoir les fondements de la psychothérapie!

Lorsqu'un Être veut transformer sa vie, deux voies s'offrent à lui. Il peut aller vers une ouverture pour retrouver ce qu'il porte profondément comme pulsion de vie, comme lumière en lui. Pour ce faire, il va vivre des états d'expansion, il va s'ouvrir à la vie et focaliser sur l'expression de ce qu'il est profondément. Et plus il sera dans sa lumière, plus toutes ses zones d'ombre qui sont associées à ses expériences passées vont se dissoudre.

Une autre voie est de rechercher dans ses expériences passées, de cette vie ou de vies antérieures, quelles sont les zones d'ombre pour tenter de les analyser et de les dissoudre. C'est une voie plus laborieuse. C'est pourquoi nous préconisons souvent une voie spirituelle, qui est plus expansive.

Nous vous ferons cette métaphore. Imaginons que vous êtes dans une salle un peu assombrie. Deux choix se présentent à vous. Ou bien vous enlevez le voile qui se trouve devant la source lumineuse, ou bien vous augmentez l'intensité de la source lumineuse. En augmentant l'intensité de la source lumineuse, le voile va fondre. Quel est votre choix ? Et vous pouvez faire les deux simultanément, si vous voulez.

Pour bien comprendre cette métaphore, imaginons encore cet Être fort timide et dans un doute profond de lui-même. Cela fait en sorte qu'il évite souvent les rencontres, les réunions, le travail de groupe, de peur qu'on lui demande de s'exprimer.

« Enlever le voile » consisterait à fouiller son passé vers son enfance et même vers des vies antérieures pour retrouver les sources de sa timidité et de son manque de confiance en lui-même. Lorsque les sources sont identifiées, il pourra faire en sorte qu'elles n'alimentent plus sa difficulté, et ce, souvent en saisissant qu'elles appartiennent au passé. L'accompagnement psychospirituel favorisera cette dissolution.

« Augmenter l'intensité de la source lumineuse » consisterait plutôt à identifier et ressentir ses véritables dons et talents, puis à créer des moments et des situations où il peut les utiliser progressivement, de plus en plus dans sa vie. Ainsi, plus il déploie son essence, plus son rythme vibratoire augmente, plus il se sent confortable avec lui-même. Et sa timidité se dissout progressivement.

Toutefois, nous vous disons : Il est très important pour un Être œuvrant à reconnaître quelles sont ses croyances, ses mémoires, ses thèmes karmiques, d'être en équilibre. Cela veut dire qu'il puisse orienter son regard tout autant, sinon plus, sur ses qualités, ses dons, sa lumière que sur ses zones d'ombre. Parce que si sa recherche est continuellement sur ses ombres et ses mémoires, sur son karma ombrageux pour tenter de le dissoudre, il en viendra à croire qu'il n'est que cela. Plus un Être fait des recherches pour comprendre et dissoudre ses contractions, ses croyances et ses ombres, plus il doit, simultanément ou en parallèle, focaliser sur ses aspects lumineux, sa beauté, sa lumière, son amour.

En un mot, est-ce qu'on se réincarne dans notre individualité, c'est-à-dire qu'on laisse une individualité dans notre ancienne vie, et c'est cette individualité qui se réincarne avec un nouveau bagage génétique?

Non.

O.k. Je voulais une réponse courte, je l'ai eue!

[rire]

En un paragraphe, disons?

L'Esprit qui se libère continue son parcours et va aussi s'associer à d'autres vibrations. Lorsqu'il se réincarne, l'individualité pourra prendre une autre forme. Sa pulsion de vie fondamentale sera la même, mais élargie, amplifiée de ce qu'il a contacté entre les incarnations.

Maintenant, il y a des peuples — c'est vous qui m'avez ouvert la voie — qui semblent avoir des karmas plus lourds. On pense tout de suite aux Juifs, par exemple, qui ont connu un karma très lourd par le passé. Pourquoi en serait-il ainsi pour plusieurs peuples et que d'autres semblent avoir un assez « bon karma »?

« Bon ou mauvais » est relatif, chère Âme. Se pourrait-il, dans une logique globale, que certains peuples représentent des vases d'accueil de certains thèmes? Lorsque vous citez le peuple des Juifs, dans la perspective de nombreuses incarnations, un Être peut être dans l'incarnation d'un Juif dans une vie précédente et être dans votre contrée dans cette vie, alors que, à l'opposé, un Être de votre contrée est maintenant dans la contrée de Judée.

Ce que nous voulons ici éclairer est que la notion de « peuples » et de « karma du peuple » est en soi une thématique, parce que les Êtres ne se réincarnent pas toujours en Juifs. Si vous nous dites: « Pourquoi ont-ils un karma plus lourd? », nous pourrions vous dire d'entrée de jeu: Cela n'a pas d'importance ! Que les Juifs aient un karma plus lourd, qu'un autre peuple en ait un plus léger, vous vous dites dans une perspective limitée : « Ce n'est pas juste ! » Mais dans une perspective de nombreuses vies, ce n'est pas important.

Si nous vous disions : Tous les Êtres seront tour à tour de toutes les contrées, alors ce n'est pas important que telle contrée ait tel ou tel karma, n'est-il point ? C'est un vase d'accueil d'une thématique. Si, par exemple, par les situations de vie que vous engendrez et que vous interprétez mal, vous entrez dans le thème de l'oppression dans une vie, il se peut que vous vous réincarniez Juif, comme vous pouvez être dans une autre contrée. L'oppression n'est pas que chez les Juifs, n'est-il point ?

Non, bien sûr que non.

C'est un peu plus complexe que simplement l'oppression. Mais nous voulons simplifier. Vous ne direz pas : « Je suis Juif et je sens l'injustice sur le plan universel et karmique ». Nous vous dirons : Vous portez le thème de l'oppression et vous pouvez, là, en portant ce thème collectif, être encore plus stimulé à le dépasser. Il y a plusieurs Juifs qui ont transcendé ce thème, n'est-il point ?

Parfaitement. Laissons le lecteur sur une note positive. Y aura-t-il, plus tard dans le livre, des explications pour comprendre comment on transcende notre karma ?

Certes. Vous pouvez conclure en vous disant que le karma est comme une vibration. Nous vous avons bien expliqué, à plus d'une reprise, que dans l'Être, il y avait la pulsion de vie et son individualité lumineuse. Il y a aussi le karma, la codification génétique, et dans la codification génétique, il n'y a pas que des douleurs ! Il y a plusieurs éléments facilitateurs, n'est-il point ?

Ce n'est donc pas une condamnation automatique ?

Voilà ! Alors, le karma, c'est un des éléments qui créent une vie.

C'est important de le préciser.

Reprenons, pour que vous saisissiez bien. Lorsque vous étiez jeune fille, votre père, régulièrement absent parce qu'il travaillait beaucoup, portait souvent des fatigues et des impatiences. Lorsque vous étiez joyeuse et animée, il s'énervait, haussait la voix pour vous arrêter de vous exciter. Il le faisait de façon assez impressionnante pour une jeune enfant. Ainsi, les voix fortes et sèches sont associées à une blessure d'enfance, celle de l'Être qui n'est pas présent et qui n'entre pas en relation.

Lorsque vous vous présentez à votre collège, voilà qu'un de vos enseignants s'adresse à vous avec une voix forte et sèche. Vous voilà perdant tous vos moyens, retombant dans la blessure de la petite fille. Lorsque plus tard, devenue femme, votre directeur, voulant s'assurer que vous entendiez parce que le ventilateur était bruyant, s'adresse à vous avec une voix forte, (et puisque sa voix est forte, elle est sèche malgré lui) vous voilà toute tremblotante. Est-ce que cela signifie que, dans toute votre vie, vous ne pourrez pas rencontrer aucun homme dont la voix est forte ? Non. Cela signifie simplement que certaines circonstances vont soulever l'effroi, la peur de cette petite fille qui existe toujours en vous. Est-ce que cela signifie que vous êtes victime et qu'il n'y aucun autre aspect de votre vie qui soit lumineux ? Non.

Cela signifie, par exemple, que vous avez en parallèle un grand dynamisme et de grandes qualités d'animation, ce qui fait en sorte que vous êtes souvent devant différents types d'audiences. Devant ces différents types d'audiences, il arrive par moments que des hommes aient une voix forte et sèche. Parce que vous avez de grandes qualités d'animation et que, dans ce contexte, vous êtes en possession de tous vos pouvoirs, cette puissance fait en sorte que, à ce moment, vous ne croulez pas comme la petite fille.

Vous en rendant compte et prenant conscience que dans cette circonstance vous avez pu être vous-même, que vous êtes pleine de ressources et pleine de pouvoirs, vous commencez à conscientiser qu'il y a une réactivité dans certains moments. Lorsque, la fois suivante, votre directeur s'adresse à vous, vous lui dites en riant : « Savez-vous, les voix fortes et sèches souvent m'impressionnent et me font perdre mes moyens. Pourquoi n'utiliseriez-vous point une autre voix ? » Et vous éclatez de rire !

Conte merveilleux pour dépasser un karma, n'est-il point ?

Pas mal !

Nous voulons simplement que vous saisissiez que le karma, bien sûr, est en soi un système. Une mécanique énergétique d'attraction, en fait. Ce que vous êtes, vous l'attirez, mais vous n'êtes pas que cela. **Vous n'êtes pas que cela.** Vous êtes beaucoup plus que cela. Donc si, d'une part, vous attirez certains types de circonstances, d'autre part, vous avez moult qualités et moult pouvoirs pour dépasser cela, dont celui associé à la fibre universelle qui vous amènera toujours dans la lumière.

En d'autres termes, il y a toujours dans un Être humain la possibilité d'entrer dans ses espaces de force, de pouvoir et de lumière, un jour ou l'autre, pour transcender l'ombre.

Merveilleux.

Vous avez saisi notre exemple, chère Âme ?

Bien sûr, puisqu'il me concernait personnellement.

C'est un hasard !

Évidemment !

Chapitre 9

SANTÉ : MALADIES ET GUÉRISON

Avant même de commencer ce chapitre, vous m'avez prévenue que ce serait délicat. Pourquoi ?

De la même façon que l'aspect karmique, les Êtres qui entrent dans la culpabilité posent des freins importants à leur évolution. Pourtant, les difficultés de santé sont de leur responsabilité. Il faille donc que l'Être puisse poser sur lui un regard amoureux, plein de compassion, et surtout un regard conscient, pour se rendre compte qu'il a des éléments à transformer, sans se culpabiliser.

Nous disons aux Êtres : S'il y a des difficultés de santé, il y a des causes. Vous pouvez prendre conscience de ces causes en sachant qu'elles avaient aussi des causes. Soyez dans la conscience en déculpabilisant, simplement en étant dans l'instant présent.

Parlons donc de la santé. **Chaque Être humain est en soi de l'énergie.** De l'énergie qui est plus cristallisée au niveau du corps, des os, et qui est plus fluide au niveau du sang par exemple. Il y a aussi une partie plus éthérée comme l'énergie pure, les vibrations, la pensée. Chaque Être humain est énergie qui, à la source, est lumière. L'énergie circule à un rythme qui correspond à sa forme, à sa structure. Lorsqu'il y a une diminution de rythme de circulation causée par des corps étrangers et des effets extérieurs, se développent alors des malaises, des contractions, des maladies, de la dégénérescence de tissus et de cellules.

La santé est en soi la circulation énergétique naturelle de chaque système, de chaque organe, de chaque membre. La santé du corps physique est en corrélation directe avec la libre circulation de l'énergie, soit l'harmonie au niveau psychique et au niveau émotionnel. Lorsqu'il y a une forte émotion, il y a instantanément un impact, une influence sur l'énergie du corps physique.

Lorsque l'émotion est libérée et que l'Être utilise cette émotion pour comprendre qu'il y a une blessure en lui et qu'il œuvre pour guérir cette blessure, alors il permet la fluidité. Il recrée le mouvement naturel et équilibré de l'énergie en lui. Lorsque l'Être vit des émotions qui créent en lui des contractions et que ces émotions soulèvent des blessures reliées aux mémoires dont il ressent encore la douleur mais qu'il est incapable de dissoudre, alors les effets sur le corps physique vont s'amplifier. L'énergie dans le corps physique circule de moins en moins bien, jusqu'à créer des blocages et des nœuds. La santé consiste à dénouer ces noeuds, à permettre le mouvement dans le corps physique, tout comme dans le corps émotionnel.

La très grande majorité des déséquilibres, des inconforts et des maladies du corps physique sont causés par des émotions qui ont pour but d'amener l'Être à constater des blessures. Ces blessures sont des irritations qui, elles, créent soit des tristesses ou des colères qui, elles, entraînent chez l'Être des contractions et des cristallisations qui, elles, mènent à la maladie.

Tout Être humain a la capacité et le pouvoir de se guérir. Il peut manifester la santé. Si son corps est énergie, ses systèmes sont des expressions magnifiques de l'Univers. À partir d'une seule cellule, l'Être humain s'est créé. À partir d'une seule cellule, les autres cellules furent créées, se sont organisées en systèmes, en organes, en membres. Cette cellule appartient à l'Être. Elle porte une intelligence universelle. Chaque cellule est associée à cette intelligence universelle. **Si l'Être s'est créé une fois en santé, alors il porte en lui la Connaissance subtile pour permettre que sa santé persiste, perdure, continue. Il porte en lui la connaissance cellulaire pour rétablir sa santé.**

Bien sûr, si l'Être porte en lui la croyance qu'il n'a pas cette capacité ou porte en lui des croyances qu'il va dégénérer, alors il ne stimule pas l'intelligence de régénérescence. Il transmet plutôt des indications de contractions. Chaque Être humain peut être accompagné dans la retrouvaille de l'équilibre pour la santé.

Il existe différentes formes de médecines : médecine conventionnelle des hommes, médecine ancestrale des plantes et la médecine de l'Univers. Trois médecines qui incorporent toutes les médecines. Médecine des hommes égale médecine conventionnelle ; médecine des plantes égale médecine naturelle et médecine de l'Univers égale médecine énergétique. **Homme, Terre, Univers. Trois médecines.**

Ces trois médecines sont en soi des accompagnants. Ce sont des connaissances qui stimulent la Connaissance de l'Être. Cette Connaissance subtile stimule la conscience qu'il peut se guérir. Elle stimule la volonté de se guérir, l'amour de lui-même et la conviction qu'il peut se guérir. Les médecines sont toutes des accompagnements pour que l'Être puisse connaître, utiliser son énergie et s'aimer suffisamment pour se guérir avec conviction.

Il faille bien comprendre que volonté et conviction permettent que chacune des médecines, quelles qu'elles soient et idéalement unifiées, puisse aider l'Être à rétablir la circulation naturelle de son énergie. Lorsque l'énergie circule moins rapidement, elle se cristallise et crée des blocages. Certains types de blocages illustrent exactement ce qui se crée.

Prenons, par exemple, le sang qui bloque les artères.

Certaines émotions qui sont associées aux tensions et au stress vont provoquer tant de toxines que le sang transportant ces déchets va de moins en moins bien circuler dans les artères auxquelles s'accrochent les déchets. Des Êtres qui ont de grandes inquiétudes de vie, de grandes angoisses de vie, de grandes insécurités peuvent, par exemple, développer ici des pierres au niveau de la vésicule biliaire, auparavant un surplus de bile.

Ils se font de la bile, quoi !

Certes. Il y a donc ce que nous appelons une « contraction ». Ce qui est intéressant, c'est que vous constatiez que ce qui est subtil s'inscrit dans la matière. Cela existe de la même façon dans la codification génétique. Lorsqu'un Être porte un caractère physique, soit une caractéristique de par ses gènes, nous disons qu'il est influencé génétiquement. Ses parents ont pu, par les gènes, lui transmettre cette forme d'inconfort ou de malformation, comme ils lui ont aussi transmis toutes les formes bien constituées.

Or, vous avez pu observer que certains traits de personnalité chez un Être se retrouvent chez un ou l'autre de ses parents, et peut-être chez ses grands-parents. Cela se produit comment ? Les traits de personnalité sont subtils, n'est-il point ? Comment un trait subtil pourrait-il se transmettre génétiquement ?

L'ADN, c'est fort !

Voilà ! Cela signifie que ce qui est subtil peut s'imprégner dans la matière. Imaginons un père colérique. Un exemple tout à fait fictif. Un père colérique, impatient, et vous retrouvez un enfant qui a peut-être une tendance à être colérique. Il n'est pas totalement son père, mais il a une tendance colérique, impatiente. Quel est le rapport entre les deux, si en plus le père n'est pas présent, mais que nous retrouvons un enfant qui est colérique et impatient ? Vous auriez pu croire que c'est la présence du père qui influence le petit. Mais non, il n'est pas présent. Et vous retrouvez tout de même ce trait de caractère. Cela signifie que le père a transmis ce trait de caractère par les gènes ! Alors, cela signifie que le subtil peut s'imprégner dans le sang.

Lorsque, indépendamment de vos gènes, vous vivez des insécurités importantes et que plusieurs événements font ressortir encore plus votre grande insécurité, cela provoque des angoisses. Nous vous disons que cela affecte votre sang. Le subtil affecte votre sang et va faire en sorte que des toxicités se créent. Se pourrait-il que ces formes toxiques, ces déchets, par la suite associées à certains types de cellules, entraînent des formations de fibromes, de nodules, de proliférations de tissus qui ne sont pas normaux ?

Vous nous avez suivi ?

C'est clair.

Nous vous avons expliqué sous différentes facettes la création de la maladie. Or, ce qui est important, c'est que si l'Être a ainsi la capacité de se déséquilibrer, il a encore la possibilité de se recréer, puisqu'il s'est déjà créé une première fois. **Il a encore la capacité de créer.** Or, s'il y a aussi des propensions à certaines difficultés qui proviennent de son caractère ou de ses gènes, il a aussi la capacité de transformer son corps pour le rééquilibrer, tout comme il a la capacité de modifier ses croyances, de transcender ses mémoires. C'est d'ailleurs ce que vous pourrez connaître dans toutes les expériences avec les cellules souches. Avec votre médecine des hommes, vous allez pouvoir de mieux en mieux comprendre ce que la médecine énergétique proposait, c'est-à-dire des reconstitutions et des autoguérisons à partir de l'imputation de certaines cellules souches. Reconstitution de tissus, de cellules, d'organes, et même de membres.

Les cellules souches sont une nouvelle voie de la médecine moderne qu'on commence à peine à comprendre. Êtes-vous en train de nous dire qu'on a aussi la possibilité de se régénérer à partir de nos propres cellules souches avec la médecine énergétique?

Certes. La médecine énergétique universelle stimulait la circulation de l'énergie et la création des cellules souches pour la régénérescence cellulaire, simplement.

Pourquoi vous le mettez au passé?

Nous disons: de façon ancestrale. La médecine énergétique stimulait la guérison depuis le début des temps.

O.k., mais il y a encore des gens qui la pratiquent?

Bien sûr, nous la transmettons jour après jour aux Êtres, bien qu'en Occident, elle soit peu répandue. La médecine des hommes est intéressante, mais souvent, elle représente une voie plus laborieuse. C'est une transition, vous savez. À travers les générations, cette médecine va évoluer, évoluer, évoluer, jusqu'à devenir médecine énergétique. Alors, vous direz: « Au début, il y avait la médecine énergétique, puis il y a eu la médecine des hommes, qui a évolué jusqu'à redevenir la médecine énergétique. »

Qui la pratiquait de «façon ancestrale»?

Elle existait chez les Égyptiens anciens.

Bien, mais allons plus loin. Il y a des gens qui souffrent de cancers, de dépressions, de maladies dégénératives... Qu'est-ce qu'on peut leur dire pour les aider à comprendre pourquoi «ils se sont rendus malades», sans se culpabiliser, bien sûr?

De façon générale, la maladie est causée par une séparation d'avec soi-même. Lorsque l'Être n'est pas uni à son énergie vitale, n'est pas dans l'expression de tout ce qu'il est naturellement, donc séparé d'avec lui-même, il donne place à des frustrations, des colères, des tristesses, des contractions émotionnelles et physiques qui engendrent les maladies.

Un exemple?

Imaginons un Être qui, pour tout un ensemble de raisons, karmiques, environnementales, situationnelles, ponctuelles, ne s'exprime pas dans sa voie. Donc, imaginons à nouveau cet

Être qui, de par ses influences sociales, parentales et bien sûr karmiques, a choisi une voie dans laquelle il professe le droit. Supposons qu'il est un illustre avocat. Il a bien réussi matériellement, socialement, affectivement. L'image de lui est formidable.

Mais selon notre chapitre sur le bonheur, il n'est pas heureux. Il n'est pas heureux parce qu'il n'est pas dans l'expression véritable de son Être. Cet Être, au plus profond de lui, est un Être de la nature. Il ne l'a jamais découvert parce qu'il n'en a pas eu la possibilité, il n'a pas été guidé en ce sens. S'il avait été guidé en ce sens, il aurait vécu à la campagne pour faire pousser les plantes et les fleurs. Toutefois, cet Être a de grandes capacités oratoires qui furent développées, acquises. Mais ses véritables dons d'union avec la nature, les plantes, ne furent jamais en émergence.

Voilà maintenant que, après avoir dépassé maints petits inconforts, petits symptômes ici et là par moments, petits maux de gorge, comme tous les Êtres, bien sûr, le voilà maintenant avec une difficulté importante au niveau de la prostate. Il a développé un cancer de la prostate.

Le cancer de la prostate se situe au centre de son énergie vitale, l'énergie de vie, l'énergie de création qui ne fut pas véritablement utilisée selon son essence. Cet homme a fait beaucoup d'efforts, et il a eu beaucoup de résultats, mais il n'a pas trouvé le bonheur. Pourquoi ? Parce que, rappelez-vous, la joie, c'est l'expression de ce qu'il est véritablement. Cette énergie en lui ne s'est pas déployée. Il y a donc ici une contraction, que nous dirions en termes énergétiques « une diminution de rythme vibratoire » au niveau du centre génital, qui est le centre de l'énergie créatrice.

Le chakra du hara ?

C'est le chakra du hara. Vous aurez peut-être remarqué que souvent, dans sa carrière, il a dû soigner des maux de gorge, des otites, des sinusites, des laryngites. Pourtant, c'était un Être qui s'exprimait quotidiennement dans le droit, mais il n'exprimait pas ce qu'il portait au plus profond de lui-même. Donc, il avait des symptômes d'une expression qui n'était pas juste.

Et si l'on observe son histoire, peut-être aura-t-il eu aussi plusieurs petites affectations innocentes au niveau du centre génital. Il en a fait fi ou il les a guéries par différents remèdes, sans conscientiser la relation entre le fait qu'il n'était pas profondément heureux et tous ces petits symptômes. Sans conscientiser ses insatisfactions fondamentales qui étaient camouflées derrière des satisfactions périphériques.

En effet, cet homme cherchait continuellement de plus en plus de satisfactions que sa réussite lui permettait. Il cherchait l'intensité. Mais la véritable intensité, c'est le déploiement de la pulsion de son hara vers le cœur et vers la couronne. En d'autres termes, libérer l'énergie de création pour que le cœur s'en réjouisse jusqu'à éventuellement vivre l'extase. Au lieu de ça, l'intensité qu'il trouvait était à l'extérieur de lui-même.

Maintenant, il aura bien sûr à retrouver une circulation énergétique dans son corps physique. Il y recevra nécessairement des soins qui permettront que l'énergie de son corps au niveau de sa prostate puisse retrouver le bon rythme, le mouvement juste, mais il faudra comprendre que ce qui ralentit ce mouvement, ce qui le contracte, est associé à une frustration de fond de ne pas être ce qu'il aime. En fait, il ne sait même pas ce qu'il aime. Il est divisé d'avec lui-même, et certes, même s'il a des soins au niveau de la prostate, même si l'énergie circule à nouveau avec justesse, la source de cette contraction existe toujours. Il lui faudra prendre conscience de l'importance de la réponse de son corps, en terme de guérison, à ce qu'il est véritablement. Pour ce faire, nous lui dirons qu'il devra s'offrir des moments d'intimité avec lui-même, c'est à dire d'écoute de ses voix et sensations intérieures (nous y reviendrons dans le prochain chapitre), pour comprendre ce qui l'anime, ce qui le fait réellement vibrer. Puis, il pourra donner place à ce qui l'anime, pour enrayer la source de la contraction.

Bon, on comprend la maladie. C'est une contraction, c'est un déni de ce que l'on est véritablement, de notre essence, une non-reconnaissance. À partir du moment où l'on a fait ce constat-là, qu'est-ce que l'on fait?

Il s'agit de se remettre en mouvement. On ne peut pas nier le corps physique, puisqu'il est affecté. À la source, c'est subtil. C'est une forme de séparation. Mais cette source subtile s'est inscrite comme une contraction dans le corps, ce qui a causé des déséquilibres. À partir de là, la santé consiste à stimuler un mouvement énergétique, stimuler la régénérescence des cellules, physiquement et énergétiquement.

Que ce soit de l'énergie, des plantes, des médicaments, des mouvements physiques, il y a pour chaque type de maladie ou de déséquilibre tout un ensemble de remèdes naturels et conventionnels qui favorisent la remise en mouvement au niveau du corps et des cellules.

Cette remise en mouvement physique doit être accompagnée d'une volonté. Une volonté, cela signifie une énergie réelle associée à une intention claire. Et il faut de la conviction. Une conviction, cela signifie un amour profond de soi, une envie profonde de vivre. Une conviction de la capacité d'autoguérison.

Alors, oui, une intervention au niveau physique, mais associée à la volonté et à la conviction. C'est la connaissance des différents moyens, associée à l'amour de soi, associée à la volonté de guérir, qui va permettre qu'il y ait une remise en mouvement. Puis, simultanément, l'Être aura à retrouver à l'intérieur de lui, dans un espace d'intimité, ce qui est noué, ce à quoi il n'a pas répondu, ou plutôt, ce à quoi son Être l'invite à répondre.

La guérison est à la fois physique, psychique, et certes, spirituelle. Toutes les guérisons sont ainsi. Une multitude d'Êtres se guérissent sans être conscients que c'est exactement ce qu'ils font, sans reconnaître toutes ces étapes.

D'ailleurs, les médecins sont toujours éblouis devant ce phénomène, sans pouvoir le comprendre.

Bien sûr, voilà des Êtres qui portent une maladie et dont la souffrance fait en sorte qu'ils modifient certaines habitudes de vie. **Il vous faille bien comprendre ceci. Si le corps physique porte un déséquilibre, c'est nécessairement qu'il y a quelque chose à changer dans votre vie.**

Mais on vit dans une société où l'on mange mal, on est stressé, l'environnement est pollué... Quel rôle jouent l'alimentation, le stress et tous les autres facteurs extérieurs?

Un rôle très grand! Le stress est une tension produite par une recherche de performance, volontaire ou involontaire, dans un système de comparaison. L'Être lui-même ne cherche peut-être pas la performance, mais l'institution ou la structure dans laquelle il œuvre peut le pousser à un certain rythme qui n'est pas le sien, parce qu'il y a une productivité à atteindre.

On se suit bien?

C'est le lot de beaucoup de gens!

C'est le lot de la très grande majorité des Êtres humains de l'Occident et des grandes cités de l'Orient! Ce faisant, les Êtres s'écartent de leur véritable rythme, et même de leur véritable pulsion.

Imaginons que non seulement cet avocat, alors qu'il est naturellement un jardinier, fait partie intégrante d'une société qui a de très nombreux contrats et qui est très exigeante envers tous ses associés. Il y a donc en plus un grand stress, une grande tension, une recherche de performance. Or, il y a ici un rythme vibratoire qui n'est pas le rythme naturel de l'Être. Mais cela, il peut le régulariser, s'il est véritablement dans sa passion. Sauf qu'ici, il est dans l'illusion d'une passion. L'Être peut se dire: « Je suis dans une passion de gagner mes causes. » Il se retrouve alors dans l'inconscience de ce qu'il est. Et si l'Être n'est pas dans cette passion d'être lui-même, cela signifie que plus le rythme augmente, plus l'intensité est grande, plus l'écart dans lequel il est plongé s'élargit rapidement. **Il y a une tension dans l'élargissement de l'écart. Voilà ce qu'est le stress.**

De la même façon, si l'Être était jardinier, qu'il était dans sa voie mais qu'il doive répondre à de plus en plus de commandes, à un certain niveau il pourrait vivre le stress lui aussi. C'est là que votre intervention est brillante, chère Âme. Un Être peut être dans sa voie, mais il faille tout de même porter la conscience qu'il s'agit d'exprimer ce qu'il est pour s'en réjouir et s'unir aux Êtres. **S'unir aux Êtres.**

Voilà le thème encore une fois. **UNION**. S'il y a tant de performances à rechercher, pourquoi l'Être jardinier dans sa voie serait-il à rechercher toutes ces performances, sinon parce qu'il craint de perdre une clientèle au profit d'un concurrent, donc d'être moins bien nanti ? Là, c'est toute la structure politique, économique, sociale qui est en jeu.

Hum. On a beaucoup de travail sur la planche !

Cela commence par oser inscrire dans sa vie d'avocat, durant les moments libres qu'il va tenter de s'offrir, un peu de jardinage.

Maintenant, vous comprenez le stress. Il y a aussi toute la pollution. La pollution est créée par une inconscience des hommes qui s'éloignent de leur union avec la nature. Encore une fois, une séparation d'avec la nature qui fait en sorte que les hommes, en recherche de performances, ont pollué cette Terre. La pollution affecte les Êtres.

Maintenant, les Êtres conscients vont d'une part s'unir à la nature et vont développer des outils énergétiques pour à la fois retirer au maximum la pureté de l'air et de l'eau et pour régénérer l'eau et l'air.

Est-ce qu'on va y arriver ?

Inéluctablement. Sinon, il n'y aura plus de vie sur cette Terre, chère Âme.

La nourriture, à présent. Actuellement, la nourriture est un élément important de destruction du corps, comme elle est un élément de régénérescence cellulaire. Vous voyez, nous tentons continuellement de présenter qu'un même élément est à la fois dans l'ombre ou dans la lumière.

L'alimentation permet à l'Être de régénérer ses cellules. Pourquoi un Être a-t-il besoin d'aliments? Parce que les aliments apportent des nutriments et apportent du prâna au corps.

Comment vous dites?

« Prâna ». Le prâna, c'est la nourriture énergétique, cette énergie pure présente partout dans votre environnement, dans l'air sain et la nourriture physique de bonne qualité. Or, lorsque l'Être est en relation avec lui-même, qu'il est dans tout son déploiement, son corps intelligent lui parle. Ce corps intelligent, qu'on peut aussi appeler ses « cellules intelligentes », va lui transmettre les bons moments pour se nourrir, les quantités appropriées et les aliments qui sont justes pour lui.

Lorsque l'Être perd la conscience de lui-même, lorsqu'il perd la sensation de lui-même, il ne reçoit plus ces indications. Il va donc vers des choix qui sont basés soit sur des envies, soit des goûts de surface.

Ou de dépendances?

... ou de ce qui est offert...

Aussi.

... à des moments, à un rythme, dans des quantités qu'il ne choisit pas véritablement. Parallèlement, vous nous avez dit que la Terre était polluée. Donc, les aliments sont de moins en moins vivants, de moins en moins remplis de prâna, l'énergie vitale. Les hommes, à la recherche de performances, ont développé des nourritures qui sont des transformations génétiques des aliments.

Les OGM, oui.

Saviez-vous, chère Âme, que la transformation génétique des aliments est naturelle?

Oui, elle se fait naturellement, avec le temps.

Bien sûr. Les denrées alimentaires qui étaient présentes il y a 5000 années ne sont plus les mêmes aujourd'hui, et ce, sans intervention humaine. C'est naturel. Il y a le vent, il y a l'eau, il y a la terre, il y a des mouvements, il y a des croisements, et les aliments se transforment. Les hommes aussi se transforment, ainsi que leur capacité de se nourrir de ces aliments. Leur capacité de développer les enzymes pour la digestion de ces aliments se transforme à un rythme naturel.

La difficulté, actuellement, c'est que les hommes, dans leur recherche de performance, ont choisi d'accélérer ce rythme de transformation. Ils ont décidé de manipuler la transformation génétique. Mais le système digestif, lui (l'estomac, les enzymes digestives), n'est pas adapté à ces nouvelles nourritures. D'une part, les Êtres ont des difficultés de digestion, d'autre part, la nourriture est de moins en moins nourrissante, de plus en plus vide. L'Être mange, mais il ne s'alimente pas réellement. Il a des carences.

Comme la nourriture est de moins en moins nourrissante, il y a certains Êtres qui en utilisent de plus en plus. Il faille plus de nourriture pour aller chercher les mêmes qualités de base. Il y a, dans les contrées les mieux nanties, de plus en plus d'obésité. Pourquoi ? Parce qu'il y a tout un ensemble d'aliments vides qui végètent dans les corps humains. De plus, il y a — et nous y revenons — des frustrations parce que les Êtres ne sont pas dans leur expression, ce qui fait en sorte qu'ils vont chercher des satisfactions de surface et des petites joies dans l'alimentation.

Il y a donc une invitation à transformer l'alimentation, à aller vers une alimentation plus vivante dans des quantités qui sont plus justes pour l'Être, et dans une conscience de l'absorption du prâna.

Ce qui veut dire ?

Ce qui veut dire que les Êtres sont invités à manger

consciemment, à être en relation avec la nourriture. Nous vous invitons à la regarder, à la sentir, à l'écouter, à prendre conscience qu'il y a de la vie, qu'il y a de l'énergie en elle. Nous vous suggérons de la porter longuement en bouche pour en absorber toute l'énergie avant de propulser la matière dans l'estomac. En d'autres termes, nous vous proposons toute une reprogrammation alimentaire.

Mais ça, c'est un propos en soi. J'imagine que vous allez le proposer dans un autre livre?

Certes.

D'accord.

Chapitre 10

CRÉER SA VIE

Comment créer sa vie ? Voilà la grande question.

À partir du moment où un Être comprend qu'il attire à lui des événements, des situations, des personnages qui sont le reflet de ce qu'il porte à l'intérieur de lui, il veut alors choisir consciemment ce qu'il va porter à l'intérieur de lui. C'est logique, n'est-il point ? Rappelons-nous que l'Être porte aussi à l'intérieur de lui une pulsion de création qui caractérise son essence et qui est l'expression de son individualité. Lorsqu'il répond à cette pulsion, il va vivre des joies profondes d'union avec lui-même et il se sentira utile et uni avec les Êtres. Il répondra ainsi à sa nature universelle, soit celle d'être uni avec le Tout.

À partir de cette conscientisation et pour créer sa vie en équilibre, en harmonie, dans l'amour et la conscience, un Être va vouloir suivre une voie pour retrouver la sensation de sa pulsion véritable, de son essence. Il va vouloir aller vers ce que son Être est réellement venu créer sur cette Terre pour participer à la grande création commune, ce qui lui permettra de sentir la joie et l'union.

Un gros contrat !

C'est le mouvement d'une vie, chère Âme. C'est le sens d'une vie. Nous n'en faisons que la synthèse.

Aussi, avons-nous dit, il porte en lui des charges. Des charges qui sont des codifications génétiques et des charges qui proviennent de ses mémoires, de son karma. Il aura donc à ressentir et à comprendre quelles sont ses charges, quel est son karma, quelles sont ses difficultés imprégnées dans ses cellules.

En d'autres mots, et de façon fort synthétisée, pour créer sa vie tout en sachant qu'il attire ce qu'il porte, l'Être aura à poser un regard conscient, éclairé sur lui-même. Pourquoi ? Pour bien comprendre quelle est toute sa beauté et quelles sont ses ombres. Dans quel but ? Afin de permettre que sa beauté occupe de plus en plus l'espace en lui, et que ses ombres soient comprises et de plus en plus éclairées.

On le comprend maintenant, mais la question demeure: « Comment on fait ça ? »

Nous y allons, chère Âme. Nous sommes simplement au premier paragraphe !

[rire]

Non, mais ça fait quand même plusieurs chapitres qu'on en parle.

Voyez-vous, chère Âme, pourquoi croyez-vous que nous redisons souvent les mêmes énoncés ?

Parce que le cerveau humain a besoin de se faire répéter souvent les choses pour les intégrer.

Voilà. Or, nous pouvons bien donner une formule, mais si l'Être ne sait point à quoi sert cette formule, il la répétera sans conscience et elle ne fonctionnera pas. Nous pouvons bien vous dire: Visualisez-vous heureuse. Or, moult Êtres vont utiliser une visualisation, une image intérieure d'eux-mêmes obtenant une nouvelle demeure. Et si nous n'avons pas synthétisé tout le processus d'évolution vers la joie, vers le bonheur, plusieurs croiront encore une fois que c'est la demeure qui les rendra heureux !

Alors, venons-en aux faits, chère Âme.

Intimité avec soi-même

Si les expressions de la vie extérieure vous permettent de ressentir par l'inconfort, et même la douleur, que vous n'êtes pas dans le bon espace, dans le bon lieu, dans la bonne expression de vous, cela ne vous permet pas toujours de savoir quel serait le bon espace, le bon lieu, la bonne expression. Il faille donc qu'il y ait deux éléments en parallèle. Un, que vous puissiez être présent à vous-même et, deux, que vous puissez être présent à l'extérieur. **Premier constat : créer sa vie commence par la présence.** Il faille que vous puissiez être présent à vous-même et présent à l'extérieur pour capter les indicateurs de ce que vous êtes, et ainsi mieux transformer ce que vous êtes en ce que vous voulez être. Cette présence à l'intérieur et à l'extérieur de soi suggérera des éléments très concrets. D'abord, présence à soi égale intimité avec soi.

Vous nous avez suivi ?

Très bien.

Présence à soi. Intimité avec soi. Quelle que soit votre voie, quelle que soit votre compréhension de nos propos, vous qui voulez satisfaire des Êtres, soyez conscient que la seule façon d'y parvenir est d'être vous-même. **La présence à un Être ne peut être qu'en fonction de votre vibration, en fonction de ce que vous êtes.** Si, par exemple, deux Êtres sont là, physiquement présents, en interrelation avec un autre, ils auront une perception, une impression et une connaissance différente de cette situation. La raison en est qu'ils captent, perçoivent, concluent en fonction de ce qu'ils sont. Or, s'ils ne sont pas présents avec eux-mêmes, en fonction de quoi vont-ils interpréter ? En fonction de leurs besoins et de leurs désirs.

Nous tournons en rond ! Il faille donc que cela commence par l'intimité avec soi. **Alors, la première chose qu'un Être a à faire pour créer sa vie est un rendez-vous avec lui-même chaque jour.** « Oh, la, la ! », diront-ils. Avez-vous imaginé que les Êtres, en Occident, ont trop de choses à faire pour être présents à eux-mêmes quelques instants chaque jour ?

J'entends déjà la réponse : « Où est-ce qu'on met ça dans notre horaire ? »

À quoi sert votre horaire, à quoi servent vos activités, comment allez-vous faire vos choix, de quoi allez-vous parler, quelles seront vos activités, si vous n'avez pas autorisé votre Être à quelques instants de présence à lui-même ? Qu'est-ce qui va animer, orienter votre mouvement, croyez-vous ?

Ce qui va déterminer cela, ce sont vos peurs.

J'aurais répondu les « désirs », mais bon, d'accord.

Les désirs vont naître des peurs. À la source, la peur de ne pas être reconnu, la peur de ne pas être aimé fait en sorte que vous tentez de répondre aux besoins des autres, et en tentant de répondre aux besoins des autres, de plus en plus vous adoptez leurs valeurs et de plus en plus se développent en vous des désirs d'atteindre ceci, d'obtenir cela.

Vous avez suivi ce parcours ?

Oui, c'est le chapitre sur le...

Chapitre sur le bonheur ! La peur naît du besoin justifié de reconnaissance. Et, de là, va naître tout un ensemble de comportements qui vont amener des interprétations et créer des croyances.

Revenons à vos choix quotidiens... Vous dites que vous avez trop à faire. Dans une journée, il y a une multitude de choix, n'est-il point ? Comment seront-ils orientés ? Qu'est-ce qui conditionne vos choix ? Est-ce que ce sera vos peurs, vos mémoires, vos croyances ?

Il n'est pas étonnant de constater que la très grande majorité des Êtres identifient amour et joie à liberté. Ils recherchent la liberté. Et ils ont raison, mais ils ne sont pas libres selon ce qu'ils croient. Ils ne sont pas libres, non pas parce qu'ils sont enfermés par une société, une structure, un conjoint. Non, ils ne sont pas libres parce qu'ils ne sont pas conscients de qui ils sont. Ils n'ont pas reconnu ce qu'est leur véritable pulsion de vie, ce que sont leurs véritables orientations, leurs idéaux. Alors, ils sont continuellement contrôlés, conditionnés dans leurs attitudes et leurs choix par leurs croyances et leurs peurs.

Alors, expliquez-nous comment un Être, qui n'a pas le temps de s'accorder un moment de présence pour sentir ce qu'il est, pourra donner sens à ce qu'il fait. Comment peut-il vraiment vivre ce jour si affairé, s'il ne sait pas ce qui vibre à l'intérieur de lui, ce qui fait sens, ce qui semble l'orienter ? **Il faille être un peu bousculant, ici, pour vous transmettre que si vous n'avez pas le temps, vous en vivrez les conséquences. Vous aurez l'impression de ne pas être libre et de ne pas être heureux parce que vous n'avez pas le temps de faire un choix réel.**

Utilisons une métaphore très simple. Nous vous présentons un ensemble de mets. Vous dites un « buffet », n'est-il point ? Alors, nous vous disons : Venez, venez, venez à la table. Il y a une multitude de mets. Choisissez maintenant, vous avez une seconde. Qu'allez-vous nous dire ? Vous allez nous dire : « C'est ridicule », n'est-il point ?

On veut plus de temps, évidemment.

Voilà. « Vous nous présentez 100 mets différents et vous nous donnez une seconde. Je n'ai pas le temps de choisir. » — Non, choisissez maintenant. Il faille choisir maintenant le mets principal parce que vous devez aussi choisir maintenant le dessert. Il y a trop d'activités. C'est ridicule, n'est-il point ?

Nous vous disons en rapport à cet exemple : Vous allez dans votre vie chaque jour sans prendre un instant pour vous sentir. Qu'aimeriez-vous devant cette table de dîner ? Vous aimeriez d'abord vraiment ressentir si vous avez faim. Puis, vous aimeriez vous laisser inspirer par tous ces mets, parce que vous ne pouvez qu'en choisir un ou deux. Vous voulez un peu de temps pour regarder, pour sentir vos envies, pour choisir. En fonction de quoi ? Et si nous vous disions : Mais non, vous avez faim. Nous savons que vous avez faim. Choisissez. Allez vous nourrir. Ce qui est imminent, c'est de vous nourrir. Mais même si vous avez faim, vous avez envie de choisir, n'est-il point ?

Bien sûr, en fonction de nos goûts.

Pourquoi n'en est-il point ainsi de toute votre vie ? À quoi servent vos activités de vie ?

C'est une bonne question.

Vos activités servent à nourrir votre vie, à stimuler votre déploiement, à aller vers la joie et le bonheur. Alors, est-ce que cela ferait sens de prendre un moment pour vous sentir ? Quels sont vos goûts, quelles sont vos envies, qu'est-ce qui fait sens ? Est-ce qu'on se suit bien ?

Parfaitement bien.

Alors, nous revenons dans notre ligne directrice. **Moment d'intimité avec soi.** Avez-vous le temps ?

On va le prendre !

[rire]

Voilà, chère Âme, la réponse juste. Vous allez prendre le temps. Parce que si vous ne prenez pas le temps, les activités et les choix que vous ferez auront de moins en moins de sens. Et s'il y a de moins en moins de sens, cela signifie que vous allez devenir de plus en plus apathique, de plus en plus en conflit avec vous-même, de plus en plus en conflit avec les autres, de plus en plus contracté et de plus en plus malade. Alors, vous prenez le temps !

Heureusement pour vous, chère Âme, particulièrement vous qui êtes un Être de feu, qu'il n'y a pas une corrélation entre la durée et l'intensité de la présence à soi. Qu'est-ce que cela signifie ? Cela signifie que vous n'avez pas à être dans ce moment d'intimité, de présence à soi intériorisée, pendant des heures et des heures. En quelques instants, l'intensité peut être telle que vous soyez guidée durant tout votre jour.

Ouf !

Pourquoi vous ne le faites pas ? Parce que vous n'avez pas le temps ? Non, ce n'est pas pour cela. Lorsque vous allez choisir quel chocolat vous allez vous offrir, vous prenez quelques instants, n'est-il point ? Lorsque vous choisissez le mets parmi toute cette table qui, si souvent, est dans un choix de toute façon déséquilibré, vous prenez tout de même le temps de choisir ? Lorsque vous allez vers des compensations qui vous offrent de petites joies de surface et de grandes destructions, vous prenez le temps, n'est-il point ?

C'est juste.

Alors, ce n'est pas une question de temps. C'est une question de peurs et d'ignorance. Vous avez peur de ne pas être aimé, de ne pas être dans tout ce qu'il faille être et faire pour être aimé, et d'autre part, vous ignorez tout le mécanisme qui entraîne l'Être véritablement à être aimé par lui-même et par les autres.

Je ne comprends pas pourquoi vous dites qu'on a peur de ne pas être aimé. J'aurais plutôt dit : C'est parce qu'on a peur du manque d'intensité. Parce qu'on a l'impression qu'on perd notre temps, quand on s'arrête pour s'asseoir et ne penser à rien pendant 15 minutes.

Vous avez l'impression que vous perdez votre temps parce que vous êtes ignorant !

Voilà. L'ignorance, je comprends, mais la peur de ne pas être aimé, je ne comprends pas.

Si vous perdez votre temps, cela signifie que vous pourriez faire autre chose qui vous permettrait d'être aimé. Ce moment que vous vous accordez à vous-même, qui est pour vous une perte de temps, est un espace où vous n'allez pas œuvrer à faire ce que vous croyez devoir être et faire pour être aimé. Donc, il augmente la peur de ne pas être aimé, et pour ça, il est inutile.

Là, je comprends.

Si nous vous disions : Nous vous proposons que vous soyez présent à vous-même 10 minutes chaque jour, chaque matin, et cela vous permettra d'être dans des intensités relationnelles respectueuses de votre Être et de sentir que vous êtes reconnu, aimé et de trouver l'amour, auriez-vous l'impression de perdre votre temps ?

On commence demain matin !

[rire]

Lorsque nous vous disons : Il faille que vous soyez à l'université chaque jour pendant trois années. À la suite de ces trois années, vous aurez un diplôme qui vous permettra de vous présenter à un employeur comme un candidat compétent, alors que vous savez fort bien que vous ne le serez pas... Mais ce diplôme transmettra aux Êtres que vous avez suffisamment observé de situations pour développer les compétences rapidement. N'est-ce pas le sens d'un diplôme ?

Il paraît.

Vous serez sur votre chaise pendant plusieurs heures chaque jour pendant trois années. Et pendant toutes ces heures, vous ne serez point dans la compétence qui vous permet un résultat immédiat, mais vous serez sur le chemin de la compétence.

Nous vous proposons 10 minutes chaque jour, et vous nous dites que vous perdez votre temps ? Et si nous vous disions : 10 minutes chaque jour, et que, après ces trois années, vous ayez décuplé votre propension à être compétente, à apprendre rapidement ? Il vous faille des preuves, n'est-il point ?

Toujours !

Alors... les preuves que ce mets est savoureux viennent comment, chère Âme ?

En le goûtant.

Voilà. Pourquoi exigez-vous que l'intimité avec vous-même de quelques minutes chaque jour vous offre des résultats après deux jours, alors que vous acceptez trois années de plusieurs heures par jour à l'université ? Parce que votre environnement vous offre une garantie que votre diplôme sera honoré, mais non pas une garantie, toutefois, que vous trouverez du travail. Alors, ce n'est pas vraiment une preuve non plus.

Vous avez raison.

Le diplôme vous offre l'acceptation, la conformité, l'intégration dans la société, et cela répond à ce que vous croyez être l'union. Les Êtres ne sont pas des ignorants déséquilibrés, vous savez ? Les Êtres, en vos termes, ne sont pas totalement éloignés de ce qu'ils sont. Ils recherchent l'union, nous vous l'avons dit, de façon naturelle. Or, la conformité avec leur diplôme leur donne l'impression qu'ils sont unis, et certes, ils peuvent observer qu'un Être qui est marginal souffre souvent des jugements, des évaluations de lui-même et des autres.

De l'isolement.

Moins intégré, voilà ce qui est en jeu. Les Êtres ont peur que s'ils s'offrent des moments d'intimité avec eux-mêmes et qu'ils ressentent profondément ce qui les anime, ils soient de plus en plus en difficulté. Mais s'ils ne font pas ce qui les anime, ils seront mal, malades et malheureux. Et s'ils font ce qui les anime, ils ont peur d'être seuls. Alors, il faille que les Êtres puissent aller progressivement vers ce qui les anime, pour se rendre compte que lorsqu'ils le font, ils sont plus vivants, plus vibrants, plus joyeux, plus détendus. Et certes, ils se rendent compte qu'ils attirent des gens, car les gens sont attirés par de tels Êtres.

Nous en étions donc sur la voie centrale de l'intimité avec soi.

Vous y êtes toujours, chère Âme ?

10 minutes par jour !

[rire]

Maintenant, pour ne pas que vous ayez l'impression de perdre votre temps, que pourrez-vous faire durant ce 10 minutes ? Ce n'est pas la méditation, là, nous y viendrons plus tard. Nous ajouterons un 15 minutes.

Ah, oui ? Ça s'allonge !

Certainement, chère Âme. Nous vous avisons à l'avance pour que vous prépariez votre horaire ! Que faire pendant ce

10 minutes ? Pouvez-vous entendre et réaliser ce que vous venez d'exprimer réellement en ces termes de « perte de temps » ? Lorsqu'une amie que vous aimez bien vous parle d'elle pendant une heure, de ses tristesses, de ses joies, nourrissant ainsi votre amitié, avez-vous l'impression de perdre votre temps ?

Absolument pas, et la différence est dans l'intensité. En méditant, plusieurs ont l'impression de ne rien faire !

Certes. Lorsque vous êtes à l'écoute d'une amie, vous ne faites rien, chère Âme. Êtes-vous à exprimer qu'il n'y a pas d'intensité en vous, que ce que vous émettez n'a pas d'intérêt et que ce que votre amie émet est intense et intéressant ? Alors, qu'allez-vous exprimer, vous, à cette amie ?

Ce que vous n'avez pas appris, c'est de vous sentir. Lorsque vous êtes là présente à vous-même, vous voilà à réfléchir à tout ce que vous avez à faire durant le jour en vous disant qu'il vaudrait mieux le faire, plutôt que d'être là à y réfléchir. **Vous ne savez pas vous ressentir.** Comment vous ressentez-vous, chère Âme ? Comment pouvez-vous parler de sensations, sinon durant les moments d'émotion ? Vous sentez une tristesse, vous sentez une colère, vous sentez une joie subite. Vous ne vous sentez que dans les émotions !

Il est intéressant de constater que les Êtres ont peur, dans l'évolution spirituelle, de perdre leurs émotions. Ils ont peur de mourir. Pourquoi ? Parce qu'ils se sentent à travers leurs émotions. Les émotions les amènent à se sentir dans une intensité. Par exemple, quand vous allez vous nourrir, vous vous sentez à travers la joie du goût de la nourriture, n'est-il point ? Vous vous sentez dans le sexe, vous vous sentez dans l'action sportive « extrême », dites-vous. Mais vous avez perdu l'habileté à vous sentir vibrer à l'intérieur.

Votre Être vibre. Que se passe-t-il dans ce moment où il n'est pas distrait par une chose à accomplir ? Il vous transmet ce que nous appelons « l'envie de », ce qui fait sens pour lui par sa vibration. Votre Être vous transmettra ses réelles envies.

Lorsque vous voulez choisir un mets — nous y revenons — vous allez vous rendre devant les mets pour les regarder, pour sentir leurs parfums, n'est-il point ? Et là, tout votre Être, tout votre corps vous dira lequel vous fait envie. Mais si vous aviez mangé toute la matinée à gauche et à droite sans réfléchir, vous diriez : « J'ai de la difficulté à me sentir ou à sentir mon envie. » De la même façon, se pourrait-il que, parce que vous êtes agitée et distraite dans tous les sens durant tout le jour, lorsque tout à coup vous vous arrêtez pour être dans l'intimité avec vous-même, vous vous dites : « Je ne me sens pas » ?

C'est une belle analogie.

Il faille réapprendre à se sentir, à sentir à l'intérieur de vous l'appel, la pulsion, ce qui fait sens. Dans un premier temps, nous vous dirons donc qu'il est important pour l'Être de s'accorder un moment pour se sentir. Lorsqu'un Être ne s'est pas offert cet espace, bien sûr que le premier jour qu'il le fera, il ne sentira rien. Il sera bousculé par ses pensées, par ses idées. Le deuxième jour non plus, il ne se sentira pas. Le troisième jour non plus. Le quatrième jour non plus. Persévérez. Après une journée à l'université, êtes-vous un médecin ? Êtes-vous un journaliste ? Non, mais votre mental est bien nourri ! Il a l'impression qu'il le sera, médecin ou journaliste. Alors, continuez. Persévérez.

Nous ajouterons une forme de respiration, pour que vous sentiez mieux l'énergie dans vos entrailles, pour que vous soyez plus présente à vous-même. La respiration douce et profonde permet à l'Être de se sentir davantage.

Récapitulons. Vous créez un espace d'intimité dans lequel vous respirez plus naturellement, plus profondément, pour ressentir l'énergie dans vos entrailles. Vous y retrouvez la sensation de l'énergie de la kundalini, c'est-à-dire de l'énergie de vie en vous.

Prenons un autre exemple. Lorsqu'il y a une situation problématique, un obstacle dans votre vie, et que vous choisissez que vous allez traverser cet obstacle, d'où vient la force et l'intensité pour le faire, sinon de vos tripes, chère Âme ?

C'est une expression populaire, en effet. Mais que voulez-vous nous dire? Que c'est physiquement là où ça se passe?

Voilà. Lorsque vous voulez vous lever, chère Âme, il faille avoir recours à de l'énergie qui, en vous, prend son origine dans vos entrailles. C'est l'énergie de vie, l'énergie de création, et cette énergie pour l'activité se situe dans vos entrailles. Il faudra donc retrouver cette sensation d'énergie dans votre bas-ventre, parce que c'est cette sensation qui va par la suite se définir en vous. Et elle se manifestera par une pulsion qui va vous offrir son caractère, qui va vous transmettre ce à quoi elle peut être utilisée. Non pas intellectuellement, par le mental, mais par une envie d'expression de vous.

Vous avez envie de sport ? Pourquoi avez-vous envie de sport ? Parce qu'il y a en vous des frustrations et que, dans le sport, vous pouvez vous défouler ? Ou est-ce plutôt parce que, du plus profond de votre Être, votre énergie veut être en mouvement ?

Les deux. Il y en a une qui est inconsciente et l'autre consciente, je suppose.

Vous voyez ? Ce que nous voulons vous amener à comprendre, c'est que l'énergie va parler. Des voix, des pensées, des idées, des images, cela n'a pas d'importance, en autant qu'on soit conscient qu'elles proviennent d'une envie. Et c'est cela qu'il faille aller retrouver dans l'espace d'intimité.

L'espace d'intimité se crée lorsque, pour un moment, vous choisissez de laisser de côté vos aspects plus sombres et vos préoccupations pour simplement être en contact avec l'énergie et les aspects plus lumineux de votre Être. Alors, vous qui voulez occuper cet espace, nous vous dirons : Mettez-vous en contact avec vos qualités, avec vos dons. Quelles sont vos qualités particulières ? Quelles sont vos forces ? Non pas les forces que vous avez développées parce que vous avez étudié ceci ou cela. Non, quelles sont vos véritables forces naturelles ?

Dans votre cas, une envie de communiquer ? Une envie de provoquer un mouvement ? Une envie de provoquer l'action ? Vos envies intérieures sont des envies de feu, de dirigeant, de guide, d'animateur. C'est cela que vous allez contacter au plus profond de vous. Au début, vous ne pourrez pas mettre de mots précis sur vos envies, mais peu à peu, vous sentirez que cette énergie profonde en vous, ce n'est pas une énergie qui vous donne envie de faire de longues recherches dans des bibliothèques, n'est-il point ?

C'est sûr.

C'est sûr pour vous, mais ce n'est pas sûr pour l'autre.

Voilà.

Parce qu'il y a des Êtres qui sentiront, de cette énergie dans leurs entrailles, une envie profonde d'aller explorer l'évolution des communautés à travers le temps. Donc, ils iront lire, rechercher comment ont vécu les différentes cultures, pour mieux comprendre ce que vivent les Êtres actuellement. Ils auront une fascination pour ce sujet. Ils ne tiendront plus sur leur chaise. Ils veulent absolument aller vers cette recherche qui, vous, vous ennuie passionnément.

Chacun va y trouver sa voie à lui, finalement.

Voilà. Donc, cet espace d'intimité est un espace dans lequel nous vous dirons : Guidé par la respiration, prenez contact d'abord avec une sensation énergétique, une sensation de force, une sensation d'exister, une sensation de vie. Progressivement, ce ressenti se transformera en voix intérieures ou en sensations de qui vous êtes, de ce qui caractérise vraiment votre essence.

Déjà, avant que tout émerge, avant que tout cela se manifeste, il y aura une sensation de paix et de calme qui ne peut se présenter que dans l'espace d'intimité. Pourquoi le calme émerge-t-il de l'espace d'intimité, croyez-vous ? Parce que vous êtes là, détendu ? Non point. **La paix va émerger lorsque vous allez vous offrir un moment d'intimité dans l'intention d'être à l'écoute de qui vous êtes. On revient au chapitre sur le conflit. Le conflit naît de la non-écoute de qui vous êtes.** Il émerge quand vous vous trouvez dans la tentative d'être et de faire ce que vous croyez que vous devez être et faire, négligeant ce que vous êtes réellement. À ce moment, le conflit se crée. Lorsque vous vous accordez, ne serait-ce qu'un court moment, la paix se fait ressentir. Si l'intention est d'écouter, même si vous n'entendez rien, si l'intention en une minute n'est que de sentir qui vous êtes, la paix va commencer à émerger.

Donc, il y a des choses à faire durant cette période. Si vous croyez simplement être là à ne rien faire, vous serez envahi par les pensées. Il faut d'abord s'unir à la sensation, respirer pour la sentir dans une intention d'accueillir ce qui fait sens pour vous. Ce faisant, vous toucherez à l'intérieur de vous ce qui vous fait vibrer.

Pour que l'Être puisse retrouver le sens de sa vie et qu'il puisse être guidé de l'intérieur à s'exprimer, à se déployer de telle sorte que tous les aspects de sa vie fassent sens, il doit aussi être en paix avec lui-même. Pour qu'il puisse s'orienter naturellement dans la légèreté et l'intensité de son expression vers la joie pure et le bonheur, il lui faille retrouver la paix. Pour qu'il puisse attirer à lui et aller à la rencontre des Êtres qui vont aussi favoriser son déploiement, son accomplissement autant au niveau de l'amitié que de l'amour, il aura bien sûr à dissoudre le conflit intérieur. Ce faisant, il se rendra compte que les tensions et les conflits avec l'extérieur sont eux aussi emportés par le mouvement de dissolution de son propre conflit.

Et comment va-t-il dans cette direction?

Le tout s'amorce par l'autorisation de la création de l'espace d'intimité.

Création de l'espace d'intimité

Cet espace lui permettra une réceptivité de l'énergie subtile et de la Connaissance sous forme de ressentis qui pourront être transposés en inspirations. Maintenant, comment peut-il s'offrir un espace où il peut vibrer, ressentir sa propre présence, l'honorer ? Qu'est-ce que l'Être va vivre et créer dans cet espace ?

La première étape pour l'Être consiste à s'autoriser à sentir qu'il existe. Vous savez, chère Âme, la grande majorité des Êtres ont perdu la sensation d'eux-mêmes. Il faille qu'ils réapprennent à ressentir leur propre vibration. Puis, dans cet espace d'intimité, après l'étape fort importante d'avoir senti leur vibration, il faille qu'ils puissent réapprendre à aimer leur Être.

À travers les âges, si souvent, les Maîtres incarnés ou non incarnés ont transmis qu'il fallait s'aimer soi-même. Que signifie « s'aimer soi-même » ?

Il y a plusieurs définitions !

Les Êtres confondent souvent cet amour de soi à une forme de complaisance affective envers leurs désirs et leurs caprices. S'aimer soi-même pourrait se synthétiser en une écoute et un accueil amoureux de la recherche d'amour et de joie de l'Être. S'aimer soi-même pourrait être défini comme apprécier, honorer en soi la pulsion qui guide l'Être dans sa recherche d'amour et de joie, dans sa recherche de bonheur. En d'autres termes, aimer en vous l'aspect de votre Être qui veut aimer et être aimé. C'est cela qu'il vous faille aimer. Aimer votre recherche de bonheur. Aimer votre recherche de lumière. **Aimez votre parcours jusqu'à ressentir que c'est l'état naturel d'Être de lumière que vous aimez de vous.** Et cela est totalement différent que d'être complaisant envers ses désirs et ses petits écarts, son caractère, sa personnalité ou ses caprices.

Dans l'espace d'intimité, l'Être va être là, présent à lui-même, simplement pour sentir sa vibration, se sentir exister.

Puis, il va s'offrir le respect de lui-même. En un instant, il va retrouver cette sensation d'amour de soi. Pendant un moment, il va laisser aller les jugements, les culpabilités et les zones d'ombre, pour simplement poser son attention sur cet Être qu'il est et qui veut être heureux. Alors, là, il va toucher à la fois son humilité et sa grandeur. Cela vous paraît naïf ?

Pas du tout !

Pourtant, très peu d'Êtres s'offrent cet instant quotidiennement, de telle sorte que tout au long du jour, ils cherchent à l'extérieur d'eux ce qui pourrait honorer leur grandeur et leur humilité, et ils ne le trouvent pas.

Ça n'apparaît pas naïf, mais ça apparaît trop simple et facile pour être vrai !

Certes. Si nous vous disions ceci, chère Âme. À chaque matin, avant de quitter votre demeure pour aller vers toutes vos activités trépidantes, prenez une minute pour aller vers une fleur dans votre demeure. Regardez-la. Souriez à cette fleur. Regardez sa couleur. Sentez son parfum. Détendez-vous dans une forme d'union avec elle. Ressentez la pureté de sa présence et de ce qu'elle offre. Puis, allez vers votre journée. Faites-le chaque matin, et cela va transformer votre vie. C'est simple pourtant.

Pourquoi ? Parce que, à chaque matin, sans que vous ayez de grands enseignements spirituels ou même mystiques, vous allez d'abord dans une forme de contemplation. C'est une forme d'union, de relation à la beauté naturelle, relation à la vie, relation à ce qui est offert. Vous honorez une présence. Sans que tout cela soit intellectualisé, il y a un moment d'union.

S'il était possible que vous posiez votre regard simplement sur des enfants qui jouent avant de commencer votre journée, cela modifierait votre journée. Le simple fait de contempler la vie en eux, de voir comment ils sont là dans l'effervescence, sans attente et sans besoin particulier changerait le cours de votre jour.

Posez-vous la question : « À quoi vous unissez-vous ? À quoi vous associez-vous ? » Puis, choisissez-le, et observez de quoi se compose votre vie par la suite. Tout est simple.

Bon. Cela étant dit, nous vous avons décrit la première étape.

À la deuxième étape, toujours dans la grande première phase de l'intimité avec soi, il est intéressant que l'Être puisse commencer à ressentir de l'énergie dans ses entrailles. Que ce ne soit pas un élément qui soit extérieur ou une pensée. Que ce soit vivant. Qu'il sente une force de vie dans ses entrailles. Qu'il y ait une énergie, une pulsion, parce que c'est cette pulsion qu'il aura à définir. Or, la sensation de cette pulsion, pour les Êtres de votre monde actuel, particulièrement en Occident, est confondue avec celle de leurs émotions, n'est-il point ?

Oui. Ils cherchent les émotions fortes.

Vous savez pourquoi ?

Parce qu'ils ont l'impression d'être vivants ?

Certes. Parce qu'ils rencontrent la vie à travers les émotions qui sont provoquées par des éléments extérieurs. Ce qui est tout à fait naturel parce qu'ils ont perdu ou qu'ils n'ont pas été guidés à ressentir la puissance de la vie dans leurs propres entrailles. Et les émotions extérieures, qui sont créées par l'extérieur, semblent les rapprocher de leurs entrailles.

Alors, il est important que, jour après jour, un Être aille vers cette retrouvaille de sensation de l'énergie, parce que c'est se sentir soi-même. C'est se sentir vivre, vibrer et, éventuellement, sentir ses envies, ses pulsions, ses élans. Utilisez les termes qu'il vous sied. Dans votre contrée, vous dites souvent « ses goûts », n'est-il point ? Toutefois, là, il y a un piège de confondre les goûts, que nous définirons par des pulsions, des envies profondes ou des élans profonds, avec les désirs et les caprices.

Il faille ainsi être vigilant avec le vocabulaire, parce que les Êtres confondent pulsions et impulsions. La nuance que nous faisons est que l'impulsion est associée à une réaction. Un Être se présente à vous, il a une voix forte, et vous vous sentez amenuisée.

On se suit ?

On revient à mon exemple. Vous avez de la suite dans les idées !

Et vous baissez les yeux. C'est une forme d'impulsion. Ou vous quittez les lieux en courant. Encore une impulsion. C'est une réaction. L'impulsion est la réaction à la suite de l'émergence d'une programmation. La pulsion, elle, est un élan inscrit dans les cellules, dans la vibration de l'Être, qui l'accompagne. C'est ce qui définit vraiment son essence, sa pulsion.

L'essence, c'est la définition de l'Être ; la pulsion, c'est la définition de son mouvement. Il faille que l'Être aille se ressentir. Et souvent, les Êtres diront qu'ils saisissent bien ces notions, qu'ils ont dédié leur vie à des activités, mais ces travaux ne les font pas vibrer. Ils ne savent pas ce qui les fait vibrer.

Pourquoi les Êtres humains ont-ils perdu ou oublié ces notions ?

Simplement parce qu'ils ne sont pas en relation avec leur vibration ! Donc, jour après jour, ils auront à s'autoriser à vibrer. Ils doivent être patients. Non pas là à tenter de faire le vide, chère Âme, mais simplement à être présents à eux-mêmes, sentir qu'il y a une énergie qui les anime. Et peu à peu, jour après jour, cette énergie qui les anime sera de mieux en mieux, de plus en plus ressentie. Et dans la sensation, elle pourra aussi se définir, se présenter sous forme d'images, sous forme de pensées, sous forme de voix intérieures, sous forme d'appel intérieur, d'orientation intérieure.

Vous nous suivez jusqu'à maintenant ?

Oui, bien que ça reste théorique pour quelqu'un qui ne l'a pas vécu, dont moi.

Cela restera théorique tant et aussi longtemps que vous ne choisirez pas qu'après votre réveil, vous vous assoyiez quelques instants, non pas trois heures, mais 10 minutes, dans la seule intention de créer un espace d'intimité, d'être là pour vibrer, juste pour être. Nous vous dirons qu'il est intéressant de respirer pour aller vers cette sensation. Nous vous suggérons d'inspirer profondément, sans effort, de suspendre le souffle une seconde, et d'expirer dans la détente. Puis, il est utile de porter votre attention sur la respiration simplement pour être dans la sensation de vous-même.

Voyez-vous, chère Âme, il faille que vous saisissiez — et vos lecteurs aussi — que nous n'utilisons point des mots inutilement. Lorsque nous disons au début de chaque entretien : Chères Âmes, fermez vos yeux, respirez consciemment, inspirez la lumière, inspirez la luminosité du violet, ce n'est pas simplement un rituel d'introduction. Quand nous vous demandons d'inspirer dans la conscience que le souffle apporte en vous la vibration de toutes les formes de vie, puis d'expirer en abandonnant vos préoccupations, vos tensions et dans la conscience que votre souffle transmet votre couleur, votre vibration, votre amour, il y a une raison. Vous nous avez entendu maintes fois le dire, n'est-il point ?

Oui.

Qu'est-ce que cela crée chez l'Être qui autorise cette respiration consciente ? Rappelez-vous que ce que nous pourrions ensemble associer au « péché originel », c'est en soi la séparation, ou plutôt la sensation de séparation. C'est de là que tout se met à dériver pour l'Être humain. Or, que se passe-t-il lorsque nous vous disons : Respirez dans la conscience que la vie vous pénètre par ce souffle, et que l'Être s'y autorise ? Il s'autorise à communier avec la vie. Et s'il est en communion avec la vie, il s'apaise. Même si ce n'est qu'un instant.

Pendant qu'il s'apaise, il peut mieux se sentir vibrer. Donc, l'espace d'intimité se crée par une respiration consciente, par une autorisation de ne pas se laisser distraire par toutes les pensées ou même par le corps. L'espace d'intimité se crée quand l'Être s'apaise. Il se sent vibrer, il se sent être. Des mots simples. **Simplement se sentir être.**

Certainement que certains Êtres se sentiront inconfortables au début, parce qu'ils ne sont pas habitués à être. Ils ont inscrit en eux qu'ils doivent être utiles et qu'ils doivent faire quelque chose pour les autres, pour la vie. Mais ils se sentent mal à l'aise avec eux-mêmes ! Donc, il faudra retrouver cette autorisation de simplement être. Quelques instants, pour ne pas trop provoquer. Un jour, vous aurez envie de ce moment pendant plusieurs minutes, et même peut-être plusieurs heures.

Non pas vous, c'est vrai !

[rire]

Pas les hyperactifs comme moi, tout de même !

Nous vous taquinons, chère Âme.

Alors, lorsque l'espace d'intimité se crée et qu'un peu de calme et de paix émergent, cela n'émerge pas simplement parce que l'Être respire. C'est une disponibilité, un état qu'il crée lui-même, une communion avec la vie. Nous pourrions disserter longuement sur tous les moyens thérapeutiques qui favorisent cela : des parfums, des lumières, des mouvements vibratoires, des ondes, des ions... vous saisissez ?

Non, pas vraiment...

Nous vous disons simplement que pour favoriser l'espace d'intimité, actuellement, dans votre monde, plusieurs Êtres s'emploient à créer des moyens extérieurs. Il y a des sonorités, il y a des parfums, il y a ceci, il y a cela, pour créer une ambiance qui peut aider l'Être à se rencontrer, à se détendre.

Ah, des produits dérivés !

Mais si l'Être ne choisit pas intérieurement — et vous en serez vraiment un bon témoin — il peut sentir une détente de surface, mais non pas le véritable espace d'intimité.

Alors, la rencontre de cet espace d'intimité est au quotidien. **Au quotidien.** Vous offrez bien à chaque jour de l'espace à votre mental, à votre intellect, n'est-il point ? À chaque jour, vous lui offrez des plages pour réfléchir, n'est-il point ? À chaque jour, vous offrez un peu d'espace à votre cœur pour aimer ceci, pour aimer cela. Alors, à chaque jour, offrez un peu d'espace à la sensation de votre énergie, parce que c'est la sensation de la vie en vous qui pourra donner sens à l'orientation de vos pensées et à l'orientation de votre amour.

Peu à peu, l'Être va sentir de mieux en mieux et de plus en plus l'énergie, la pulsion en lui. Nous disons bien : progressivement, à travers les jours, les semaines. Puis, cette pulsion va commencer à se définir sous forme d'envies. Les premières envies pourraient très bien être distraites par les désirs, les caprices et les besoins. Elles pourraient aussi être influencées par les mémoires. Mais l'Être continuera sa démarche.

Qu'est-ce qui distingue une impulsion d'une pulsion, déjà ? L'impulsion, reliée au désir, est circonstancielle ; la pulsion, elle, est continue. Le désir se transforme ; la pulsion est toujours la même.

Je veux comprendre : pouvez-vous nous donner un exemple.

Certes. C'est la réactivité comportementale ou d'attitude associée à l'émergence de la mémoire. Par exemple, si vous avez une mémoire associée aux chiens, pour vous ils sont mauvais et dangereux. Un chien se présente, et vous voilà courant dans la direction opposée. Vous avez eu une impulsion de vous sauver. L'impulsion est associée à la réactivité lorsqu'une mémoire émerge.

Pourriez-vous donner un exemple d'une mémoire qu'on pourrait méprendre pour une véritable pulsion ?

Certes. Imaginons une femme qui se soit donnée toute sa vie à sa famille. Elle a vraiment guidé des enfants. Elle les a accueillis, orientés. Elle a aussi materné son conjoint. Puis, la famille continue sa voie en évoluant, et le conjoint la quitte. Alors se présente dans la vie de cette femme un nouvel homme.

Il est charmant, tendre, intéressé, mais il a une blessure. Il fut trahi par sa conjointe précédente. Voilà que la femme sent un appel d'amour pour aider cet homme à se guérir. Vous saisissez ?

À materner à nouveau, vous voulez dire ?

Voilà. Là, il y a toute une confusion. Il y a une impulsion associée au maternage, et peut-être même à un rôle de sauveur.

C'est fréquent, en plus !

C'est pourquoi nous avons utilisé cet exemple ! Et combien de temps, combien d'années faudra-t-il à cette femme pour se rendre compte qu'elle a materné un homme et qu'elle n'a pas existé encore pour elle-même ? Pourquoi cela s'est-il passé ? Parce que pendant, disons 20 ans, elle a existé en fonction de ce qu'elle donnait aux autres. Une partie de cela est tout à fait juste, notamment lorsqu'elle a guidé ses enfants. Elle les a accueillis, elle a stimulé en eux leurs talents, et c'était son rôle. Mais lorsqu'ils ont grandi et qu'elle a continué à materner leur père, comme elle l'avait fait depuis le début, elle a tenté de donner un sens à sa vie en répondant aux besoins de l'autre. Bien sûr, elle s'est oubliée. Lorsque le mari quitte, elle ne sait plus ce qu'elle aime, ce qui la fait vibrer.

Quand un autre Être se présente, qu'il est attentif, délicat, tendre, elle recommence à vibrer. Il a besoin d'elle, et elle a toujours vécu en fonction des Êtres qui avaient besoin d'elle. Donc, elle croit vraiment qu'elle est sur la bonne route.

Vous nous suivez ?

Oui, mais je voudrais faire le lien. À partir du moment où elle s'offre un moment d'intimité, quel élément peut émerger qui pourrait faire en sorte qu'elle se méprenne sur sa véritable pulsion ?

Lorsqu'elle se sentira, qu'elle sera dans la sensation, elle peut sentir une envie d'être accompagnée, une envie d'accompagner un Être. Elle a été accompagnante pendant des années et des années. Mais lorsqu'elle commence à sentir, elle va confondre avec une envie qui est en soi limitée à une pulsion réelle de vie qui serait d'être accompagnante, disons auprès de gens malades. En se méprenant, elle aura envie d'un partenaire. Elle dira : « Voilà, j'ai envie d'un partenaire. Voilà ma pulsion. Ma pulsion est de créer un duo. »

Est-ce qu'on se suit bien ?

Est-ce relié à une mémoire ?

Dans ce cas, ce peut être relié à une mémoire d'une vie passée ou à son expérience de vie actuelle. Nous pourrions aller rechercher des mémoires de vies antérieures où elle a totalement donné sa vie au service de ceci, au service de cela, voire même une vie où elle a été esclave. Combien de femmes, après avoir pourtant vraiment aimé leur famille et leurs enfants, se rendent compte qu'elles furent des esclaves dans cette vie-ci ?

Nous allons vous donner un autre exemple. Imaginons un Être qui porte en lui le sens du devoir et de la responsabilité. Selon ses mémoires, selon ses expériences d'enfance, il doit être responsable, il doit prendre en charge. Puis, il fut guidé à aller vers un rôle de gestionnaire. Alors, cet Être va vers un rôle de gestionnaire. Bien sûr, il est très responsable pour les différents dossiers, pour ses employés et tout cela.

En s'accordant un moment d'intimité, il va vers la sensation profonde de lui-même. Puis, il a la pulsion qu'il veut être vraiment plus créateur. Alors, il va ressentir tout à coup qu'il doit aller vers du nouveau et il va définir cette sensation comme un projet qu'il va organiser, coordonner, diriger avec toute sa force. Mais au départ, il s'agissait d'une pulsion de créateur. Puis, c'est devenu un projet. Un projet qu'il organise, qu'il prend en charge, qu'il va démarrer dans son orientation de gestionnaire. Mais puisqu'il s'agit d'un nouveau projet un peu différent des autres, il aura l'impression que : « Tiens, là, il s'agit d'une pulsion. »

Est-ce que vous nous suivez ?

Je crois.

Mais au plus profond de lui, c'était une création qu'il voulait, non pas un nouveau défi dans son travail.

Certains Êtres vont confondre la pulsion avec une envie de compensation. Un autre Être peut, en allant ainsi au plus profond de lui chercher sa pulsion, émettre qu'il a la sensation de devoir voyager. Est-ce vraiment une pulsion ? Entendons par là, est-ce que le voyage va vraiment lui permettre de s'exprimer profondément, ou s'il est simplement fatigué, alourdi, et qu'il veut s'offrir un long congé ? Il n'y a pas de tort à voyager pour un long congé. Il ne faille simplement pas croire que c'est une pulsion.

Vous savez, certains Êtres diront : « Ma pulsion de vie est de vivre en duo amoureux. » Nous disons : Non, ce n'est pas votre pulsion de vie, c'est votre besoin. Votre pulsion de vie est de vous exprimer d'une façon ou d'une autre, et pour ce faire, vous apprécieriez être dans un mouvement d'un duo.

Est-ce qu'on se suit ?

Très bien.

C'est une nuance majeure. Pourquoi ? Parce que maintes personnes ont comme but de créer un duo amoureux.

En pensant que ça va leur apporter le bonheur.

Est-ce possible qu'elles veulent utiliser le duo comme moyen de vivre l'union à soi, aux autres et de libérer leur expression ?

J'imagine que oui, c'est le cas pour plusieurs aussi.

Alors, s'il en est ainsi, cela les guidera éventuellement vers l'unification céleste, cosmique, universelle ! Sauf qu'évidemment, ce n'est pas toujours le cas...

Exercices pour créer sa vie

Imaginez d'abord, pour un instant, que les limites actuelles de votre situation de vie n'existent pas. Vous n'avez pas de limites matérielles, aucune limite monétaire. Nous ne parlons point, vous savez, de science-fiction. Nous parlons de limites.

Vous êtes complètement autonome financièrement. Vous n'avez pas de contraintes matérielles. Vous n'avez pas de contraintes affectives, vous vivez une belle histoire d'amour. Vous n'avez pas de responsabilités avec vos enfants, ils sont maintenant autonomes. Vous n'avez pas de limites de santé. Vous êtes totalement libre.

Première étape

L'exercice consiste à vraiment entrer dans la sensation de cette liberté totale, celle de pouvoir faire tout ce qui vous plaît. Puis, autorisez-vous à ressentir, de l'intérieur, ce que vous pourriez être et faire. Spontanément, que feriez-vous demain ? Non, non, pas un voyage ! Nous savons. Nous ne vous parlons point, ici, d'avoir gagné votre liberté après de longs labeurs et qu'enfin, vous puissiez voyager. Non, après le voyage, que feriez-vous ? À quoi destineriez-vous votre vie ? Qu'est-ce qui pourrait se déployer pour vous faire vibrer ? Quel aspect de votre Être pourrait prendre place pour vous faire vibrer ?

Que voulez-vous exactement, qu'on y réfléchisse ?

Nous voulons que vous réfléchissiez au jeu, mais nous ne voulons pas que vous réfléchissiez dans le jeu ! Ce n'est pas un jeu de réflexion. C'est un jeu de sensations. Et vous connaissez le drame des Êtres ? C'est qu'ils ne savent pas. Ils ne savent pas parce qu'ils se sont éloignés d'eux-mêmes depuis tant d'années.

Que feriez-vous demain, si tout était possible ? Quelle qualité, quel don, quel aspect de vous et quel choix de déploiement de cela pourrait vous faire vibrer ?

Vous comprenez la question ?

Très bien. Et quand on la pose, on obtient souvent aussi un « Je ne sais pas ».

Voilà, vous avez saisi, et c'est pourquoi l'Être doit continuer à aller dans la sensation de lui-même pour se retrouver. Il doit continuer à jouer ce jeu. Un jour, un élément très fort se présentera. Par exemple l'Être dira : « J'ai vraiment une envie d'être dans la musique, de créer de la musique, de jouer de la musique, d'initier des Êtres à la musique. Ma vie serait la musique. » Nous vous dirons : D'accord, c'est vraiment une pulsion ressentie.

Maintenant, nous ne voulons pas vous offrir une douche froide, mais avec la situation actuelle de votre vie, peut-être que vous n'avez pas encore l'autonomie matérielle, monétaire, affective, ou même un niveau de santé pour vous l'offrir à temps plein. Dans ce contexte, par contre, quelle portion de cette pulsion pourriez-vous inscrire dans votre vie ? Quelle portion, aussi infime soit-elle, de la musique pourrait s'ajouter à votre vie ?

Deuxième étape

Définissez en fonction de votre vie actuelle ce que vous pourriez bouger, simplement, pour ajouter à votre vie un aspect de la musique qui vous apporte une réjouissance, une véritable satisfaction ? Et pourquoi ne pas bouger un élément compensatoire pour le remplacer par un espace musical ?

Troisième étape

Engagez-vous avec vous-même à le faire.

Quatrième étape

Faites-le !

C'est simple !

Certes, sauf que plusieurs pièges se présenteront. Lorsque l'Être sait ce qui le fait vibrer, souvent, il veut que, dès demain, toutes les conditions soient réunies pour qu'il soit totalement dans cette expression. Or, sans qu'il y ait de véritable bris, cela ne se présente pas. Et souvent, lorsqu'il y a des bris, ils sont si créateurs de turbulences que l'Être n'arrive pas à plonger directement dans ce qu'il avait choisi. Ainsi, souvent, cela ne bouge pas tant et aussi longtemps que l'Être ne s'est pas autorisé à y entrer progressivement. Voilà un moyen de contacter sa pulsion.

Lorsque nous faisons cette guidance ou que le « Messager-Enseigneur » [terme que le Maître Saint-Germain utilise pour désigner Pierre] fait cette guidance, nous guidons l'Être à plonger profondément dans la sensation de lui-même. Nous l'amenons un moment dans un lieu de bien-être avec lui-même, dans un espace sans tension, sans obligation, sans contrainte, comme s'il voguait sur un nuage. Dans cet état, nous l'amenons tout doucement à imaginer qu'il est véritablement libre et que tout est possible. Puis nous disons : « Sans réfléchir, qu'est-ce qui pourrait vous faire vibrer dans votre vie maintenant, si tout était possible ? Que feriez-vous, si tout était possible ? »

Jouez ce jeu souvent. Il y aura bien sûr des transformations parce que vous irez vers des caprices, des complaisances, des compensations, et ensuite, vous irez vraiment vers votre pulsion.

C'est une forme.

Et il y en a plusieurs autres ?

Certes.

Que nous allons élaborer ?

Si vous voulez. Vous comprenez celle-là ?

Oui, très bien.

Vous voulez aller vers un autre exercice ?

Pourquoi pas ?

Soyez simplement dans la conscience que tout ne se fait pas simultanément. Vous savez, ce n'est pas comme si, un matin, un Être choisit d'aller vers l'espace d'intimité et de faire tous ses exercices, puis il se dit : « Mais finalement, je ne sens rien. Rien ne fonctionne. » Ce n'est pas la façon. Vous saisissez ?

Oui.

Deuxième exercice

Vous êtes encore une fois dans un espace de détente et d'intimité avec vous-même. Projetez votre regard au moment de votre adolescence. Vous avez 14, 15 ou 16 ans. Qu'est-ce qui vous animait profondément ?

Allez au-delà des petits désirs, vous savez ? Vous voulez être avec vos copains, certes. Mais qu'est-ce qui était associé vraiment avec une inspiration, un élan, une volonté, un idéal, une envie réelle profonde ? Profonde. Non pas une envie circonstancielle, mais profonde. Qu'est-ce qui vous appelait, lorsque vous étiez adolescente, même si cela n'était pas possible pour vous à cette époque ?

Vous y êtes ?

J'y suis.

Maintenant, vous avez 20 ans, 21 ans. Vous êtes une jeune femme. Qu'est-ce qui vous appelait de l'intérieur ? Qu'est-ce qui vous faisait vibrer ? De quoi aviez-vous envie profondément ? Vous comprenez le sens de « profondément » ? Non pas, vous savez, les soirées avec les amis et avec la danse. Au-delà de tout cela, qu'est-ce qui vous appelait ? Vous y êtes ?

Oui.

Vous avez maintenant 28 ans. Vous avez amorcé votre vie de femme à travers des relations plus concrètes, plus élaborées, vers un travail et des implications beaucoup plus grandes. Qu'est-ce qui vous appelle au plus profond de vous maintenant ?

Vous y êtes ?

J'y suis.

Maintenant, aujourd'hui, il se peut que l'Être soit coupé de son appel ou qu'il ne le soit pas. Mais nous faisons souvent cet exercice de retour en arrière pour l'Être qui ne se sent pas vibrer dans son essence aujourd'hui. Qu'est-ce qui relie ces trois périodes ? Quel est le point commun de cet élan de l'adolescente, de la jeune femme et de la femme qui est entrée avec plus d'intensité dans sa vie ? Qu'est-ce qui est le point commun ?

J'ai trouvé.

Ce point commun est associé à votre pulsion de vie.

Oui, c'est vrai.

À 15 ans, par exemple, un jeune rêvait d'être médecin. À 21 ans, il rêvait de guérir les Êtres dans des missions. À 24 ans, il se voyait ambulancier. À 30 ans, il se voit créer des huiles essentielles pour guérir de façon naturelle. Voilà donc des orientations différentes, tout de même. Un point commun : une envie profonde de favoriser l'équilibre et la santé chez les Êtres.

Mais entre ambulancier, médecin et accompagnant avec les huiles essentielles, il semble qu'il n'y ait pas de lien autre que la santé. La pulsion, ce n'est pas un travail défini selon une structure, vous savez. C'est intemporel. **La pulsion est intemporelle.** C'est une envie profonde qui est associée à votre famille d'Âmes, qui est associée à tout le sens de votre vie.

Qui, pour cette personne, serait de soigner ?

Certes. Prenons un autre exemple. À 15 ans, vous rêvez d'enseigner le tennis dans votre vie. À 21 ans, vous voilà aux études et vous vous voyez en professeur de mathématiques. À 30 ans, vous voilà maintenant dans la vente, mais ce que vous aimeriez vraiment, c'est l'entraînement des nouveaux représentants commerciaux. Quel est le point commun ?

L'enseignement.

Il y a une pulsion pour transmettre ce que vous touchez, ce que vous apprenez. Avec les Êtres qui ont de la difficulté à se sentir maintenant, nous tentons de les guider à toucher cela. Bien sûr, ce n'est pas toujours aussi simple, parce que, souvent, les Êtres ne se sentent pas. Déjà, à 15 ans, ils sont coupés d'eux-mêmes à cause de vies qui sont très, très, très oppressantes.

Voilà donc une autre forme que l'Être peut utiliser. Là, il peut réfléchir, mais sa réflexion doit l'amener dans la sensation de lui. Réfléchir à ses 15 ans et entrer dans la sensation de ses 15 ans. Ces exercices servent à retrouver son essence, à définir son mandat d'incarnation afin que l'Être crée sa vie en conséquence.

Chapitre 11

LES RÊVES ÉVEILLÉS

Ainsi, chère Âme, retrouvez la conscience de ce qu'est la vie et sachez l'exprimer en un énoncé tout simple. Un Être humain de nature universelle est mû par une pulsion existentielle et essentielle. Inspiré par la Connaissance subtile, il se déploie, et ce déploiement l'entraîne dans le bonheur et la joie. Tout simplement, même si chacun de ces mots peut faire l'objet d'un long propos.

Maintenant, pour retrouver son essence, nous avons dit que l'Être peut être là, présent dans un moment d'intimité avec lui-même, afin de se sentir. Il peut ainsi se laisser inspirer, guidé par sa propre énergie. Il peut aussi imaginer ce que son Être le guiderait à déployer comme dons et talents, si tout était possible, s'il était complètement libre. Il peut aussi observer, depuis son enfance, son adolescence, quels sont les éléments d'un continuum qui semblent caractériser une pulsion de vie, une envie de vivre.

Voilà ce que nous avons observé jusqu'à maintenant. Nous avons aussi transmis que **L'Être est une forme d'aimant et ce qu'il porte va créer sa vie. C'est fondamental.** Nous insistons sur ce point parce qu'une grande majorité d'Êtres humains cherchent à changer quelque chose, sans accepter de se changer.

Nous vous donnons un exemple. Un Être, intérieurement, sent l'importance d'être dans la paix, avec lui-même et avec les autres. Or, après s'être intériorisé, après avoir senti cela, il s'en va dans sa vie quotidienne et maintes situations font en sorte qu'il est dans la critique, les jurons, les impatiences, les intolérances. Il semble que les Êtres ne font pas la corrélation entre l'envie d'être dans la paix et la manifestation concrète, tout comme s'il s'agissait d'un repas. Vous avez envie d'un repas épicé même si votre estomac porte des ulcères ? Ce que vous avez choisi vous sera apporté et vous en subirez les conséquences.

Alors, imaginons maintenant que l'Être ait commencé à mieux définir ses sensations. D'entrée de jeu, nous vous dirons : Ne soyez pas dans la contraction, ce qui veut dire ne vous mettez pas la pression de devoir porter la certitude que vos sensations représentent exactement votre pulsion, car vous n'allez point bouger. C'est l'expérience qui vous entraînera à saisir les nuances.

Vous pouvez avoir une sensation profonde, par exemple, que vous êtes animée par l'envie du mouvement. Mais pourquoi faudrait-il que vous ayez une certitude quant à sa forme ? Le mouvement doit-il être de la danse ? Doit-il être du sport ? Doit-il être... ? Vous saisissez ? Vous irez simplement vers les différents mouvements et vous réjouirez ainsi de nuancer votre sensation avec l'expérience.

Quand l'Être commence à mieux comprendre ses sensations et à retrouver son essence, c'est là que débute toute la voie du rêve éveillé. À partir de ses sensations, il va dans l'espace d'intimité afin de choisir aussi d'imaginer, de créer intérieurement sa réalité. Ce n'est pas une méditation ni une intériorisation pour se ressentir, c'est plutôt un espace d'intériorité pour créer, imaginer, visualiser. Il va donc créer un scénario dans lequel il est le principal acteur. Il faudra comprendre aussi qu'il est à la fois l'auteur, le metteur en scène et l'éclairagiste !

Pour son plaisir, non pas comme une tâche, il va s'imaginer lui-même dans une forme associée à ses sensations. Imaginons que la sensation qu'ait saisi l'Être soit celle d'accompagner les autres dans la retrouvaille de leur santé. C'est un Être qui est mû par un goût de guérison, d'accompagnement à la santé. Vous conviendrez que de multiples formes sont possibles pour répondre à cette envie, à cette sensation ?

Ainsi, nous commençons le rêve éveillé là, alors que l'Être a ne serait-ce qu'une impression de la sensation qui se définit.

Vous y êtes ?

J'y suis.

Étape 1 : Créer un scénario

Dans cet espace de disponibilité, il va créer un premier scénario. Il va s'imaginer médecin, par exemple. Alors, déjà là, il peut s'imaginer dans une multitude de circonstances. Qu'il en choisisse une. Supposons qu'il est médecin dans une forme clinique et qu'il reçoit des patients dans son bureau. Il peut créer différents niveaux de détails et, en les imaginant, il est aussi disponible à ressentir son état. Il joue à créer une scène qui pourrait être sa vie.

Évidemment, et contrairement au jeu de l'imaginaire que nous avons décrit dans le dernier chapitre, il va créer une scène qui est relativement possible. Qu'entendons-nous ? Imaginons que l'Être soit déjà dans un vieillissement corporel. Bien que tout soit possible, il serait inutile, à cette étape, de s'imaginer un jeune Être qui commence l'apprentissage de la médecine ou du ballet classique ! En même temps, il ne faille pas qu'il y ait trop de limites non plus, mais que la scène se situe dans le potentiel de l'Être à son niveau d'évolution. Donc, il va créer une scène, un scénario, et il va s'y projeter par le ressenti. Il va simplement s'amuser à vivre cette scène pendant un certain temps. Que ce soit une minute ou 10 minutes, cela n'a pas d'importance, mais il se sent.

On se suit bien ?

Ça va, oui.

C'est aussi simple que cela.

Étape 2 : Créer plusieurs scénarios différents pour une même pulsion

Le lendemain, l'Être s'offre à nouveau un moment. Ce doit être un moment de joie où il va créer un autre scénario. Un autre scénario où, là, il se voit infirmier, mais dans un environnement différent. Et il va seulement se sentir. Et le lendemain encore, il va se faire un autre scénario. L'Être va créer comme cela à chaque jour, ou très souvent, différents scénarios. Il va rêver de lui tout en étant éveillé. Bien sûr, il ne va pas créer des scénarios qui n'ont aucun intérêt pour lui. Il va créer des scénarios dont il a envie et qui le font vibrer.

Cela vous paraît simple, n'est-il point ? Toutefois, il y a là vraiment une invitation à ce que l'Être dépasse beaucoup de limites et ouvre son imagination. Pourquoi ? Parce que la très grande majorité des Êtres feront un type de rêves bien précis. Ils vont imaginer une demeure, la maison de leurs rêves, par exemple. Jour après jour, ils vont rêver à la même maison en changeant de couleurs ou en changeant quelques fleurs.

Est-ce qu'une maison peut être un rêve éveillé ? Non point. Il s'agit plutôt de la visualisation associée à un désir. Cela n'accompagne pas l'Être dans une évolution réelle. Nous dirons à l'Être : Pourquoi une demeure ? Pourquoi voulez-vous rêver de cette demeure ? Dans cette perspective, rêvez de vous dans la demeure. Dans quel état êtes-vous quand vous vous voyez dans la maison ? Dans quelle action êtes-vous ? Voilà ce qui est beaucoup plus intéressant.

Plutôt que de rêver à une demeure à la campagne, nous vous disons : Rêvez de vous dans une demeure à la campagne. Ce n'est pas qu'un jeu de mots ! Cela signifie que vous allez dans la sensation. Certes, vous vous voyez calme, mais vous ne serez pas là à dormir dans votre demeure tout le jour, n'est-il point ? Qu'est-ce que cette demeure vous permet ? Une relation avec la nature, une santé plus naturelle ? Et puis, quelles sont vos activités ? Voyez-vous, la demeure est un bien, c'est de la matière. Posséder une demeure ne sert pas l'Être. Ce qui sert, c'est d'utiliser une demeure pour être projeté avec plus d'intensité dans son essence. C'est cela qui est intéressant.

Nous dirons aux Êtres de créer des rêves éveillés d'eux-mêmes dans des états, des attitudes et des actions qui les font vibrer. C'est le premier niveau. C'est la même chose pour le duo amoureux : des Êtres rêveront de l'Âme sœur. Nous le savons, chère Âme.

Vous croyez ? [rires]

Ils rêveront de l'Âme sœur. C'est charmant, l'Âme sœur, n'est-il point ?

Assez charmant !

Ils rêveront de la compagne ou du compagnon amoureux idéal. Bien sûr, et nous n'allons point le comparer à une demeure, pour ne pas vous offusquer ! Nous dirons plutôt : **Rêvez de vous dans votre état, vos attitudes, vos comportements avec une Âme sœur, avec un amoureux.** Comment est votre vie ? Qu'est-ce que cela stimule ?

Pourquoi ? Bien entendu parce que la joie pure, le bonheur, nous l'avons dit, viendra de votre mouvement créateur. Il est inutile de vous voir dans un lieu ou dans une possession. Ce qui est utile est de voir comment ce qui vous appelle de façon tout à fait légitime — quelquefois de façon tout à fait naturelle pour votre voie et, d'autres fois, de façon tout à fait contractée — peut faire du sens.

Donc, rêvez de vous. Nous vous avons du coup exprimé le premier piège.

Le premier piège est de faire le rêve d'un objet ou d'une relation, plutôt que de rêver de soi avec cet objet ou dans cette relation.

Le deuxième piège est de faire toujours le même rêve, donc qu'il y ait une fixation.

Nous sommes conscients que ceci va à l'encontre de plusieurs des approches psychologiques de visualisation. Par exemple, vous voulez ceci ou cela, et l'approche traditionnelle vous conseille de rêver avec concentration sur ceci ou cela. Nous vous dirons : « Non, pas à cette étape. » Et vous verrez la nuance.

Imaginons que vous rêvez de vous en animateur outre-frontières, en Orient lointain, inculquant ou transmettant aux gens la culture occidentale dans un but de créer des ponts. Imaginons que vous rêvez de vous toujours dans cette forme. Vous êtes à projeter autour de vous qu'il n'y a qu'une forme qui puisse intéresser votre Être. C'est tout comme si vous donniez un ultimatum à la vie : « C'est cela, et rien d'autre. »

Il faille qu'il y ait différents rêves et, en rêvant, vous vous rendrez compte qu'il y a des formes qui vous stimulent plus que d'autres, même si vous n'en créez que des stimulantes. C'est la première étape du rêve éveillé.

Évitez d'être compulsif quant à un rêve. Osez être dans la souplesse. La compulsion vous entraînera dans une rigidité par rapport à la vie. Voilà, vous êtes dans la souplesse ?

J'essaie !

Maintenant, parmi ces rêves, vous vous rendrez compte qu'il y en a un, par moments, qui vous fait particulièrement vibrer, qui vous réjouit plus que les autres. Vous l'aurez ressenti. Vous direz : « Oui, cela, je le porte vraiment. »

Étape 3 : Communiquer un rêve à un ami intime

L'étape suivante sera de communiquer à un ou à quelques Êtres qui vous sont chers, de vrais amis, ce que vous avez créé. Comment vous vous sentiez, ce qui vous faisait vibrer. Pourquoi ? Parce que là, de l'imaginaire, vous amenez votre rêve dans une réalité. Vous l'amenez dans la vie, vous le partagez avec des amis.

Il faille choisir vos amis. Non pas des amis qui vont s'empresser de vous rappeler vos limites ou de vous énoncer des limites extérieures, des impossibilités ou des difficultés.

Non. Des amis qui saisissent ce que signifie un rêve créateur. Des amis qui pourront, plutôt que de vous refouler, être même stimulés et vous questionner pour vous amener à préciser et à orienter encore mieux votre rêve. Par leurs questions, ils peuvent même vous entraîner à une transformation importante de ce rêve. Donc, ils entrent dans votre univers intérieur pour vous y accompagner. Pour vous, cela est une étape importante, puisqu'il s'agit d'amener ce rêve à un niveau de réalité.

Il peut y avoir un seul rêve, et il peut y en avoir plusieurs qui vous fassent vibrer.

Étape 4 : Communiquer un rêve plus librement autour de vous

Lorsque vous vous sentirez bien vibrante, non pas attachée à ce rêve ou focalisée uniquement sur celui-là, mais vibrant à ce rêve, l'étape suivante sera de le communiquer à des Êtres qui ne sont pas vos amis proches. Ils peuvent être des camarades, des copains, des collaborateurs de travail, le boulanger, qu'importe. Vous pourrez en communiquer des parcelles, ou le rêve tout entier. Le but est de dégager encore davantage ce que vous portez en ajoutant le regard, la parole à la pensée.

Étape 5 : Être à l'affût des opportunités et être cohérent en paroles, en gestes et en pensées

Parallèlement, vous serez aussi disponible aux différentes opportunités qui peuvent se présenter en relation avec un changement dans votre vie. Il y a une disponibilité en parallèle. Il y a des pensées, des paroles, des gestes, des actions qui sont cohérents avec ce que vous voulez créer comme vie.

Imaginons que vous ayez fait un rêve où vous êtes un animateur devant de très larges audiences. Cela vous fait vibrer parce qu'avec de très larges audiences, vous déployez toutes les nuances de votre talent. Vous l'avez communiqué à des amis, puis, par moments, à des camarades, à un collaborateur de travail et à un membre de votre famille.

Le troisième piège est la dilution, l'affaiblissement de votre projection.

Si, lorsque vous observez un autre animateur devant une très large audience à la télévision, vous vous dites : « Je n'aurais pas l'énergie pour faire cela », ce n'est pas cohérent avec votre intention. Vous venez inconsciemment de dissoudre une partie de l'intensité de votre rêve. Vous venez de le confronter en vous y opposant. Vous venez de laisser émerger de vous une croyance, une mémoire qui vient réduire son intensité. Ce qui est important dans le rêve et pourquoi il y en a plusieurs, c'est que cette approche du rêve éveillé est une approche qui est inspirée par les sensations de vous. Plus vous vous abandonnez dans l'espace d'intimité à cette complicité avec votre Être, plus vous êtes en relation avec vos vibrations, votre Esprit, votre Âme et votre intelligence cellulaire.

Vos expériences passées vous amènent aussi à concevoir une vision de vous. Dans l'imaginaire, très peu d'Êtres s'abandonnent véritablement à l'inspiration de l'Esprit. La majorité des Êtres vont utiliser le mental, et le mental travaille avec le passé. Donc, les images que vous créez le sont à partir d'éléments connus. Toutefois, si vous êtes totalement disponible et non attachée à votre rêve, alors ce qui se présentera sera encore mieux associé à ce qui est juste pour votre Être.

Imaginons maintenant que vous ayez deux ou trois rêves pour votre animation. Deux ou trois rêves différents, mais dont vous parlez et qui vous animent. Nous ne parlons pas de projets de vie, là. Attention, ne confondez pas. Nous parlons de rêves éveillés. Ce qui se présentera comme opportunités et qui se manifestera comme un projet associé à une faisabilité à court terme sera fort probablement, non pas exactement ce dont vous aviez rêvé, mais une adaptation de cela. Une adaptation qui est, elle, le fruit de ce rêve, mais aussi de l'impact des croyances et des peurs qui restent toujours présentes, un peu en sourdine. Ce qui se réalisera sera aussi le résultat de votre intelligence cellulaire, d'une partie de vous qui peut voir encore plus grand que ce que vous osez voir dans les rêves.

En d'autres termes, ce qui est intéressant dans le rêve éveillé, c'est que vous ouvrez les portes dans une direction qui vous fait vibrer. Et vous voilà tout à fait disponible à créer votre vie.

Le quatrième piège est la pensée magique.

Bien sûr, il ne faille pas être dans la pensée magique. C'est aussi un piège, c'est-à-dire que l'Être, à partir de ce moment, entre dans une croyance que cela va se réaliser. Nous vous dirons tout de suite que cela ne se réalisera pas. Ce sera plus simple ainsi. **Il ne faille donc point être dans la pensée magique que le rêve va se révéler ainsi que vous l'avez créé.** Le rêve éveillé sert plutôt à faire germer et évoluer des opportunités. Le rêve, c'est comme si vous mettiez en terre les graines de plusieurs fleurs. Certaines vont germer, et souvent, ce ne seront pas celles que vous attendiez qui émergent. Mais vous direz, si vous avez été cohérente avec vous-même, « C'est magnifique ».

Est-ce qu'on se suit bien, chère Âme ?

Oui. J'aimerais comprendre toutefois si on peut faire fausse route en imaginant quelque chose de moins grand, par exemple, parce qu'on est limité par nos peurs et nos mémoires.

Non point. Vous ne faites pas fausse route, vous avez ouvert la route. Il est vrai que les peurs et les mémoires peuvent limiter l'Être dans l'expression de ses idéaux et la création de ses objectifs, et ainsi contribuer à réduire ses rêves. Toutefois, c'est un début de création, quoique plus modeste.

Donc, vous êtes à rêver que les voies s'ouvrent pour manifester votre essence.

Pour ouvrir ces voies pour votre essence, il faille de l'amplitude. Or, comment donner de l'amplitude sans qu'il y ait simplement une envie générale ? « J'ai envie de communiquer », dites-vous. C'est un peu général, n'est-il point ? Il faille que vous précisiez votre envie de communiquer dans maints scénarios. Non pas un seul, pour ne pas restreindre l'espace. Plusieurs, pour manifester l'ampleur de votre énergie, de votre pulsion, et aussi ouvrir les portes.

Alors, ce qui est important, ce n'est pas la forme exacte, c'est le déploiement de l'essence. Parce que la forme exacte, à un certain niveau, est déjà limitée par votre connu. Ainsi donc, en créant différentes formes, vous ouvrez ces limites. Mais vous ne faites pas fausse route en imaginant différents scénarios parce que vous n'allez pas rêver à des éléments qui sont complètement à l'opposé l'un de l'autre. Vous ne rêvez pas, par exemple, à la fois d'être un enseignant devant des larges audiences et un moine retraité dans le silence.

Vous saisissez ?

Ça va.

Vous faites des rêves qui répondent à la sensation de l'essence. Quand on travaille au niveau du rêve éveillé, on est au niveau de la manifestation. On est dans le « comment » peuvent se manifester les choses. L'Être a déjà été dans la retrouvaille de son essence. Or, s'il n'a pas vraiment bien évalué son essence, s'il s'est trompé parce qu'il ne se connaît pas, que se passera-t-il ? Il va attirer des situations, des opportunités qui vont lui refléter qu'il n'est pas confortable dans cela.

Vous l'aurez vu souvent. Par exemple, un Être qui rêve et qui rêve et qui rêve de différentes façons de chanter. Il rêve de cela sous maints angles, et un jour se présente une opportunité où il peut chanter. Mais il se rend compte qu'il n'aime pas cela. Par cette expérience, il constate que son rêve correspondait à un désir, mais non pas à un élan véritable. C'est magnifique, parce qu'il peut continuer sa route en tentant de découvrir les sensations véritables de son essence.

Ce que l'on vous transmet ainsi, c'est que des Êtres qui ont tenté de répondre à l'extérieur, qui se sont éloignés d'eux-mêmes et qui ont créé un écart avec leur essence pendant plusieurs décennies peuvent bien sûr avoir à utiliser une certaine période de temps pour retrouver ce qui les fait vibrer réellement. Toutes leurs sensations et leurs vibrations connues sont associées à des éléments extérieurs. Au départ, ils croiront qu'ils sont dans la voie véritable d'eux-mêmes et puis, dans l'expérience, ils s'apercevront qu'ils s'étaient encore leurrés. Ils vont ainsi réduire l'écart jusqu'à vraiment toucher leurs sensations.

Or, le rêve éveillé permet aux Êtres qui ont vraiment identifié leur essence, leur pulsion, d'aller vers la manifestation. Et il permet aux Êtres qui ne sont pas certains de l'avoir bien ressentie d'expérimenter.

En somme, l'approche du rêve éveillé est très simple, mais elle a ses lois et ses étapes. Il ne faille pas la confondre avec la pensée magique ou avec une simple visualisation pour satisfaire un désir. Il faille aussi comprendre que les opportunités qui vont émerger ne seront pas nécessairement en corrélation directe avec vos rêves. Imaginons à nouveau que vous avez, vous, rêvé d'animer en Orient, et là se présente une opportunité où vous pouvez utiliser votre voix pour décrire une scène dans votre cité en Occident. Cela semble être très loin de l'animation en Orient. Vous êtes seule et vous décrivez une scène, ici. Toutefois, dans un contexte qui est en relation avec toutes les formes d'animation, ce que nous voulons vous présenter, c'est que la voie vers votre expression vous offre quelquefois différents types de paliers, différents types d'expériences, pour que vous puissiez vraiment aller vers un déploiement.

Alors, il se peut que vous ayez des opportunités dont vous ne voyez pas vraiment toute la corrélation. Par exemple, vous ressentez un élan intérieur pour gérer des projets humanitaires dans des pays plus démunis. Vous faites plusieurs rêves éveillés. Dans certains rêves, vous vous imaginez coordonner les efforts de villageois. Dans d'autres vous guidez des coopérants ou vous distribuez équitablement les ressources entre différents projets d'une région démunie. Dans d'autres encore, vous coordonnez l'aide après un séisme à partir de votre pays ou sur les lieux du désastre, etc. Et pour chacun de ces rêves, votre intention est claire et vous en ressentez la joie.

Puis se présente l'opportunité d'un travail de création d'un fascicule publicitaire pour une agence de voyages. Cela ne semble pas en corrélation avec vos rêves. Toutefois, imaginons que cette expérience dans cette agence vous permette de vous faire connaître et de faire valoir vos intentions. En continuant à faire vos rêves éveillés, cette agence pourrait tout à coup vous offrir de mettre sur pied un secteur pour les voyages humanitaires. Éventuellement, l'expérience de ces voyages pourrait vous permettre des relations et des opportunités d'œuvrer au cœur de projets humanitaires, selon vos élans.

Ce qui est important, c'est d'être toujours dans la sensation. Si vous ressentez profondément cette opportunité qui se révèle à vous, alors permettez-vous l'expérience, parce qu'elle peut être une étape vers les éléments de votre vie que vous voulez créer.

Soyez vigilants quant à nos paroles. On ne vous dit pas qu'il faille dévier du rêve et faire n'importe quoi. Faisons une métaphore. Imaginons que vous aimez les roses et que vous décidiez de planter des graines de roses. Vous avez à choisir. Vous choisissez des blanches, des rouges, des jaunes, et vous plantez ces graines. Puis se présente tout à coup un œillet rose. Donc, une graine s'était entremêlée. Et vous vous rendez compte que vous aimez aussi cet œillet. Vous aimez toujours les roses, mais cet œillet apporte une autre touche de tendresse pour vous. Parce que vous aimez l'oeillet, vous commencez à planter des œillets. Vous plantez des œillets roses et, un jour, une rose rose pousse, et vous réalisez que vous aimez les roses roses. Au départ, vous aviez choisi les jaunes, les rouges, les blanches. Mais là, vous êtes ravie à chaque étape.

C'est très différent du compromis qui fait en sorte que vous avez une frustration et que vous n'y répondez pas.

Vous nous suivez bien ?

Oui. Et pour être encore plus précis, j'aimerais que vous me donniez un exemple où quelqu'un pourrait facilement errer en utilisant la pensée magique et se méprendre.

Le chemin juste est un chemin qui est ressenti profondément dans les entrailles, et non pas, ici, un rêve qui correspond à des désirs ou à des besoins de surface. Un Être peut rêver d'obtenir une grande somme d'argent, d'obtenir des gains, vous dites de *loterie*, n'est-il point ?

Gagner à la loterie, oui.

Vous pouvez bien y rêver si vous voulez, mais cela ne vous sert point dans une évolution spirituelle. Ce qui est intéressant, c'est de rêver à votre création avec ce pécule. Imaginons que vous vouliez ouvrir un centre d'accueil pour les adolescents en difficulté. Cela vous appelle profondément. Vous avez un appel intérieur pour aider les Êtres humains à leur équilibre, et particulièrement les adolescents. Vous sentez que vous avez des affinités, des compréhensions. C'est tout naturel d'aider les adolescents et les jeunes gens. Vous sentez que c'est votre essence.

Comment pourriez-vous aider les adolescents ? Là, vous allez dans le senti, pas dans l'analyse, et vous sentez qu'une maison d'accueil privée pour les adolescents serait pour vous très vibrant. Cela correspondrait à votre rêve. Le piège serait, là, de ne voir que cela. Vous ne voyez que le centre d'accueil pour les adolescents. Vous y rêvez chaque jour, et cela devient une contraction. Cela devient de la pensée magique, lorsque vous avez la certitude que tout se produira tel que vous le rêvez.

Avec la pensée magique, vous ne voyez plus les opportunités qui se créent en parallèle. Par exemple, des gens ressentant votre appel pour les jeunes vous ont invité à ce que vous alliez à l'étranger pendant deux ou trois années pour coordonner des projets avec des adolescents. Mais vous êtes fixé sur votre centre d'accueil et vous vous dites : « Si je vais à l'étranger, je vais rater le rendez-vous avec le centre d'accueil. »

Est-ce qu'on se suit bien ?

C'est très clair.

Continuons. Dans l'approche, nous vous avons dit : Vous rêvez du centre d'accueil, mais vous pouvez aussi imaginer par exemple que vous êtes à l'étranger avec des jeunes gens ou que vous êtes dans des organisations communautaires. Vous faites plusieurs rêves, dont certains vous animent plus que d'autres.

Alors, imaginons qu'il y a le centre d'accueil qui vous anime et qu'il y a aussi un projet de fondation pour relier des jeunes en difficulté, mais relativement bien nantis, avec des jeunes qui sont en difficulté à l'étranger. Il y a deux images de vous qui s'animent. Alors, vous nourrissez les deux. Vous parlez des deux dans votre entourage.

Le cinquième piège est la fixation sur le « comment ».

Un autre piège maintenant, pour le centre d'accueil, peut être que vous n'avez pas de ressources pécuniaires. Donc, vous commencez à rêver que vous gagnez à la loterie, et là, vous fixez votre attention à chaque jour sur gagner à la loterie. Est-ce que cela signifie que vous n'avez pas d'intérêt à ce qu'il y ait des mécènes ou à ce qu'il y ait une association d'intervenants qui offrent leurs services de façon bénévole ou que la communauté offre une demeure ?

Là, vous venez encore de fixer votre attention sur gagner à la loterie. Gagner à la loterie n'est pas un rêve de déploiement, même si ça peut servir. Or, ce qui est intéressant, c'est de rêver à cette maison d'accueil sous toutes ses formes, avec toutes ses activités. Il faut y voir les adolescents en mouvement. Il faut y voir des intervenants en action. Les formes de financement se présenteront comme des opportunités.

C'est votre déploiement dont vous avez à rêver. La pensée magique, vous savez, a fait en sorte que beaucoup d'Êtres, ici, ont rêvé que le pécule se présentait et ils ont pris des engagements, mais le pécule ne s'est jamais présenté. Et là, ils vont dire que le rêve éveillé ne fonctionne pas. Attention. On vous a dit « de multiples rêves ». Mais vous avez focalisé sur une demeure et vous y avez mis toutes vos possessions dans la pensée magique qu'un pécule allait se présenter. Vous croyiez qu'il allait tomber du ciel parce que vous en avez rêvé ou parce que cela était juste ? Non point.

Nous vous disons : Les occasions favorables se présentent. Rêvez ouvertement, et sachez être disponible à capter les bonnes occasions. Peut-être que le centre d'accueil ne se présentera jamais, et s'il ne se présente jamais, c'est qu'il y aura d'autres occasions qui seront encore plus vibrantes pour vous. Alors, comment vous en rendre compte ?

D'abord, vous vous rendez compte que vous rêvez toujours à la même chose. Puis, d'autre part, si vous rêvez à d'autres éléments, voyez les possibilités qui se créent. Si les occasions associées au centre d'accueil ne se présentent jamais, c'est que tout votre Être vous attire sur une piste qui est un peu nuancée. Et si vous avez choisi l'accompagnement aux adolescents parce que vous étiez dans une image de vous de noblesse du genre « Il faille destiner sa vie aux autres », alors, c'est que vous étiez dans le sauveur, et vous vous êtes complètement fourvoyée — pardonnez cette expression !

Elle a l'avantage d'être facile à comprendre !

Vous étiez dans le sauveur. Et si vous allez tout de même dans ces voies, il y aura des occasions. Bientôt, vous vous rendrez compte que tout ne se manifeste pas si simplement. Et dans ce qui se manifeste, vous sentirez que vous n'êtes pas confortable. L'Être ne vivra pas de joie ni de bonheur. Il se dira pourtant : « Mais j'aide les Êtres. » Il est coincé dans son image de sauveur, peut-être même dans une mémoire de sauveur.

Et là, vous connaissez la suite. Il y aura des insatisfactions, il y aura des souffrances, il y aura tout un ensemble d'événements, de situations, de rencontres et de sensations qui l'entraîneront éventuellement à se rendre compte que ce n'est pas sa voie, qu'il s'est leurré... Et puis il pourra changer de voie!

Les souffrances et la douleur sont des signaux qui indiquent à l'Être qu'il erre, qu'il n'est pas dans le respect profond de lui-même.

Éléments essentiels du rêve éveillé: la cohérence et la conviction

Allons vers un autre élément. Parlons d'un projet, lorsqu'un Être est convaincu d'une cause, par exemple. Disons qu'il porte une fleur à la boutonnière indiquant qu'il est disponible à la paix dans le monde. Alors, nous dirons à cet Être: Si vous en êtes convaincu profondément, ne vivez pas un seul jour sans parler de la fleur à la boutonnière. Ne faites pas une nouvelle rencontre sans énoncer l'importance de la fleur à la boutonnière. Si ce projet est pour vous maintenant vraiment celui que vous voulez vivre, alors ne vivez pas un seul jour sans parler à un Être de ce projet. Toutefois, il est important de le faire toujours dans la vigilance à ne pas y être attaché. Attaché dans le sens que s'il ne se réalise pas, cela signifierait pour vous que vous avez raté un rendez-vous, que vous vivez un échec. Voyez toujours que c'est une expression de vous. Ce n'est pas VOUS.

Imaginons, chère Âme, qu'à 20 ans, vous rêviez d'être médecin...

C'est vrai, en plus!

... et que vous ne le serez jamais dans votre vie. Est-ce que le fait d'avoir choisi une autre direction vous condamne automatiquement à ne pas être profondément heureuse? Non point. C'était peut-être le rêve de médecin qui n'était pas tout à fait ajusté à vous. Mais est-ce que le rêve était une errance? Pas nécessairement. Lorsque vous rêviez d'être médecin, c'était pour sensibiliser les Êtres à leur propre guérison, à leur changement. Alors, c'était une forme qui vous animait. Si vous vous étiez butée à cette forme, vous seriez aujourd'hui médecin et non satisfaite.

Est-ce qu'on se suit ?

Très, très bien.

Mais il se peut qu'un Être erre et, en soi, que ce soit juste. Il erre pour mieux se redécouvrir.

Nous vous ferons une métaphore qui vous réjouira.

Imaginons que vous êtes ici et que votre intention soit de vous diriger vers l'Équateur pour y vivre une expérience forte en résonance avec votre essence.

Vous commencez votre périple en vous dirigeant « par erreur » vers le pôle Nord, car vous avez cru sentir l'appel en cette direction.

Voulez-vous convenir avec nous qu'un jour ou l'autre, en suivant la route vers le nord, vous atteindrez tout de même l'Équateur ?

Ça sera juste un petit peu plus long !

Se pourrait-il que les expériences vécues sur cette route plus longue soient nécessaires pour que vous puissiez goûter pleinement l'expérience à l'Équateur ? Dans ce cas, bien que vous n'étiez pas conscient que la direction soit opposée à votre but, l'appel que vous avez senti vers le pôle Nord était pourtant juste pour vous.

Observez, lorsque vous transmettez à votre enfant une suggestion pour lui faciliter la tâche et qu'il fait l'opposé. Vous savez qu'un jour ou l'autre, il y reviendra. Par exemple, vous voulez que votre enfant porte un chapeau à cause du froid, n'est-il point ? Mais il ne veut pas le porter. Toutefois, un jour ou l'autre, il se rendra compte que c'est plus confortable avec un chapeau. À moins qu'il ne développe des pouvoirs pour se réchauffer, mais d'une façon ou d'une autre, la chaleur est plus confortable. Alors, vous allez continuer de lui dire, et il va continuer d'enlever son chapeau lorsque vous n'êtes pas présent. Jusqu'à ce qu'il se gèle les oreilles, ou qu'il atteigne un certain âge où il aura l'impression que le chapeau est peut-être plus confortable, plus intéressant. Peu importe les raisons, il y reviendra.

C'est comme les mémoires, chère Âme. Si vous avez l'impression d'avoir été trahi et que vous accusez l'autre de vous avoir trahi, un jour ou l'autre, vous comprendrez que vous vous êtes trahi vous-même, dans cette vie ou dans une autre. Vous comprendrez que vous vous êtes trahi en propulsant vos attentes vers l'autre, plutôt que de vous unir à votre essence et simplement bénéficier de la présence de l'autre qui se réjouit de votre essence. Nous y revenons toujours.

Nous vous donnerons un autre exemple de cohérence. Imaginons que vous ayez une certaine douleur, une certaine souffrance bien localisée et que vous choisissiez vous-même d'entrer dans une voie de guérison. Supposons que vous demandiez la présence d'un autre Être pour stimuler cette autoguérison. Vous allez vers un soin, vous vous offrez des attentions de façon assez intensive et orientée. Puis, vous rencontrez sur votre route une amie qui vous demande comment vous allez.

Alors, vous lui répondez que, depuis plusieurs mois, ça va très mal, que vous souffrez énormément et que vous ne savez plus quoi faire avec cela. À moins que vous lui répondiez que, depuis quelques mois, il y a beaucoup de souffrance, mais que vous êtes dans une voie d'autoguérison.

Vous avez entendu la nuance ?

Parfaitement.

Si vous dites que vous ne voyez plus comment vous en sortir, alors que vous venez tout juste d'entreprendre une nouvelle démarche d'autoguérison, qu'est-ce que cela signifie ? Qu'est-ce que l'on entend ? Qu'est-ce que tout votre Être entend ? Il entend que vous commencez sur une voie, mais qu'en fait vous n'y croyez pas, puisque vous dites que vous ne savez plus quoi faire avec cela.

Est-ce qu'on se suit bien ?

Oui.

C'est simple. Vous avez un enfant à qui vous dites : « S'il fait froid, détends-toi. L'énergie va mieux circuler et cela va réchauffer ton corps. » Mais si, pendant que vous dites cela à votre enfant, vous êtes totalement contracté, que va-t-il faire, croyez-vous ?

Sans doute se contracter aussi.

Bien sûr ! Que vous l'observiez pour vous-même ou pour les Êtres que vous guidez, c'est pareil. Vous devez être cohérente. **Vous ne pouvez pas tenter de créer ce que vous ne portez pas, ce de quoi vous n'êtes pas convaincue. Et faites la nuance entre conviction et pensée magique. La conviction est associée à une sensation, un regard lumineux sur la capacité de créer avec justesse et souplesse. La pensée magique est la croyance que les choses se feront d'elles-mêmes.**

Si un Être veut se guérir, alors nous lui dirons : Qu'il soit convaincu ! Qu'il soit convaincu qu'il a en lui les capacités de se guérir. Cela inclut l'énergie, l'intelligence cellulaire et l'inspiration pour aller vers les remèdes justes, alors que la pensée magique, c'est de se dire : « Cela va se guérir » ou « Guérissez-moi. »

Vous voyez la nuance ?

Très bien.

La conviction... voilà un exemple que nous utilisons souvent. En voici un plus métaphorique. **Il y a des feuilles dans un jardin et il y a un Maître. Le Maître est convaincu que les feuilles peuvent disparaître du jardin. Il prend donc le balai et enlève les feuilles. Et les feuilles ont disparu !**

La pensée magique est l'Être qui est convaincu que les feuilles peuvent disparaître, il se concentre et il attend. Peut-être disparaîtront-elles, peut-être point. Mais s'il prend le balai, elles vont assurément disparaître !

Voilà, chère Âme. En résumé, pour créer sa vie, l'Être ressent d'abord à l'intérieur de lui ce qu'il est. Puis il le déploie. Et il est inspiré. Il y a une essence et il y a des idéaux. L'essence, ce sont les dons, les qualités qui vont permettre à l'Être de se déployer, de sentir la joie et d'être utile. Cette essence va l'orienter en fonction de ses idéaux et il utilisera des sentiers qui font sens pour lui.

Voyez-vous comme c'est simple ? Et nous avons défini ici, en quelques mots, le périple d'une vie.

Chapitre 12

LES ÉTATS EXPANSIFS

Les rêves éveillés sont en soi un premier niveau de création subtile et énergétique. C'est une forme d'expiration subtile de l'Être, d'expression de l'Être à un premier niveau. Comme nous l'avons transmis, l'Être va retrouver la joie et le bonheur par son expression, par sa création qui le représente. Le rêve éveillé a pour but de favoriser les opportunités pour aller vers cette création. Ils sont donc dans le thème de l'expression.

Si l'Être s'exprime et crée, il est aussi important qu'il puisse se ressourcer, s'inspirer. Tout comme dans la respiration, l'Être va inspirer, puis expirer. C'est tout à fait naturel. C'est un mouvement de polarité. Lorsque l'Être crée par des rêves éveillés et, par la suite, par des créations réelles, il expire. Il exprime. Il faille toutefois qu'il puisse aussi aller puiser à la Source. Pour se ressourcer, il aura différentes formes qui, souvent, lui ont été traduites par sa société : des lectures, des moments de loisirs, des moments d'étude. Toutefois, les états expansifs permettent à l'Être de se ressourcer directement à la Source, de se ressourcer de l'immensité de l'Univers, de se ressourcer de toutes les formes de vie qui sont autour de lui.

Pouvez-vous nous définir les états expansifs ?

Un état expansif est un état d'être qui est ressenti dans le corps, ressenti aussi au niveau de l'Esprit, d'ouverture à la vie dans l'Être et autour de lui. Un état expansif est un état d'ouverture à toutes les formes de vie de l'Univers.

Est-ce que vous nous suivez ?

Oui, je crois.

C'est un état que tout Être humain recherche naturellement, consciemment ou inconsciemment. L'union avec la vie permet à l'Être de se ressourcer. Allons très doucement, pour comprendre l'état expansif à partir des éléments les plus naturels. Imaginons que, pour un moment, vous soyez à court d'idées. Imaginez simplement.

[rire]

Ça m'arrive.

Alors, vous voulez créer et vous êtes dans un moment où vous n'avez pas d'inspiration. Que ferez-vous ? Vous allez, pour un moment, délaisser votre table de travail et vous irez voir des amis ou vous balader dans la nature. Le contact avec la vie extérieure va vous permettre de renouveler vos inspirations, n'est-il point ?

Vrai.

Se ressourcer, s'inspirer, signifie goûter la vie autour de soi afin de nourrir et stimuler son propre mouvement créateur. C'est simple ! Un état expansif est un état dans lequel l'Être se nourrit de son environnement de façon expansive, c'est-à-dire non pas simplement de son ami ou de ce qui est présenté dans un livre ou dans une conférence, mais de tout ce qui est présenté tant au niveau concret qu'au niveau subtil.

Donc, c'est un état intérieur? On recherche un état intérieur qui nous donne accès à toute la connaissance et l'inspiration de la Source?

Voilà. L'état expansif le plus connu de tous les Êtres humains est celui qui est provoqué par la rencontre de la nature. Imaginez que vous ayez à créer un roman et que, après un certain moment, il y ait une perte d'inspiration. Il se peut que, naturellement, vous ayez envie d'aller vers une marche dans la forêt ou à la montagne et de tout à coup vous poser, respirer l'air frais, regarder les nuages, imaginer les formes dans les nuages. Puis, vous revenez à votre planche de travail, et vous avez peut-être des idées nouvelles qui se présentent sans nécessairement qu'elles soient associées aux nuages que vous avez observés.

Que s'est-il passé ? Vous avez consciemment ou inconsciemment ouvert votre Être à la vie dans la nature. Cette vie, la vie de la nature, est à un rythme vibratoire différent du vôtre. Ce n'est pas la même réalité. En vous ouvrant à elle en l'observant, en la contemplant, vous vous nourrissez d'une autre réalité, ce qui fait que votre réalité à vous est plus riche ; elle a accueilli une autre réalité.

Les Êtres vont naturellement contempler la nature, une forêt, une montagne, un lac, des nuages, des étoiles. Qu'est-ce que la contemplation en soi ? La contemplation, c'est la création d'une relation avec un élément qui est l'objet de votre contemplation. Lorsque vous contemplez les étoiles, lorsque vous contemplez un lac ou la forêt, rendez-vous compte que vous n'essayez point de vous comparer. Vous n'essayez point non plus de caractériser cette forêt ou ces étoiles. Il y a vraiment une ouverture. Vous êtes en relation avec les étoiles, la forêt, le lac. Vous voulez simplement vous réjouir de leur présence. Vous les goûtez des yeux. Vous pouvez sentir le parfum, les sons.

Pendant que vous contemplez les étoiles ou la forêt, que se passe-t-il intérieurement ? Pendant un court moment, il se peut que pour vraiment contempler, vous abandonniez vos tracas, vos soucis, vos besoins, vos désirs et que vous soyez simplement là à vivre, à vibrer en relation avec une autre forme de vie. **Votre rythme vibratoire s'élève. Vos limites se dissolvent temporairement.**

Puisque votre rythme vibratoire s'élève, vous voilà en expansion. Vous voilà nourrie de ce que vous ne pouvez pas intellectuellement décrire. C'est une nourriture subtile, une nourriture de lumière. Toutefois, vous ressentez que vous êtes allégée, nourrie, peut-être un peu plus réjouie. Puis, par la suite, vous pouvez continuer à créer, à vous exprimer.

J'aimerais qu'on explique au lecteur ce que veut dire « augmenter son rythme vibratoire », parce qu'il y a certaines personnes qui vont peut-être avoir de la difficulté avec cette notion.

Se décontracter. De la façon la plus simple ? Observez cette analogie. Il y a de l'eau. Lorsque le rythme vibratoire diminue, l'eau se contracte. Elle se cristallise. Elle se fige en glace. Lorsque le rythme vibratoire augmente, le mouvement augmente. Le rythme du mouvement augmente, et l'eau peut devenir gaz. Le rythme vibratoire, c'est le rythme de votre vibration, le rythme de votre énergie. Plus le rythme s'élève, plus vous vous détendez, plus vous avez accès à...

À d'autres formes ?

... oui, à d'autres formes, et même à l'infini ! Lorsque l'eau est gaz, elle se dissout dans l'atmosphère. Le même bloc de glace, une fois gazeux, est en relation avec beaucoup plus d'éléments de la vie, n'est-il point ? Il se dissout. Mais l'eau existe tout de même. Elle a les mêmes propriétés. Elle existe. De même que lorsqu'elle est de l'eau. C'est fluide, et elle est en contact avec la vie davantage que lorsqu'elle est glace.

Élever son rythme vibratoire, cela signifie permettre que l'énergie circule à son rythme naturel, qu'il y ait une décontraction, donc une sensation d'être plus uni avec toutes les formes de vie autour de vous.

J'ai déjà interviewé un physicien qui m'expliquait que, sans trop savoir comment, quand il revient de son état expansif de méditation, il a toutes les réponses à ses questions.

Certes.

Expliquez-nous comment cela est possible.

Par la contemplation, l'Être entre en relation avec l'objet de sa contemplation. Ce peut être des éléments de la nature, ce peut être d'autres Êtres humains, ce peut être le cosmos sans fin. En se décontractant, son rythme vibratoire s'élève, il est plus dissous dans ce qui l'entoure et il accueille en lui la connaissance de ce qui l'entoure.

Il en est de même pour la méditation. Lorsque l'Être va méditer, différemment de la contemplation, il va choisir d'être présent à tout simultanément. Il ne va rien abandonner. Il va simplement se déconcentrer, se détacher des éléments qui le sollicitent. Il est présent à lui-même. Il est présent à sa vie. Il est présent à tout. Pour être présent à tout, il fera en sorte de ne pas fixer sa pensée sur quoi que ce soit. Donc, pour un moment, il délaisse ses tracas. Il ne va pas les occulter. Il va les délaisser. Il va délaisser ses préoccupations. Il est présent à son corps. Il est présent à tout ce qui l'entoure de physique et de subtil. Il est là dans la présence. Comme il se détache d'une concentration à un élément, il se décontracte, son rythme vibratoire s'élève et il s'unit avec le Tout. Il s'unit avec toutes les formes de vie de l'Univers, donc avec toutes les connaissances.

Lorsque l'Être médite profondément, cela signifie qu'il s'abandonne dans la sensation d'union avec le Tout. Et lorsqu'il va terminer sa méditation, il pourra être inspiré et ressentir qu'il a des réponses à certaines questions, des solutions à certains soucis, à certaines préoccupations. Pourquoi ? Il s'est uni avec le Tout et, dans le Tout, il y a toutes les réponses qui sont justes pour lui.

Vous nous avez suivi, chère Âme ?

Oui. Est-ce que les réponses arrivent consciemment ou par ressenti ?

Il faille bien comprendre qu'on n'entre pas en méditation avec une question pour obtenir la réponse à cette question, sinon, vous êtes concentrée. Vous n'êtes plus en méditation. Vous êtes dans une réflexion. La méditation n'a pas d'objet. La méditation est ici un processus d'abandon de l'Être à la rencontre de la vie sous toutes ses formes. Plutôt que d'être attentif à un, à deux ou à plusieurs éléments, l'Être délaisse toute attention pour être présent à tout simultanément, donc à rien de précis. Il ne va pas penser. Souvent, nous vous disons : N'ayez point de thème de méditation. Il ne s'agit pas d'une intériorisation, d'une visualisation ou d'une réflexion guidée. Il s'agit d'une méditation. La méditation est en soi une disponibilité de l'Être à tout. Ce n'est pas d'aller vers le vide. C'est d'aller vers le Tout. Et aller vers le Tout signifie que l'Être n'est pas centré sur un ou deux éléments, mais il est plutôt là, disponible à tout, au Tout.

Bon. Imaginons que l'Être a une difficulté, un tracas, un questionnement. Après y avoir réfléchi, après s'être intériorisé pour trouver une réponse, l'Être n'a pas de réponse. Alors, il peut laisser de côté le questionnement, le tracas, et aller vers une méditation. C'est un moment durant lequel il va s'autoriser à être, simplement à vibrer, respirer doucement en ressentant sa respiration. Il va s'autoriser à la simple joie d'être, et celle d'être en relation avec tout. Si les pensées viennent, il les laisse filer. Simplement être là.

Dans cet espace d'union de plus en plus intense avec le Tout, l'Être est nourri de Connaissance. Lorsqu'il termine sa période de méditation, il se peut qu'il soit inspiré en fonction de ce qu'il recherchait. Peut-être n'aura-t-il pas la réponse juste, peut-être l'aura-t-il, mais il aura une inspiration. Cela peut aussi se manifester par un regard sous un autre angle. Il sera ressourcé, rafraîchi.

Et que s'est-il passé dans l'espace méditatif ? C'est quoi une inspiration, concrètement ? Est-ce qu'on a accès à une connaissance qui se situe à l'extérieur de nous ?

La Connaissance est à la fois à l'extérieur de vous et en chacune de vos cellules. Chaque cellule de votre Être est en soi un hologramme. Chaque cellule de votre Être porte en elle la Connaissance universelle. À travers la religion, vous avez antérieurement appris et même récité que « Dieu était partout », n'est-il point ?

Dieu est omniprésent.

« Dieu est tout-puissant, omniprésent, omniscient. » Si Dieu est partout, cela signifie qu'il est en vous !

S'il est en vous et qu'il est partout, cela signifie qu'il est dans chacune de vos cellules, n'est-il point ? Omniprésent, omnipuissant, omniscient. Cela signifie que Dieu est dans chacune de vos cellules, donc qu'il y a en vous toute la Connaissance et toute la puissance de l'Univers.

Merveilleux.

Alors, méditation et contemplation. Vous avez bien distingué la nuance entre les deux ?

Oui.

Lorsque vous vous décontractez et que vous allez vers un espace contemplatif ou un espace méditatif, vous avez relâché votre attention ou votre concentration à un élément qui vous appartenait. Vous vous êtes, pour un moment, « désidentifié » de vos questions, de vos soucis, pour être en relation avec tout. Être en relation avec tout, cela signifie aussi stimuler le Tout dans chacune de vos cellules. Exactement comme si chacune de vos cellules portait toutes les réponses à vos questions.

Mais lorsque vous êtes si préoccupé, si tendu, si identifié, et que vous cherchez intellectuellement une réponse, la concentration, la contraction fait en sorte que cette réponse est emprisonnée dans votre cellule. Alors, nous vous disons : Détendez-vous, respirez profondément, décontractez-vous. Autorisez-vous à être en relation avec le Tout. Et la Connaissance émerge. Elle émerge de vous, tout comme elle est présente autour de vous. Elle va se présenter d'abord par une sensation. Une sensation de plus de grandeur. La sensation va ensuite se transformer en une inspiration, une idée.

L'Esprit, qui est en vous, est une expression de l'Esprit Universel. En d'autres termes, l'intelligence en vous est aussi associée à l'Intelligence Universelle. Lorsque vous vous unissez au Tout, vous vous unissez à l'Intelligence Universelle, à l'Esprit Universel, l'Esprit Saint. Vous pouvez ainsi être déjà porteur d'une connaissance qui se révèle, une inspiration, une idée, un concept, une image.

Est-ce qu'on doit comprendre que chaque Être humain a la capacité et la possibilité d'être en contact avec la Connaissance Universelle?

Non seulement il en a la possibilité, mais c'est sa nature. **Il est la Connaissance Universelle.** Imaginez ceci. Une immense bibliothèque. Vous êtes au centre, et vous êtes concentrée sur un souci, alors que toutes les réponses sont dans cette bibliothèque.

On a le nez trop collé sur notre problème, finalement!

Votre science actuelle vous guide peu à peu vers cette reconnaissance de toute la Connaissance Universelle dans une seule cellule. Depuis plusieurs centenaires, la connaissance intellectuelle, donc une portion de la Connaissance Universelle, s'inscrivait dans des livres, n'est-il point? Puis, par la suite, vous avez inscrit la connaissance à l'intérieur de faisceaux, de fibres optiques.

Est-ce qu'on se suit bien?

Grâce à l'évolution de la technologie.

Vous vous rendez compte que vous enfouissez de plus en plus de connaissances dans une particule de plus en plus petite, n'est-il point?

Et ça pourrait aller aussi loin que toute la Connaissance Universelle dans une seule cellule?

Comment pourriez-vous actuellement, avec l'évolution de l'humanité depuis 30 années, ne pas saisir que toute la Connaissance peut être enfouie dans *une* cellule? Vous avez vu l'humanité devoir utiliser des écrits très volumineux, une masse de papier, pour retransmettre un peu de connaissances, et actuellement une microscopique particule peut contenir des masses de livres.

Alors, vous n'avez qu'à imaginer que la science va de plus en plus vers la découverte de toutes les capacités d'enfouir de plus en plus de connaissances dans une particule de plus en plus petite, jusqu'à ce que vous saisissiez que toute la Connaissance de l'Univers peut être inscrite dans une cellule.

Fabuleux ! Sauf que la majorité des gens vont dire, moi comprise : « Mais je ne suis même pas capable d'arrêter mon mental. » Comment faire pour avoir accès à tout ça ?

Lorsque vous êtes né, vous avez rapidement cherché à ramper au sol. Particulièrement vous, chère Âme.

[rire]

Puis, vous avez rapidement cherché à vous lever. Vous avez trébuché, vous êtes tombé, vous avez essayé de nouveau. Et vous avez trébuché encore, vous êtes tombé, vous vous êtes écorché, vous avez essayé de nouveau. Et vous êtes tombé, vous avez trébuché, vous avez essayé de nouveau, vous avez...

Est-ce suffisamment éloquent ?

Ça va, on comprend l'image !

Enfant, il y avait en chaque Être un idéal et une pulsion qui n'était pas intellectuelle. Il y avait une pulsion de vie qui vous poussait à vous lever. Et vous vous êtes levé. Actuellement, l'intellectualisation, la recherche de réponses à des questions et de solutions à des soucis font en sorte que vous vous acharniez à chercher des réponses qui ne sont pas utiles pour vous.

Vous êtes comme cet enfant qui cherche à se lever et qui, tout à coup, voit des gens à genoux. À ce moment, il se concentre pour se mettre à genoux, cherche comment faire et, ce faisant, il oublie qu'au départ sa pulsion réelle était de se lever.

Comme cet enfant, souvent, sur votre chemin, vous êtes distrait par des questions mentales, intellectuelles qui ne sont pas véritablement reliées à votre essence et qui ne vous aident pas dans votre voie d'évolution.

En d'autres termes, vous avez de la difficulté à aller vers la méditation ou la contemplation parce qu'il y a une forme d'impatience et d'ignorance dans la recherche de réponses et de satisfactions là où vous ne pouvez les trouver. Et nous en revenons au conflit réel avec vous-même.

Est-ce simplement une question de discipline et de volonté ?

C'est une question de présence. Si, pendant 30 années, vous fûtes guidé jour après jour à observer intellectuellement la vie, à trouver mentalement les voies qui semblaient les meilleures pour vous satisfaire, si vous avez été poussé à analyser intellectuellement les situations et les difficultés, se pourrait-il qu'il vous faille une certaine période d'adaptation à modifier votre façon d'aller retrouver la Connaissance et l'inspiration ?

Ça fait du sens.

Se pourrait-il que si, pendant 30 ans, après avoir été guidé en ce sens, vous ayez choisi avec détermination et peut-être même acharnement de trouver des solutions de façon intellectuelle, qu'il faille une période pour vous autoriser à ce que le mental cesse de chercher les réponses ? Une période pour quc vous puissiez vous abandonner aux sensations de l'énergie, des vibrations en vous qui vous apportent les véritables éclairages ?

Alors, il faille une présence. Et il faille une certaine connaissance. Il faille ressentir au plus profond de vous ce que signifie vous aimer, vous respecter, vous honorer. Ce faisant, vous pourrez choisir d'aller vers toutes ces sensations de votre Être, qui s'intensifient dans les sensations de la vie et de l'Univers, qui, elles, se retrouvent dans la contemplation et la méditation.

Quand vous dites « une certaine connaissance », voulez-vous dire une technique ?

Lorsque vous êtes subjugué par le mental, il faille un peu de connaissance que vous analyserez mentalement pour vous autoriser à aller vers la méditation.

Reprenons avec l'exemple d'un enfant qui eut été égaré en forêt et qui eut été guidé par la nature. Dans son milieu de vie, il n'y a pas de connaissances intellectuelles, il n'y a pas de connaissances mentales. Naturellement, il est contemplatif, méditatif. Mais vous, vous avez été guidé à évoluer à partir d'analyses, de nourriture intellectuelle et mentale.

Actuellement, nous vous parlons de la méditation. Il y a une difficulté pour le mental. Alors, nous vous disons : Il y a un minimum de connaissance à avoir. Nous vous transmettons la connaissance de ce que sont la méditation et la contemplation. L'enfant qui a évolué seul dans la forêt, nous n'avons pas à lui transmettre une connaissance sur la méditation et la contemplation, mais vous qui êtes dans le couloir intellectuel, nous vous transmettons une connaissance : Voici ce qu'est la contemplation. Vous la recevez, vous la comprenez, vous l'analysez, vous voyez si cela fait sens, et vous l'expérimentez. C'est pourquoi nous vous disons : Il y a un minimum de connaissance que nous vous livrons en ce moment.

Intéressant, n'est-il point ?

C'est très intéressant, et on a le goût de commencer à méditer tout de suite. Alors, je vais terminer avec ça. Est-ce que vous allez nous enseigner une technique, ou ce sera l'objet d'un livre complet ? Parce que je sais que vous avez déjà livré un enseignement nommé ***PRISMA : La Voie méditative.***

Certes. Nous ne pouvons livrer en peu de mots cet enseignement nommé aussi la « voie Prisma » ou, plus simplement, « l'Être qui est un prisme de lumière incarné ». Toutefois, nous vous dirons que, pour méditer, vous pouvez simplement l'autoriser intérieurement. Vous autorisez un moment de disponibilité à la vie. C'est le premier pas. Puis, vous choisissez une posture qui vous permet une libre circulation de l'énergie en vous. Votre colonne vertébrale est bien alignée dans la verticalité. L'énergie circule. Vous respirez doucement, en profondeur, mais sans effort, et vous goûtez le moment, simplement.

Vous ne tentez point de répondre à quelque question que ce soit, vous ne cherchez rien, vous ne provoquez rien. Vous respirez en douceur, en profondeur. Si une pensée se présente, vous la laissez aller, simplement. Si une pensée s'est présentée et que vous vous rendez compte que vous avez pensé longuement à elle, au moment où vous vous en rendez compte, vous laissez aller. Vous respirez. Pour vous aider, vous pouvez porter votre attention sur votre respiration. Que votre intention soit simplement de goûter votre vibration, de goûter les vibrations de tout ce qui vous entoure, d'être là, présent avec le Tout.

Qu'il en soit ainsi, comme vous dites si bien.

Que celui qui veut entendre entende.

L'imagination et la créativité

Il y a d'autres façons d'atteindre des états expansifs. Nous allons explorer ensemble l'imagination et la créativité.

L'imagination est la capacité de l'Être à se projeter dans l'océan des connaissances universelles, que nous pourrions nommer « l'imaginaire ». L'imaginaire a souvent été conçu par les Êtres humains comme une capacité de l'Esprit de créer ce qui n'existe pas. En fait, il s'agit plutôt d'une véritable capacité de l'Esprit de créer à partir de ce qu'il capte dans différentes réalités de l'Univers, éléments qui n'existent pas encore dans sa réalité actuelle.

Cette perspective est fascinante pour l'Être humain. Il faille qu'il imagine que son Esprit a accès à tout et qu'il peut associer différents éléments de connaissances pour créer une forme ou une situation. La forme ou la situation ne se réalisera pas nécessairement telle qu'il l'a créée, mais chacun des éléments qu'il a utilisés existe dans l'Univers. Si l'Être humain ne peut le concevoir dans sa réalité immédiate, il doit s'ouvrir à la possibilité qu'il y a d'autres réalités beaucoup plus vastes qui existent dans l'Univers.

Lorsque des créateurs de fiction vous ont livré des écrits ou des images, ils ont toujours puisé dans cet océan de connaissances. Puis, ils ont rassemblé des éléments et en ont créé un scénario. Chacun des éléments qu'ils ont utilisés existe. Le scénario peut aussi exister. Il n'est peut-être pas possible de le concrétiser immédiatement dans votre réalité. Il sera peut-être aussi transformé ultérieurement, mais il n'en demeure pas moins que l'inspiration de l'Être dans l'imagination est puisée directement dans la Connaissance Universelle.

Lorsque vous dites « il a inventé », vous savez bien que rien ne se crée, rien ne se perd. Qu'est-ce qu'une invention ? N'est-ce point la juxtaposition, l'association d'éléments qui existent ? Alors l'imaginaire, vous pouvez le concevoir simplement comme des éléments qui existent dans une réalité ou dans une autre.

Est-ce que vous êtes en train de me dire que dans le Seigneur des Anneaux, Star Wars *ou d'autres grandes œuvres de science-fiction, il n'y a que des éléments qui existent quelque part dans l'Univers ?*

Ce qui a inspiré ces images et ces situations existe. La forme qui leur est donnée n'existe pas nécessairement, mais ce qui inspire cette forme existe.

Expliquez-moi la nuance.

Imaginons ensemble, pour votre propre scénario de fiction, un Être venu de l'au-delà qui se présente sur cette Terre. Vous lui créez un corps, une tête, selon vos inspirations. Imaginons qu'il y ait des antennes sur sa tête et que des faisceaux de lumière très puissants émanent de ses yeux. Au niveau de son cœur, il y a une ouverture béante. L'assemblage tel que vous l'imaginez n'existe peut-être pas. Toutefois, lorsque vous imaginez un Être venu de l'au-delà, nous vous disons que vous captez une connaissance. Il existe des Êtres de l'au-delà.

Lorsque vous imaginez des antennes sur la tête, il existe des créatures dans l'Univers qui ont des antennes au niveau de la tête. Non pas que ces antennes soient de tel matériau ou de tel autre matériau. Ces antennes peuvent être faites d'énergie. Mais lorsque vous imaginez des antennes sur la tête, c'est que vous captez une connaissance. Des antennes existent au niveau de la tête sur certaines créatures quelque part dans l'Univers.

Lorsque vous imaginez des faisceaux qui sortent des yeux, cela signifie que vous captez une connaissance de la capacité d'émaner des ondes, des vibrations à partir des yeux. Non pas nécessairement de ce personnage que vous créez, mais d'une capacité subtile des Êtres humains et peut-être aussi d'une autre forme de vie qui existe dans l'Univers. En clair, une forme de vie peut exister, avoir des yeux et émaner de l'énergie à partir de ses yeux.

L'assemblage total que vous faites n'existe peut-être pas, mais chaque élément a du sens dans l'Univers.

Est-ce que vous nous suivez mieux ?

Très bien. Et comment l'imagination peut-elle nous amener à avoir des états expansifs ?

L'imagination, comme la méditation et la contemplation, permet de repousser les limites de votre réceptivité et de votre réalité. En repoussant les limites de votre réalité, votre vibration, que vous identifiez à la matière, au corps et à l'incarnation, retrouve une liberté.

L'expansion pourrait être définie comme un espace de liberté plus vaste, plus ample pour rencontrer la vie. Vous êtes de moins en moins identifiée et limitée à votre conception de la matière, de l'incarnation. Ainsi, vous vous ouvrez à d'autres dimensions, à un espace plus vaste, et à ce moment, votre rythme vibratoire s'élève parce que vous retrouvez des éléments qui existent dans l'Univers.

L'identification à une forme crée une contraction. Comment ? Si pour vous, vous n'êtes qu'un corps, bien sûr que ce corps a ses limites. Ses fonctions et sa vie sur cette Terre sont limitées. Si vous ne vous identifiez qu'à votre corps, votre vibration se contracte parce que vos possibilités, à partir de vos croyances, sont limitées au corps. À l'inverse, lorsque vous ouvrez votre conscience et que vous retrouvez la présence de l'Âme et de l'Esprit, déjà, les perspectives de votre création ou de vos possibilités en tant qu'Être humain s'amplifient. Votre Être s'allège. Le rythme vibratoire s'élève.

Est-ce que l'imagination peut remplacer la méditation et la contemplation ?

Elles s'associent. L'imagination ne remplace pas les autres formes, elle les complète. La méditation et la contemplation sont importantes pour permettre à l'Être de s'unir à différentes expressions de l'Univers. L'imagination offre une autre perspective. C'est donc un autre élément complémentaire naturel pour tout Être humain.

Observez les enfants. Très jeunes, malgré l'intensité de leur mouvement — que vous nommez souvent de la « turbulence » —, ils semblent contempler, parfois. Ils peuvent être fascinés par une fleur, n'est-il point ? Ils entrent en relation intense avec la fleur et ils semblent goûter cette fleur. À d'autres moments, ils semblent être là, présents à tout, sans être attirés ou sans être concentrés sur un élément. Ils semblent, pour un instant — non pas de longues minutes, mais un instant —, être dans un état d'union avec tout ce qui est, un état méditatif.

À d'autres moments encore, vous les voyez vraiment s'amuser en imaginant des scénarios, des situations de vie. Ils vont puiser dans la Connaissance, ils vont inventer, associer des éléments de connaissances et créer des formes. Ils vont créer des situations, créer des objets qui permettent que le monde soit plus fantaisiste, plus magique, plus joyeux. Tout ça leur offre une forme de liberté et de communion, ce qui leur permet une forme de stimulation. Leur rythme vibratoire est plus élevé, ils sont moins contractés. Ils ne sont pas là, tristes d'être incarnés. Ils sont dans la joie.

Voyez les enfants, lorsqu'ils imaginent. Ils sont joyeux, n'est-il point ? Ils nourrissent leur vie, ils nourrissent la réalité du moment d'une réalité plus vaste. Est-ce que leur création imaginaire est potentiellement réalisable ? Selon ce qu'ils ont créé, cela peut se réaliser sur cette Terre ou non. La forme n'est pas importante.

Qu'en est-il des amis imaginaires ? J'aimerais qu'on fasse la nuance, parce qu'il y a toujours au moins deux théories sur tout dans la vie. S'agit-il d'une invention d'enfant ou plutôt d'Êtres de lumière et des Esprits ?

Se pourrait-il que ces deux visions soient justes ?

Possible, oui.

Lorsqu'un enfant voit un Être, cet Être peut exister. Ce peut être un Esprit, c'est-à-dire un Être qui n'est plus incarné.

Imaginons que l'enfant voit ici un Esprit. Cet Esprit peut exister. C'est un Être humain qui a quitté ce plan, mais qui semble errer, présent dans cette réalité. Cette présence est invisible pour la majorité des Êtres humains et elle a à continuer son parcours pour s'élever vers d'autres plans de conscience, mais actuellement, elle est ici. Il y a une multitude d'Esprits qui sont là, sur cette Terre, invisibles. Ainsi, l'enfant capte sa vibration. Il capte même une image que sa vibration semble projeter vers l'enfant. De ses yeux, de sa double vision, il capte une présence. Et cette présence existe dans sa réalité.

L'enfant le voit. Il est devant lui. À ses côtés, il a imaginé un extraterrestre, une forme de vie qui existe dans un autre plan, ailleurs sur une autre planète. Disons qu'il lui a inventé un corps et une antenne. Puis, il discute avec cet Être qu'il a créé. Le premier, l'Esprit, existe vraiment dans votre réalité ; simplement, il est invisible. Le deuxième existe potentiellement, mais pas nécessairement dans la forme que lui donne l'enfant.

Toutefois, il existe des extraterrestres, il existe des formes de vie qui ont une antenne. Comme nous l'avons déjà dit, l'antenne n'est pas nécessairement matérielle, elle peut être vibratoire. Pourtant, elle existe dans la matière. Ce que nous vous disons, c'est : Tout ce qui compose ce personnage extraterrestre à ses côtés existe sur la Terre, et lui a fait une association pour créer un personnage.

Est-ce qu'on se suit bien ?

Là, c'est très clair.

Alors, ce personnage extraterrestre à ses côtés est imaginaire et bien sûr invisible, mais nous vous disons que chacune de ses composantes fait partie d'une réalité, parce que l'imaginaire, c'est la réalité universelle. L'autre, l'Esprit, existe aussi. Il est là, présent vibratoirement. Le personnage imaginaire n'est pas présent vibratoirement. L'enfant l'a créé. Mais chacune de ses composantes existe, et c'est l'enfant qui le rend vivant. L'enfant va jouer les deux rôles. De par sa capacité de créer, il est lui aussi dans ce personnage.

Ajoutons un troisième personnage. Ajoutons un lutin, appelé aussi un « gnome ». L'enfant peut imaginer un gnome, lui donner une forme, comme il a imaginé l'extraterrestre. Toutefois, il a déjà vu des gnomes dans la forêt. Il a déjà vu, pour vrai, ces formes de vie invisibles dans la forêt autour de lui, tout comme il peut voir l'Esprit. Actuellement, il ne les voit pas réellement, mais il en imagine un, de la même façon qu'il pourrait imaginer son petit copain voisin à ses côtés. Là, il imagine un gnome.

On se suit bien ?

Si je comprends bien, il prend quelque chose qui existe dans la réalité « invisible » et se l'imagine ?

Voilà. Tout comme nous pourrions ajouter un quatrième personnage qui est son petit ami voisin ou son petit copain de classe, qui n'est pas actuellement avec lui, mais il peut l'imaginer à ses côtés et lui parler. On comprend qu'il n'est pas là présentement ; toutefois, il fait simplement appel à sa vibration et fait comme s'il était là. Alors, nous dirons qu'il est en communication avec ce petit ami qui n'est pas là présentement. Vous voyez ? Ces quatre personnages sont tous associés à une réalité plus ou moins vaste que l'enfant vit réellement. Il vit réellement, intensément et dans une forme de joie.

Donc, il est naturellement dans un état d'expansion?

Dans un état d'expansion parce qu'il a créé. Bien sûr, certains diront: « Mais s'il a peur de cette entité? » Là, il y aura en effet une contraction. S'il a peur de cette entité, il fera appel à ses parents ou aux gnomes. Ou il créera par son imagination un personnage de l'extraterre pour le protéger, selon l'ensemble de ses croyances et de ses expériences, bien sûr.

Alors, on n'a qu'à ressortir notre cœur d'enfant et laisser aller notre imagination, ça ira mieux, on sera plus expansif?

Certes. Souvent, nous vous disons: Imaginez davantage. D'ailleurs, à partir de cette capacité d'imagination — et rappelez-vous, l'imagination est la capacité de créer à partir des éléments de la Connaissance, de l'océan de l'imaginaire — va naître ce que vous avez nommé « l'imagerie ». C'est la capacité de création à partir du subtil.

Vous voulez guérir certaines cellules qui sont en dégénérescence? Vous allez imaginer vos cellules vivantes, vivaces, dansantes, se régénérant. Par votre imagination, vous allez vibrer, et ainsi émaner, créer, inspirer un mouvement. C'est ainsi que l'imagerie est fort puissante. L'Être imagine ses cellules dansantes. Vous voyez? Comprenez l'imagination. Des cellules existent. Quelle forme voyez-vous de vos cellules? Vous pouvez imaginer vos cellules comme si elles étaient des lentilles. Vous les imaginez comme des lentilles parce que vous les captez ainsi. Vous les imaginez dansantes. Est-ce que des cellules dansent? Non, mais vous connaissez la danse et vous savez que les cellules vibrent, bougent, sont en mouvement. Donc, vous les imaginez dansantes, joyeuses. Vous imaginez qu'elles peuvent suggérer aux cellules qui sont en destruction de libérer l'espace et inviter de nouvelles cellules. Vous imaginez!

La forme que vous imaginez n'est pas réelle. Toutefois, ce qui est réel, c'est qu'il y a une intelligence cellulaire qui capte votre inten ion, vous communiquez avec vos cellules s cellules un mouvement de régénéresc ortant.

Tout co par son imagination va faire appel à un gnome ou à un Être extraterrestre pour créer un équilibre dans son jardin, particulièrement lorsque des entités se présentent et lui font peur.

Dans vos cellules, il se peut qu'il y ait des parasites qui créent une dégénérescence. Donc, par votre imagination, vous allez transmettre une intention de régénérescence. Comme l'enfant, par son imagination, va créer une réalité où il se sent en équilibre, en harmonie et plus joyeux.

De la même façon, vous pouvez aller vers le rêve éveillé. Le rêve éveillé, c'est l'utilisation de l'imagination et de l'intention. Vous voulez une demeure nouvelle ? Nous vous disons : Pourquoi voulez-vous une demeure ? Non pas pour la posséder, bien sûr ! Vous voulez une demeure nouvelle parce qu'il est intéressant pour vous d'être dans un espace qui vous offre des possibilités de communion avec la nature peut-être, un espace qui vous offre des possibilités pour méditer, un espace qui vous offre des possibilités pour créer... Donc, vous imaginez la demeure.

Nous vous disons : Ne vous fixez pas sur une seule forme, parce que vous savez que la forme pourra être différente. Imaginez différentes formes, et soyez surtout dans la sensation. Vous imaginez différents éléments qui répondent à vos élans, vos passions, vos envies. En imaginant, vous créez. Vous donnez vie dans le subtil, qui vous le rendra sous une forme juste, appropriée.

Contemplation, méditation, imagination permettent d'aller s'unir à une connaissance plus vaste et, par le fait même, favorisent l'élévation du rythme vibratoire.

Un autre élément permet aussi l'état d'expansion. C'est l'expression créatrice.

Au départ, nous vous avons dit que les états d'expansion sont des moments de ressourcement pour favoriser la création. Là, nous ajoutons que dans la création, certains moments, certains espaces peuvent être expansifs. Imaginons, par exemple, un Être qui, inspiré par ses talents et portant une pulsion pour créer, choisit de construire sa demeure. Il ne la construit pas par obligation, même s'il y a certaines limites matérielles. Il la construit par envie profonde, par choix. Il assemble donc les pièces et construit sa demeure.

Durant la construction, un moment où il se sent totalement présent et inspiré peut survenir. Il se réjouit de sa création. Il peut être là, à assembler simplement deux morceaux de bois. Cela est très matériel, très concret, très « technique », direz-vous, et pourtant, au moment où il pose des clous dans le bois, il peut vraiment entrer dans un état d'union avec lui-même, d'union avec l'objet de sa création, d'union avec l'Univers. Il peut sentir vraiment qu'il vit dans plusieurs réalités à la fois. Il est donc en expansion.

Son activité, sa création est une expression si intense de ce qu'il porte en lui, une utilisation tellement concrète de ses talents, une représentation si vive de sa pulsion qu'il est emporté passionnément et il vibre. Là, son Être entre dans un état d'expansion. Il se sent à la fois créateur et à la fois ressourcé par sa création même. C'est un moment sublime.

Et ça ne prend que deux petits morceaux de bois. Merveilleux !

Il n'y a pas de limitations à cet état. Un Être peut vivre cet état spontanément en chantant parce que le chant l'anime. Un autre peut vivre cet état spontanément en accompagnant psychologiquement un Être. Il peut tout à coup, par la passion de ce qu'il crée, sentir une forme d'euphorie et entrer dans un état expansif.

Toutes les activités, tous les travaux peuvent permettre cet état.

En autant qu'on soit dans notre essence ? C'est ça ?

Si l'Être est dans son essence, il a plus de propensions à vivre cet état. Toutefois, imaginons que votre essence soit celle d'un éclaireur communicateur et qu'une amie vous invite à collaborer à la construction de sa maison. Imaginons que vous n'avez guère de talent à ce niveau, mais qu'il s'agisse pour vous d'une activité joyeuse d'aller participer à cette construction, parce que vous n'avez pas de performance à réaliser, pas de résultats à livrer. Vous vous abandonnez dans la beauté du moment avec une amie, mais aussi dans la conscience que c'est très intéressant d'assembler ainsi des morceaux de bois. En vous abandonnant passionnément dans l'instant créateur, vous pouvez vivre un moment d'expansion.

Plus souvent, vous le vivrez dans votre parcours essentiel en déployant vos talents, mais il se peut que vous puissiez le vivre aussi dans une création qui n'est pas vôtre.

D'accord. Et quel est le but de tous ces états d'expansion-là, à court terme ?

La sensation d'exister dans l'Univers. Nous vous avons transmis que l'Être se sent divisé de sa Source, du Tout, parce qu'il est trop identifié au corps et à la matière. Son rythme vibratoire est diminué et s'est contracté. Les états d'expansion permettent à l'Être de ressentir qu'il est à la fois incarné et à la fois une Âme, à la fois un Esprit vibrant dans la vie, dans l'Univers. L'Être se sent vivre avec moins de limites. L'expansion produit une sensation de joie pure. Les états d'expansion guident l'Être vers le bonheur.

Voilà. C'est intéressant, n'est-il point ?

On vient de boucler la boucle.

Vous voyez pourquoi il était important d'ajouter l'imagination et la création ? Cela est très réjouissant pour les Êtres. Parce qu'ils pourraient s'imaginer que seule la méditation peut provoquer des états d'expansion, d'élévation de rythme vibratoire. Nous terminons ce livre en disant que, en entrant totalement, pleinement, passionnément dans leur œuvre personnelle, les Êtres peuvent vivre des états d'expansion, augmenter leur rythme vibratoire, ressentir leur cœur s'ouvrir, vivre des joies extatiques. Voilà un parcours spirituel qui n'a pas de dogmes, qui n'a pas de limites et qui est très concret, n'est-il point ?

Et est-ce que ça nous amène vers le chemin de la maîtrise ?

Certes. Certes, parce que qu'est-ce que le Maître ? Qu'est-ce que le Maître en soi ? C'est l'Être de lumière en vous qui vibre autant sur la Terre que dans les plans subtils.

Voyez-vous, le subtil fait partie de votre vie quotidienne. Vous avez des émotions, n'est-il point ? Vous avez des pensées, des projets ? Vous vous réjouissez tout autant de vos projets que de vos actions concrètes, n'est-il pas ?

Certainement.

Subtil et éléments concrets font partie de votre vie à chaque instant. Le Maître est l'aspect lumineux de votre Être qui jouit de sa vie sur cette Terre concrètement et subtilement, comme de son Esprit et de son Âme. C'est un Être qui est conscient de l'Univers à tout moment.

CONCLUSION

Chaque expérience, chaque situation, chaque événement que l'Être rencontre quotidiennement peut être reçu et vécu comme une opportunité de laisser émerger et s'exprimer la beauté et la lumière de l'Être. Lorsque vous saisissez cet énoncé, lorsqu'il vibre en vous, alors vous savez que vous êtes sur la voie de la maîtrise. Vous êtes sur le sentier et il vous mène à une sensation de pure joie, d'amour, d'harmonie, d'équilibre, dans la conscience de qui vous êtes, de ce qu'est la vie et de ce qu'est l'Univers.

La sensation et la compréhension de cet énoncé est un joyau pour l'Être, car il éclaire sa voie et sa vie. Il le guide à retrouver un sens à chacune des expériences.

Chaque Être humain porte en lui une pulsion pour vivre l'amour, pour vivre dans une joie pure sur cette Terre. Rappelez-vous, tous les Êtres humains ont en commun l'envie d'aimer, d'être aimé et d'être heureux. Cette pulsion est si profonde, si présente à chaque instant de sa vie que lorsque l'Être peut le reconnaître en lui et en tout autre Être, il ne peut que se sentir uni.

Dans cet Univers, toutes les formes de vie contribuent à une création commune. Chaque Être humain est en soi un créateur dont la création est l'expression de ce qu'il est, de ce qu'il porte et de ce qu'il manifeste. Lorsque l'Être reconnaît qu'il porte en lui l'amour, l'envie profonde d'être dans la joie, lorsque l'Être reconnaît qu'il est lumière, qu'il est beauté, lorsqu'il redécouvre que tout en lui est beau et bon, lorsqu'il saisit que les déviations, les distorsions, les déséquilibres sont les effets d'expériences passées qui ont créé des blessures, lorsque l'Être se rend compte que son caractère ou sa personnalité ne le représentent pas véritablement, puisqu'ils sont des effets, des conséquences de ses blessures, alors il peut aller rencontrer au plus profond de lui-même la véritable énergie de vie, le véritable Soi. Il peut toucher à celui qui existe pour créer, celui qui existe pour représenter la beauté de l'Univers sur cette Terre.

C'est ainsi, chère Âme, que nous vous proposons d'observer comment la création d'un Être est beauté, harmonie et équilibre lorsqu'il s'unit à ce qui est beau en lui. Comment sa création est lumineuse quand il exprime la beauté qu'il porte par ses paroles, ses gestes, ses actions. Comment, lorsqu'il pose son regard sur ce qui est beau de la vie, il devient un créateur de beauté.

Bien sûr, il ne faille point encourager les Êtres à une pensée magique, niant les difficultés qui leur appartiennent, niant les obstacles autour d'eux. Il faille bien sûr que les Êtres aient un regard lucide afin qu'ils puissent faire des choix avec discernement. Toutefois, lorsque vous comprenez que toute la création est associée à un phénomène d'attraction, que l'Être attire ce qu'il est, ce qu'il porte, puisque ce qu'il est et ce qu'il porte influencent son action, vous comprenez son pouvoir de créer sa vie. Cela signifie que si l'Être est centré sur ses difficultés, ses problèmes, ses déséquilibres et ceux du monde, il porte alors des lourdeurs, des tristesses, des frustrations, des colères et il a de la difficulté à créer la beauté. Lorsqu'il redécouvre que, en deçà et au-delà de tous ces poids, il y a en lui la lumière et une pulsion d'amour, alors il porte l'Amour et il l'exprime.

Ce que nous voulons vous transmettre est que si, bien sûr, il est intéressant pour l'Être que son regard soit éclairé, qu'il constate quels sont les obstacles, quelles sont les entraves, quelles en sont les sources, il ne faille point qu'il porte toute son attention sur les aspects ombrageux. Qu'il y ait pour le moins une polarité. Qu'il y ait tout autant d'attention, de présence à ce qui est beauté à l'intérieur de lui et ce qui est beauté à l'extérieur de lui, afin qu'il puisse être inspiré par ce qui est beau, ce qui est lumineux et qui permet de dissoudre l'ombre. D'autre part, en portant son attention sur ce qui est beau, il pourra aussi attirer, créer tout ce qui est beauté. En des termes simples, nous vous disons : « Si l'Être est toujours concentré sur ses douleurs et ses difficultés, il ne peut constater la beauté de la vie. »

Lorsqu'un Être se présente à vous, si votre première attention se porte sur la tache qu'il a sur son chemisier, vous pourriez avoir l'impression que cet Être est souillé, qu'il est malhabile. Vous pourriez voir émerger à votre attention tous ses défauts. Par contre, si votre intention est d'abord de capter chez cet Être ses qualités, ses talents, la beauté de son geste, l'harmonie de sa parole, vous vous rendrez compte que la tache sur son chemisier est peu importante. Et vous pouvez même l'aider à la dissoudre à partir de la lumière que vous émanez et qu'il émane.

Si vous choisissez, dans votre vie, que votre premier regard sur un Être soit dirigé avec l'intention de capter, de ressentir sa beauté, alors vous serez un Maître. Si vous choisissez de porter concrètement votre attention première sur les qualités d'un Être à chacune de vos rencontres de tous les Êtres de votre vie, alors vous serez un Maître maintenant.

Qui plus est, sachez que lorsque vous vous autorisez à reconnaître la beauté dans un Être, vous ne pouvez reconnaître que les éléments de la beauté d'un Être qui sont déjà présents en vous.

N'est-ce point une invitation à être attentif ?

C'est très tentant !

En ces termes, nous vous disons que l'intention d'un regard amoureux favorisant la rencontre de la beauté de l'autre est en soi une autorisation à se révéler à soi-même. Sachez bien comprendre qu'à chaque fois que vous constatez, que vous ressentez un talent chez un Être, c'est parce que ce talent vibre en vous. Cela ne signifie pas que vous avez toutes les habiletés pour l'exprimer, mais ce talent vibre en vous. Vous êtes en communion avec ce talent, ce don que vous constatez chez l'autre Être.

Alors, lorsque vous choisissez, dans votre vie, de donner pour le moins tout autant d'espace, tout autant d'attention, tout autant de présence à ce qui est beau, à ce qui est harmonieux, amoureux, créateur et lumineux qu'à ce qui est lourd, douloureux et destructeur, vous vous rendrez compte que vous vous transformez intensément en un Être de joie.

Et là encore, vous n'avez rien fait ; vous n'avez que posé votre attention. Imaginez si, avec l'attention, il y a en plus une intention de créer la beauté et l'harmonie, comment vous allez permettre de façon exponentielle votre ouverture et votre projection vers ces grands états de joie et d'extase.

Notre message est simple. La beauté existe dans l'Être, elle existe dans ce monde. Bien sûr, nous savons qu'il y a des inconforts, des douleurs, des déséquilibres, des désordres, et vous le savez aussi. Il ne faille pas le nier, car en le constatant, cela vous permet d'en comprendre, d'en ressentir les sources et de transformer des comportements, des attitudes pour ne pas les répéter. Tout cela est fort clair. Toutefois, que toute votre vie ne soit pas focalisée sur ce qui est déséquilibre et désordre.

Vous savez, si un Être porte toute son attention sur ses difficultés, ses douleurs, ses déséquilibres et ceux des autres, est-il étonnant que l'Être ait l'impression que la vie sur cette Terre soit un purgatoire ?

C'est une équation mathématique bien simple, encore une fois !

Alors, nous vous disons simplement : Portez plus d'attention sur ce qui est réjouissant et vous allez vous rendre compte que, déjà, vous vous transformez et vous transformez ce monde.

Lorsque votre regard se pose sur votre beauté et celle qui vous entoure, c'est sur la magnificence de l'Univers qu'il se pose. Cela vous permet de ressentir plus d'union. Aucun Être ne veut s'unir à ce qui est douloureux, à ce qui est souillé. En ressentant ainsi l'union, votre rythme vibratoire s'élève, votre Être s'allège et il attire à lui plus d'expériences, plus de situations qui sont réjouissantes. Toute sa vie est d'autant facilitée.

Cela étant dit, de l'attention, il faille qu'il y ait une intention de vie équilibrée et que l'Être ne soit pas que disponible à comprendre, mais qu'il soit aussi disponible à expérimenter. Ne faites pas qu'entendre nos propositions, mais expérimentez-les, afin de ressentir leurs effets.

Est-ce suffisamment clair ?

C'est très, très clair.

Nous pouvons utiliser plusieurs mots. Vous pouvez les transformer, bien sûr. Ce que nous voulons transmettre aux Êtres est qu'il est important qu'ils cessent de considérer la vie sur cette Terre comme un passage douloureux, obligatoire, vers un monde meilleur, qu'ils saisissent que ce monde est aussi merveilleux que la multitude de mondes qui existent dans cet Univers.

Cette Terre est une terre d'abondance, une terre riche qui offre à l'Être humain tout ce qui peut être utilisé pour qu'il s'exprime, pour qu'il se déploie, pour qu'il soit en équilibre, pour qu'il soit en harmonie, qu'il vive l'amour. Il y a bien sûr des réorganisations de cette abondance qui sont imminentes. Il y a bien sûr une « mal-distribution » de cette abondance qui fait en sorte que les Êtres souffrent. Toutefois, ne niez pas cette

Terre et ce monde parce que les hommes en ont mal distribué l'abondance.

Aimez la vie, aimez la Terre, et aimez-vous maintenant dans cette vie sur Terre.

Merci beaucoup, Maître Saint-Germain.

Maître et Disciple de vous-même, accueillez notre Amour !

Troisième partie

CANALISATIONS PUBLIQUES PASSÉES

LA QUÊTE DU GRAAL

Maître et Disciple de vous-même, accueillez notre Amour.

L'état d'intimité avec soi-même, la communion vibratoire avec ce qui est à l'intérieur de lui et autour de lui, permet à l'Être de retrouver un sens à l'incarnation et, peu à peu, d'être inspiré quant à la direction, à l'orientation qui le stimulera jusqu'à vivre de véritables joies. La recherche extérieure de connaissance et d'information ne peut faire sens que si elle est initiée par une rencontre intérieure de l'Être. La rencontre d'un autre Être autour de vous ne peut faire sens que si elle est initiée par une vibration intérieure qui vous oriente vers cet Être. C'est dans ces mots que nous vous disons : Ce que nous pourrons ensemble observer et rencontrer ne peut faire sens que si vous vibrez avec vous-même.

Nous allons nous entretenir, s'il vous sied, de guérison, de libération de l'Être, tant au niveau physique que psychique, favorisant l'ouverture de l'Être et sa disponibilité réelle pour aller vers sa réalisation. Permettez-vous de voguer sur ce parcours vers la guérison et la réalisation sans résistances mentales. Et nous le ferons à travers une très belle métaphore... celle de la quête du Graal !

Pendant que les alchimistes cherchent à réunir les métaux qui s'associent avec le plomb pour être transformés en or, les valeureux chevaliers se rassemblent à l'appel des cloches. Sous le regard inspiré et inspirant des princesses, ces chevaliers se préparent à vivre le parcours pour la quête du Graal, qui leur fut transmis par les Sages comme étant un parcours qui les entraînera au combat, un parcours sur lequel ils rencontreront leurs ennemis, et s'ils ne sont pas suffisamment portés et inspirés par la foi, ils s'écrouleront devant leurs ennemis. Qui plus est, si leurs ennemis se présentent comme eux, derrière des armures, d'autres ennemis encore plus dangereux se présenteront sous des formes subtiles dans la nuit, dans le désert. Ce sont les démons, leurs propres démons intérieurs.

C'est ainsi que se présente la quête du Graal depuis des millénaires, et cette quête existe encore en chacun des Êtres humains. Tout Être humain, qu'il en soit conscient ou non, est en quête du Graal depuis sa naissance, et il sera guidé par les Sages et les moins sages sur un parcours de combat. Sur ce parcours, il aura à distinguer les véritables ennemis des ennemis subtils, les démons extérieurs des démons intérieurs, et s'il réussit à trouver le Graal, alors il sera immortel et heureux pour l'éternité, n'est-il point ? Toutefois, il risque d'être anéanti dans cette quête. Mais s'il ne va pas à la quête du Graal, alors il ne sera pas reconnu. Il se jugera lui-même. Il n'y a donc pas d'autre voie que d'aller vers cette quête.

Il aura donc à affronter le mal, et il lui faudra être convaincu qu'il est le bien. Seule cette conviction lui permettra de transcender les obstacles. Seule encore cette conviction lui permettra de trouver le Graal. Êtes-vous disposé à ce que, ensemble, nous suivions le parcours vers le Graal, en sachant toutefois que tous les ennemis sont au rendez-vous, inspirés par le regard de la princesse ? Êtes-vous disposé, ou allez-vous simplement attendre le retour des chevaliers, sachant que l'attente peut être épuisante, que l'attente peut être créatrice de frustrations, d'impatience, d'intolérance, de culpabilité ? Où allez-vous vous situer ? Sur la quête ou dans l'attente ? L'un ou l'autre des sentiers semble ici offrir ses peurs, ses insécurités.

Nous vous dirons, d'entrée de jeu, que la peur de ne pas retrouver sa nature véritable et universelle existe chez tout Être humain depuis le début de son incarnation. C'est une peur existentielle. Parallèlement, la peur de ne plus exister est omniprésente aussi chez chaque Être. C'est une autre peur existentielle. La peur de ne pas être celui que l'Être sait, consciemment ou inconsciemment, qu'il est, s'oppose à la peur de ne plus exister. L'appel vers l'Univers, vers la Source s'oppose à la peur de la mort. Comment l'Être va-t-il rencontrer ses peurs et les transcender ? Aura-t-il à défier une peur pour s'abandonner à l'autre, ou aura-t-il à confronter les deux ? Voilà la quête du Graal.

Dans notre histoire, les chevaliers, seulement les valeureux, sont invités à la quête du Graal, car les ennemis sont puissants et leurs armures aussi. Mais les ennemis sont athées. Ils ne reconnaissent pas la force universelle. C'est leur faiblesse ! De plus, ils sont accompagnés des démons plus subtils qui, eux, connaissent les faiblesses des chevaliers. Voilà un match intéressant, n'est-il point ? Chacun a ses avantages et ses insécurités.

Lorsque la coupe, lorsque le Graal est retrouvé, l'Être pourra s'y abreuver et retrouver l'immortalité, car cette coupe du Graal contient le sang du Christ. Le Christ, c'est l'homme redevenu Dieu infini, immortel, tout-puissant. La coupe vaut l'enjeu, car de toute façon, si l'Être ne va pas dans cette quête, éventuellement, il quittera son corps, il mourra à cette identité. Alors, ne vaut-il pas mieux aller dans la quête, risquer d'en mourir, mais peut-être trouver le Graal qui permettra de ne pas perdre son existence ?

Quelle est cette coupe de l'immortalité ? Une coupe qui est enfouie, cachée parce que ce qu'elle permet est un pouvoir incomparable pour celui qui la retrouvera. Il sera Maître du monde, il sera Dieu, puisque cette coupe est la force de Dieu, le sang du Christ. Cette coupe est d'un alliage mystérieux d'or et d'argent, tout comme les cloches qui appellent à cette conquête sont d'un alliage de métaux créés par les alchimistes les plus conscients.

Rappelez-vous qu'il n'y a pas d'Être humain qui ne soit partout. Il y a la Conscience et l'Amour de l'Être, il y a la dimension énergétique, universelle de l'Être qui est partout, mais non pas son corps. Il y a bien sûr des formes de vie sur d'autres planètes. Pourquoi n'y en aurait-il pas ? Dieu serait-il un roi puissant d'une autre planète ? Non, Dieu est partout. Et si Dieu est partout, il est nécessairement énergie. Si Dieu est partout, si Dieu est énergie, il est nécessairement en vous, puisque vous êtes quelque part.

Si Dieu est partout, cela signifie qu'il est dans chacune de vos cellules. Si Dieu est dans chacune de vos cellules, cela signifie que vous êtes Dieu. Non ? Si vous êtes Dieu, alors le Graal contient votre sang. C'est le sang du Christ. Mais si le Christ n'est pas un corps d'homme incarné, qu'il est énergie, qu'il est partout, son sang ne peut être qu'énergie aussi. Puisque tout est énergie, le sang de l'énergie est l'énergie.

Alors, la coupe qui contient le sang du Christ, c'est la coupe qui contient votre sang universel, donc qui contient l'énergie. Il ne peut en être autrement. Le Graal est une coupe d'énergie : énergie de l'Univers, pourtant manifestée sur cette Terre. Où se situe cette coupe ? Les Êtres la recherchent partout, mais si cette coupe contient de l'énergie, quel est cet alliage d'or et d'argent ? Ne s'agirait-il pas d'un rayon d'or et d'un rayon d'argent, c'est-à-dire d'une lumière d'or, la lumière de la paix, et d'une lumière d'argent, celle de la Connaissance ? La paix, la Connaissance, deux énergies lumineuses d'or et d'argent.

La coupe est donc d'énergie et elle contient de l'énergie. Où peut-elle être dissimulée ? Bien sûr, si elle contient votre sang, votre énergie, elle est nécessairement à l'intérieur de vous. Donc, le Graal est nécessairement à l'intérieur de vous. Nous ne faisons que de la logique, ici. Le Graal est une coupe d'énergie qui contient votre énergie. Alors, le Graal est à l'intérieur de vous. C'est une masse d'énergie contenant de l'énergie : énergie de l'Univers, énergie de la Conscience christique associée à votre Être.

L'Univers s'est manifesté en une multitude d'expressions, une multitude d'Âmes, et l'Âme projette sa vibration sur cette Terre et vous en êtes le fruit. Au plus profond de votre Être, dans vos entrailles, il y a une coupe d'énergie qui va permettre à votre Être de croître, de naître, de se développer, qui va permettre à votre Être tous ses mouvements physiques concrets, tous ses mouvements psychiques, tous ses mouvements subtils énergétiques. Le Graal, c'est l'espace de vos entrailles, la coupe associée à vos organes de reproduction, ceux-ci représentant dans la matière l'énergie de kundalini, l'énergie de création. La Toute-Puissance, c'est l'énergie de l'Univers qui est toujours en mouvement et qui se déploie, qui transforme sa forme, qui transforme l'Univers continuellement, et qui est représentée à l'intérieur de vous.

Cette énergie, donc, toute puissante est toute présente en vous et vous entraîne vers l'immortalité. Non pas l'immortalité du corps, bien sûr. Le corps est de l'énergie qui s'est densifiée, cristallisée, contractée, et qui, par la rencontre des autres formes d'énergie, va nécessairement se transformer un jour ou l'autre.

Bien sûr, nous savons que le corps de l'Être humain, selon sa constitution, peut agréablement vivre un parcours de plus de trois centenaires. Votre corps physique est suffisamment porteur de la Conscience, de l'Intelligence, de l'Amour de cet Univers, il est l'expression d'une pureté, d'une perfection qui fait en sorte qu'il peut bien vous accompagner comme un véhicule pendant trois ou quatre centenaires. Alors, peut-être serait-ce une incitation à bien apprécier cette incarnation et le véhicule lui-même pour jouir, non seulement du véhicule, mais jouir aussi de ce qu'il vous permet de rencontrer comme expérience ?

Le chevalier dans la quête du Graal, c'est l'Être humain qui va à la rencontre de lui-même. Nous voulons dire, bien sûr, à la rencontre de l'énergie créatrice qui lui permet de ressentir son véritable pouvoir créateur, de déployer toutes les dimensions de lui-même, de reconnaître qu'il existe dans ce corps et bien au-delà, donc qui lui permet de vivre dans l'immortalité. Ce n'est pas le corps qui sera immortel, c'est l'Âme, puisque l'Être humain est l'expression d'une Âme. Et le corps n'est qu'une forme, temporaire pour 300 ou 400 ans.

Voilà qui est simple. Toutefois, entre le chevalier et le Graal, nous avons dit qu'il y avait des ennemis, et ceux-ci pouvaient bien sûr altérer son armure, son corps et sa psyché. Et s'il est trop altéré, il ne rencontre pas le Graal.

Alors, nous avons dit que tout Être humain entre dans une quête du Graal consciente ou inconsciente. Pourquoi l'Être humain doit-il aller à la quête de ce qu'il porte en lui, s'il le porte en lui ? Pourquoi doit-il aller à la quête de lui-même ? Et pourquoi cette quête doit-elle être une conquête ? Pourquoi l'Être doit-il aller au combat ? Voilà la véritable question. Ce n'est pas tant « Où se situe le Graal ? » que « Pourquoi faille-t-il combattre ? » et « Comment ce combat va-t-il se déployer réellement pour qu'enfin, l'Être trouve cette Toute-Puissance ? »

Nous vous dirons, d'entrée de jeu, que l'Être accède continuellement à cette Toute-Puissance depuis son arrivée puisque, sans elle, comment cette simple cellule, bien qu'ensemencée, pourrait-elle croître ? Il faille une puissance importante. Nous pouvons bien entendre que la nourriture que lui offre la mère et celle que lui offre l'environnement terrestre et cosmique sont très stimulantes, mais il faille qu'il y ait déjà une pulsion intérieure. Or, c'est cette énergie dont nous vous parlons. C'est ce Graal et ce sang du Christ, donc cette énergie créatrice, énergie de kundalini, qui va permettre au fœtus de se développer.

Rappelez-vous que, déjà, pour que cet enfant puisse naître physiquement, il lui faudra déployer une force incroyable. Il faudra donc qu'il ait une énergie importante. Par la suite, pour continuer à croître dans un environnement qui est très exigeant pour lui, il lui faudra avoir recours à cette force. Donc, inconsciemment, il utilise ce sang du Christ, il s'abreuve jour après jour au Graal. Mais il ne s'en rend pas compte nécessairement. Il ne s'en rend pas compte parce qu'il est dans la matière. Il est dans un corps et ici, sur cette Terre, il est coupé de sa Conscience, de son Infinité, de son immortalité dans l'Univers.

Alors, toute la pulsion de tous les Êtres humains est d'une part d'aller retrouver cette dimension universelle. C'est ainsi que nous vous disons clairement que la quête du Graal est la pulsion naturelle chez tous les Êtres humains d'aller retrouver leur sensation d'universalité. C'est la pulsion dans tout Être humain d'aller retrouver la source, d'aller retrouver une sensation continue et permanente d'Amour. Voilà comment la source peut être entendue de façon beaucoup plus concrète pour vous. C'est une volonté profonde de vivre de façon continue et permanente dans l'Amour qui, encore plus concrètement, se manifeste par une joie profonde, pure et continue.

L'Amour est donc joie pure, et elle se manifeste dans le corps comme une sensation d'espace, d'autorisation pour l'Être à être ce qu'il est véritablement. L'amour pour un Être, l'amour de lui-même et l'amour des autres qu'il ressent, pourra ainsi être nommé « sensation d'être accepté, d'être autorisé à être ce qu'il est véritablement profondément » sans avoir à faire ceci ou à faire cela pour le prouver, à faire ceci ou à faire cela pour être aimé, à faire ceci ou à faire cela pour attirer le regard. L'Amour pur que l'Être recherche, c'est la sensation d'exister et d'être aimé pour cette existence. Voilà ce que nous entendons par pulsion réelle de vie et quête du Graal.

Ainsi, nous avons associé deux éléments. La quête du Graal, c'est d'une part la recherche consciente de l'énergie de vos entrailles, et d'autre part, la recherche de cet état d'Amour pur. Quelle est la relation entre l'énergie dans les entrailles et l'état amoureux, c'est-à-dire l'état dans lequel vous vous reconnaissez totalement et dans lequel vous êtes reconnu totalement comme un Être humain et un Être universel ?

Quelle est la relation ? Pourquoi associons-nous ces deux éléments comme étant la quête du Graal ? Parce qu'afin de vivre cet état amoureux, l'Être ne peut que s'autoriser à déployer cette énergie en relation juste, en corrélation pure avec lui-même. Qu'est-ce que cela signifie ? Pour sentir cet Amour de lui-même, pour sentir qu'il se reconnaît lui-même profondément, il n'y a qu'une seule voie : être et exprimer ce qu'il est.

Voilà qui vous apparaît simple et naïf, et pourtant, c'est ce que nous vous disons souvent : Soyez simple et naïf ! Un Être a dit, un jour : « Les portes du paradis seront ouvertes pour les enfants. » Que signifie « simple » ? Pour pouvoir vous aimer vous-même, il ne suffit que d'être vous-même. « Soyez vous-même » signifie permettez-vous de vous déployer, d'utiliser l'énergie kundalinique à l'intérieur de vous, l'énergie de vie, l'énergie de création dans la direction, dans la voie qui vous fait profondément vibrer, qui vous fait exister, qui vous fait vivre totalement, sans résistance. Nous ajoutons un élément. Créez de telle sorte que vous sentiez la vie en vous. Vous ne pouvez pas aimer si vous n'êtes pas en vie, n'est-il pas ? Si vous voulez vous aimer vous-même, vous allez aimer la vie en vous.

Pour être en vie, il faille que vous soyez libre. Lorsque vous vous sentez emprisonné, n'est-il pas vrai que vous sentez des portions de vous qui se meurent ? N'est-il pas vrai que vous sentez des parties de vous qui n'existent pas ? Il vous faille vivre, il vous faille exister. Pour vivre et exister, il faille que l'énergie soit déployée. Il vous faut déployer votre énergie, être et exprimer ce que vous êtes profondément. Ce que vous êtes profondément est ce qui vous fait vibrer, ce qui vous fait vivre, ce qui vous donne cette sensation extrêmement puissante de participer à la vie, au mouvement de l'Univers. Donc, une sensation d'accomplissement de votre Être, une sensation de participation à un mouvement qui est à la fois plus grand que votre Être et à la fois en lui-même.

C'est ainsi que la recherche d'Amour, c'est la recherche de cette énergie qui peut se déployer. La quête du Graal, cela signifie la recherche de cette énergie dans l'Être qui lui permet de sentir qu'il est, qui lui permet de sentir qu'il vit, qu'il existe, qu'il crée, qu'il s'accomplit, qu'il participe. Et cette sensation d'exister, de créer, de s'accomplir, de participer va permettre une ouverture du cœur et une sensation physique et énergétique de joie pure, une sensation d'amour.

Lorsque l'Être est dans ce mouvement, les regards sur lui ne peuvent que reconnaître ce qu'il est. Si l'Être n'est pas dans ce mouvement, si l'Être n'est pas dans une reconnaissance de ce qu'il est, comment peut-il attendre l'amour ? Suivons-nous bien. Si l'Être n'est pas à exprimer ce qu'il est, qu'est-ce qu'il exprime ? Il exprime autre chose, bien sûr. Il exprime quelqu'un d'autre, un autre Être, un autre personnage, une personnalité, mais il n'exprime pas ce qu'il est. Comment un Être peut-il attendre d'être aimé pour ce qu'il est, s'il n'est pas ce qu'il est ? Est-ce que cela signifie qu'il demande aux autres de reconnaître ce qu'il est, alors que lui ne reconnaît pas ce qu'il est ? Est-ce qu'il demande aux autres de lire sa véritable nature, de lire son essence, alors que lui la camoufle, qu'il l'emprisonne ?

C'est pourquoi nous vous disons : La quête du Graal, ce n'est pas la quête de l'amour des autres, c'est la quête de l'Amour de vous pour vous-même. C'est la quête de cette énergie retrouvée, ressentie, utilisée et qui vous fait ressentir l'Amour pour vous-même et, bien sûr, cela signifie que vous vivez, que vous créez et que les Êtres autour de vous ne peuvent que reconnaître ce qui est devant eux. Alors, ce qu'ils verront, ce qu'ils ressentiront, c'est la vie qui se déploie, et le regard sera un véritable regard de reconnaissance, car vous serez vivant.

Alors, quels sont ces ennemis ? Qu'est-ce qui transforme cette quête en un combat, en une conquête ? Ces ennemis, avons-nous dit, portent une armure similaire à celle des chevaliers. Les ennemis sont très similaires, mais ils sont athées. Ils ne portent pas la foi. Ils sont une création qui n'est pas inspirée, mais qui semble bien fonctionner mécaniquement. Le chevalier valeureux porte la foi. Il est associé à la lumière. Son ennemi lui ressemble, mais il n'a pas la foi. Il est un hérétique. Il représente bien entendu l'expression de l'ombre de l'Être.

Le chevalier, lui, est lumière. Dans cette légende, bien sûr que seuls les valeureux chevaliers sont invités à la quête du Graal. Pourquoi ? Il faille des lumières pour rencontrer l'ombre, et seule une foi profonde peut agir comme lumière pour éclairer leur chemin. Déjà, cette foi profonde est nommée comme une force, une puissance inéluctable.

Déjà là, cette conviction va permettre à l'Être de rencontrer ses ombres. Cela ne signifie pas que ses ombres ne seront pas fortes, ne seront pas puissantes, mais elles sont ses ombres, et la lumière va toujours dissoudre l'ombre. Alors, l'ennemi du chevalier sur la quête du Graal est vraiment son image à lui. C'est sa représentation, ses ombres, donc toutes ses peurs, toutes ses insécurités.

Nous avons dit que l'ennemi a la même armure, la même cuirasse, la même carapace. Bien sûr, c'est la même. C'est la sienne ! L'ennemi, c'est lui qui se voit dans un miroir. C'est la partie de lui qui n'a pas de véritable vie. C'est une représentation du miroir. Mais la peur de ses ombres peut le vaincre, peut faire en sorte qu'il s'en retourne pour ne pas aller au combat, peut faire en sorte qu'il s'obstine sur son sentier.

En d'autres mots, l'Être porte des ombres. Toutes ses ombres sont associées à ses peurs existentielles que nous avons nommées en début d'entretien. Vous vous rappelez ? Nous avons dit : L'Être a peur de ne pas retrouver sa nature immortelle infinie, sa nature universelle, et à la fois, il a peur de ne plus exister. La peur de ne plus exister signifie qu'il s'est déjà identifié à la matière, qu'il s'est déjà identifié à son corps, qu'il s'est déjà identifié à une image, à l'Être incarné. D'une part, il a peur de n'être que cela, et d'autre part, il a peur de ne plus être. Il est continuellement déchiré. C'est un conflit profond à l'intérieur de lui-même que nous avons déjà nommé le « péché originel ».

Le péché originel est en soi une création à l'origine de l'incarnation. C'est une création énergétique. Par le fait même de s'incarner, l'Être va entrer en opposition avec lui-même. C'est la matière qui s'oppose au subtil. L'Être ressent, pressent qu'il est subtil et universel, et à la fois, il constate qu'il est matière. C'est une ambivalence, un conflit, un combat qui existe dans l'Être. C'est le combat entre l'énergie pure de l'Être, donc sa dimension subtile, sa Source, son énergie associée au Graal, et l'identification à la matière, qui est associée à l'ennemi puissant mais sans Conscience, selon la légende.

Alors, dans ce chemin de vie, si l'Être s'identifie à la matière, à son corps, à son incarnation, en délaissant cette pulsion qu'il porte en lui pour retrouver la sensation de la nature universelle, il se sent conforté. Sa peur de ne plus exister est diminuée. Toutefois, il ne se sent pas profondément reconnu. Il ne se sent pas profondément aimé par lui-même, parce qu'il est identifié à une portion de lui-même, à son armure. C'est ce que nous entendons dans cette légende par : « Le preux chevalier, c'est la lumière, c'est le bien ; l'ennemi est un athée, un hérétique. C'est le mal. Il n'a pas de Conscience. » C'est la partie identifiée à la matière qui n'est pas lui-même. Il est identifié à son armure. Il n'a pas de contenu.

Maintenant, les hommes les représentent par différentes formes de machines, de robots. Vos quêtes du Graal modernes représentent des héros qui rencontrent dans l'espace des formes robotisées. Les robots sont puissants, ils ont une intelligence, mais ils n'ont pas de conscience. Ils sont vides à l'intérieur. Il y a quelques centenaires, ils disaient simplement qu'ils n'avaient pas de dieu. Ils étaient vides, car Dieu, c'est l'énergie intérieure.

Qu'est-ce que cela signifie ? Cela signifie que, bien sûr, l'ennemi qu'ils ont identifié à d'autres cultures parce qu'ils étaient ignorants de ce qui leur était traduit par les Sages, les ennemis des autres cultures étaient pour eux des Êtres qui n'avaient pas de dieu ou dont le dieu n'avait pas d'importance. Donc, ils n'existaient pas. Ils étaient l'incarnation du mal, et eux l'incarnation du bien. Aujourd'hui, l'aspect de votre Être qui rencontre ses ombres est la lumière. C'est le chevalier qui rencontre ses ombres, et l'ombre, c'est la partie de vous qui n'existe pas, qui est illusoire.

L'Être qui cherche à nourrir son image n'existe pas. Il n'est qu'une représentation temporaire, passagère, superficielle d'une vie ou de quelques vies, mais il ne peut pas vibrer profondément. Il ne peut pas profondément satisfaire l'Être universel en lui. Il ne peut que lui offrir des satisfactions passagères, corporelles, intellectuelles, donc associées à l'image. C'est l'image qui peut avoir quelques satisfactions. L'armure peut être bien reluisante, n'est-il pas ? Elle peut être brossée. Elle peut faire l'envie de plusieurs Êtres. « Quelle armure magnifique ! Quelle armure puissante ! Quelle armure ! »

Mais elle est vide à l'intérieur ! Nous entendons par « vide à l'intérieur » qu'elle ne permet pas une sensation d'Amour profond. Bien sûr des sensations agréables d'affectivité, bien sûr des sensations agréables corporelles, des sensations agréables psychiques passagères et remplies de peurs, d'appréhensions, de doutes, d'insatisfactions, de colère, d'envie, d'impatience, d'intolérance, de tristesse, de mélancolie. En somme, tout ce que l'Être rencontre dans sa vie.

Il y a des joies, bien sûr, mais il y a de grandes douleurs psychiques, et souvent des douleurs qui sont physiques. Toutes ces douleurs sont des blessures que l'Être s'inflige, qu'il s'inflige à lui-même, qu'il inflige à cette armure. Parce que l'Être dans toute son énergie, lui, est immortel. Il existe, et plus il va frapper cette armure, plus il va se rendre compte qu'elle est vide à l'intérieur, et plus il va renaître à lui-même. Voilà le combat.

Bien sûr, s'il y a des chevaliers que nous avons dit exister physiquement, cela correspond aussi à vos ombres. C'est-à-dire que vous rencontrez une situation dans votre vie, un Être devant vous n'est pas à l'écoute de votre Être, par exemple. Son comportement, ses attitudes créent pour vous une impatience, ou peut-être même une colère. Voilà donc ce que nous appelons « l'ennemi ». Non pas l'Être que vous rencontrez ! La colère à l'intérieur de vous !

L'Être que vous rencontrez est un miroir de vous-même. Vous attendez quelque chose de lui et ce qu'il fait, ce qu'il dit crée une colère en vous. Il faille entendre que dans toute votre vie, vous attendez quelque chose de vous. Vous attendez d'exprimer librement qui vous êtes. C'est ce que vous attendez de vous. Alors, quand cela est projeté vers un Être sur votre passage, votre colère envers un Être, qui est associée à une attente de cet Être, est en fait une colère envers vous. Ce n'est qu'une reproduction, un miroir.

Bien sûr, l'Être n'a pas été gentil ; bien sûr, vous avez des raisons d'être en colère. C'est un miroir de vous-même. Vous avez raison d'être en colère. Vous n'avez pas été gentil envers vous-même, parce que vous ne vous êtes pas uni à vous-même. Vous n'avez pas répondu à la recherche la plus existentielle de votre Être, recherche de sensation de son existence. Donc, devant le miroir, vous êtes en colère après l'autre ; mais dans la réalité, vous êtes en colère après vous, puisque c'est un miroir. Alors, vous pouvez frapper l'autre, vous allez le détruire, mais la colère reste. C'est la preuve qu'il s'agissait d'un miroir !

Vous quittez l'Être, vous vous éloignez de lui, vous ne voyez plus ce qu'il fait de pas gentil, mais vous rencontrez un autre miroir. Vous pouvez être ainsi comme cela dans l'illusion pendant des décennies, voire même plusieurs vies, jusqu'à ce que vous vous rendiez compte : « Ce sont des miroirs ! » Vous voyez une armure, mais derrière, il n'y a rien, c'est vide. Il n'y a pas de foi. Voilà le sens. Il n'y avait pas de foi. Il n'y a pas de conviction, il n'y a rien. C'est vide. Vous pouvez vous épuiser à frapper ces armures, ces miroirs. Des éclats de verre peuvent vous pénétrer.

Alors, là, vous comprenez l'ennemi. Dans la légende, les ennemis incarnés sont les autres chevaliers. Vous connaissez donc vos ennemis incarnés. Leur armure est si brillante que vous pouvez vous y contempler. Intéressant, n'est-il pas ?

Et les démons ? Les démons qui se présentent dans le désert, ce sont les voix intérieures qui vous transmettent que peut-être vous vous trompez, peut-être que votre recherche est vaine, peut-être qu'elle est inutile. Vous aurez plus de plaisir avec le vin que le sang du Christ. Assurément, le vin procurera une sensation d'euphorie, et nous pouvons vous le prouver, alors que le sang du Christ n'est pas encore retrouvé. Voilà ce que l'on transmet au chevalier dans le désert : Abreuvez-vous à la coupe du vin, plutôt qu'à la coupe du sang du Christ. Ce sont les tentations.

Quelles sont les tentations des démons, sinon tous les éléments de dispersion ? Tous les éléments qui peuvent faire en sorte que le chevalier va y perdre sa force. Trop de vin, peut-être trop de nourriture, peut-être trop de chair. Il pourra s'y endormir dans une impression d'allégresse, dans une impression de joie jusqu'à ce que, par la suite, il s'éveille et se rende compte qu'il fut aussi leurré parce que cette allégresse n'est plus là au réveil. Le lendemain, au contraire, son corps et son cœur sont meurtris. Il a été trompé, trahi par ses démons.

« Les entités », dites-vous aujourd'hui. Les entités de l'invisible qui viennent vous harceler ne seraient-elles pas les éléments subtils de votre Être qui minent votre foi, votre conviction, et qui sont associés à votre peur de ne pas exister ? Si votre joie est associée à la sensation d'euphorie que crée le vin, que crée la nourriture, que crée la relation sexuelle, que crée ceci ou cela, vous ne voulez surtout pas diminuer cela parce que telle est votre vie.

Et nous vous dirons : Ne diminuez pas cela, parce que si vous diminuez cela, vous ne vous sentirez plus vivre, et c'est la sensation de vie qui vous permet d'aller à la quête du Graal. Alors, il vous faut boire, il vous faut manger, il vous faut aimer pour sentir que vous vivez, et c'est là que nous vous disons : Mais sentez-vous vraiment. C'est à ce moment que nous vous disons : Buvez le vin, mais lorsque vous buvez le vin, goûtez-le bien. Goûtez chaque gorgée que vous prenez. Lorsque vous prenez la nourriture, goûtez-la bien. Goûtez-la totalement. Unissez-vous à la nourriture pour qu'elle soit pour vous une véritable joie. Et lorsque vous vous rencontrez dans les corps, alors goûtez-les bien, intensément. Lorsque vous êtes dans une véritable dégustation esthétique, profonde et sensuelle, cela sera si inspirant que vous ne serez pas dans l'abus qui blesse et meurtrit votre corps, votre cœur et votre Esprit.

Vous craignez que nous vous entraînions vers une voie ascétique, n'est-il pas ? Non. On vous dit : Le chevalier ne va pas tourner le dos aux démons. Il va plutôt rencontrer des formes de lumière. Les démons ne sont que des formes déviées, abusives, distorsionnées de la vie. L'Être humain sur cette Terre peut jouir de la Terre et de tout ce qui lui est présenté. Pourquoi aurait-il à nier les joies du corps et de la Terre pour retrouver les joies de l'Esprit et de l'Univers ? Ne sommes-nous pas dans une voie d'unification ?

Pourquoi faudrait-il que l'Être se sépare de son corps ? On ne vous a pas dit de vous séparer de l'identité, du corps, du véhicule, de la matière. On vous a dit de retrouver la sensation de l'Esprit et de l'Âme. On vous aura dit précédemment : Trop identifié à la matière, à l'image, l'Être ne rencontre pas cette pure énergie. On ne vous a pas dit : Niez le corps, niez la Terre, niez l'incarnation. On vous dit plutôt : Réunifiez-vous. On vous dit : Jouissez. Voilà qui vous inquiète, n'est-il pas ?

Dans la quête du Graal, si l'Être est dans une voie d'ascétisme, il va s'ennuyer. Les éléments qui stimulent la vie en lui pour continuer sa quête ne seront pas suffisants. Toutefois, si les éléments de vie sont rencontrés de façon abusive et distorsionnée, il sera meurtri et il va tuer la vie en lui. Il n'aura donc pas suffisamment d'énergie pour retrouver sa véritable force. Il faudra donc que l'Être rencontre la vie sous toutes ses formes jour après jour pour apprécier l'incarnation, pour ne pas avoir peur de ne plus exister.

Les démons, ce qui fait en sorte que vous cessez, par moments, de tenter de vous unir à l'énergie dans vos entrailles, c'est la peur qu'en vous unissant à cette dimension lumineuse, vous allez perdre les joies du quotidien. Et pourquoi avez-vous peur de perdre les joies du quotidien ? Parce que vous existez dans ces joies. C'est simple à comprendre ! Vous existez dans les joies du quotidien. Vous sentez votre corps, vous sentez votre cœur, vous sentez votre Esprit dans ces joies. Toutefois, vous ne les sentez pas suffisamment pour faire en sorte que vous soyez continuellement inspiré.

Alors, dans la quête du Graal, il faille que l'Être puisse jouir des éléments de la vie, et plutôt que de vous dire : « Soyez modéré » — n'est-ce pas difficile de modérer ce qui vous provoque une joie ? Vous l'avez tenté, n'est-il pas ? Est-ce que cela ne vous rend pas triste ? — alors, nous vous disons l'inverse : Allez avec plus d'intensité vers cette joie, mais vraiment avec plus d'intensité, plus de présence, de véritable présence.

Si vous êtes véritablement présent dans une joie terrestre, totalement présent, alors elle ne pourra pas vous faire dévier de votre route. Au contraire, elle vous nourrira. Vous n'aurez pas à vous modérer parce que, lorsque vous goûtez vraiment un peu de vin, mais vraiment totalement, vous savez que trop de vin vient altérer la sensation de joie agréable que vous avez eue avec ce qui est juste comme quantité. Il s'agit de présence.

C'est ainsi que ce qui était transmis au chevalier pour rencontrer les démons dans le désert était : « Faites face et soyez présent. Regardez les démons dans les yeux. Ne tournez pas le dos. Soyez présent, totalement vivant et présent, et ils vont céder le passage. Soyez présent à tout ce qui vous entraîne vers une déviation et, de tous ces éléments, vous pourrez en retirer la substantielle essence et la joie réelle en continuant votre parcours sans être altéré. » Voilà qui semble plus joyeux.

Tous ces éléments doivent être saisis pour le chevalier, autant ce qu'il cherche que ce qu'il va rencontrer. Nous pourrions vous transmettre que le Graal, en fait, c'est la rencontre de toute cette énergie dans toute sa vastitude, son amplitude, et que pour sentir votre Être totalement investi de lui-même, il lui faudra jour après jour rencontrer les miroirs de lui-même qui font obstacle sur sa route. Rencontrer les miroirs et faire un choix. C'est pourquoi nous vous disions, d'entrée de jeu : Les cloches sonnent pour ouvrir la conscience de l'Être et lui amener la connaissance de ce qui est véritablement sur le parcours.

Nous vous avons dit aussi que la princesse observait. La princesse, c'est la femme. La femme est inspirée et elle est inspirante. Que représente-t-elle, cette princesse qui inspire le chevalier à retrouver le Graal et qui lui dit même qu'elle va l'attendre ? L'énergie créatrice, l'énergie du Graal, l'énergie de création, avons-nous dit. C'est l'énergie féminine, c'est l'énergie du principe féminin. Ce que le chevalier va rencontrer dans le Graal, dans le sang du Christ, c'est l'énergie féminine, l'énergie de création qui doit être présente dans chaque Être, donc qui doit être retrouvée dans chaque Être pour que l'Être soit total.

Lorsque les cloches sonnent, elles appellent les valeureux chevaliers. Les chevaliers sont des hommes, n'est-il pas ? Les hommes consciemment inspirés vont vers le Graal. Ainsi, les hommes consciemment inspirés vont vers le principe féminin, le principe créateur. Et la femme, la princesse, le principe féminin, s'unit à l'homme conscient. Elle souhaite, elle espère, elle veut l'inspirer à retrouver cette dimension féminine. À ces époques où la princesse attendait, souvent, elle était représentée en haut d'une tour, enfermée. La vision était claire et nette. Toutefois, elle était enchaînée.

La femme, ou le principe féminin, est enchaînée, emprisonnée, réduite, et pourtant, elle va inspirer et souhaiter que le chevalier trouve le Graal. Bien sûr, s'il trouve le Graal, il trouve sa force créatrice, il trouve ce qui lui permet de manifester son immortalité et son Amour. Il retrouve sa dimension féminine et va unifier l'homme et la femme en lui au niveau du cœur.

Les Sages ont fait la narration de tout cela dans des mots très similaires à ce que nous vous transmettons, mais ils n'ont rien compris. Ils ont utilisé de véritables armes. Ils ont frappé des Êtres humains. Ils n'ont pas saisi ce qu'ils recherchaient. Derrière les Sages, des alchimistes tentaient d'associer des métaux, de créer des alliages avec le plomb qui permettaient de transformer en or des métaux bruts. Ils tentaient au fond d'ennoblir le plomb, de stimuler, d'augmenter son rythme vibratoire pour qu'il devienne or. Ils cherchaient la paix, la lumière d'or, l'Être réunifié.

La matière brute dans l'Être humain, l'Être identifié à son personnage, à ses personnalités, doit être stimulé pour être en expansion, pour élever son rythme vibratoire, pour retrouver sa paix profonde. Et celle-ci ne peut pas être retrouvée sans que l'Être retrouve sa dimension féminine et masculine. La légende est pourtant fort explicite.

Aujourd'hui, vous êtes dans cette quête du Graal. La quête est toujours la même. Jour après jour, vous rencontrez des ennemis, des miroirs, vous rencontrez des démons. Qu'en faites-vous ? Vous n'allez pas juger ces chevaliers qui ont entendu les Sages au premier niveau, à un niveau très brut, qui ont tenté d'éliminer des ennemis ? Vous n'allez pas les juger. Qui se présente sur votre passage ? Des Êtres, des collaborateurs, des conjoints, des enfants, des étrangers ? Ils se présentent comme étant vos miroirs, et intérieurement, ils provoquent des pensées, des oppressions du mental ou des suggestions mentales. Certains diront même : « Se présentent subtilement des entités. »

Dans les temps modernes, l'Être est toujours dans cette même quête. Les images extérieures se sont modifiées. Toutefois, intérieurement, il s'agit du même mouvement : retrouvaille de cette dimension créatrice dans l'Être humain, retrouvaille de cette énergie kundalinique, retrouvaille de cette sensation profonde de soi-même dans le déploiement de cette énergie. L'Être cherche la sensation amoureuse, cherche à être et à exprimer, à accueillir la reconnaissance des autres, plutôt que de tenter de transformer les Êtres sur son passage, de les éliminer, de les contrôler, de les emprisonner pour aller retrouver une coupe dont le contenu s'est transformé en or noir.

Actuellement, dans votre société, les Êtres humains vivent le même conflit intérieur, le même combat, la même pulsion vers la retrouvaille du Graal, et sur leur parcours, ils rencontrent leurs ombres. Ils ont la même envie d'être reconnus comme des chevaliers purs. Puis, ils rencontrent les ennemis qui, pour eux, sont bien sûr les représentants du mal. L'Être est le bien et, autour de lui, il y a le mal. Il y a les autres Êtres qui, eux, se trompent, errent, et qui n'ont pas compris.

Mais bien sûr, lorsque vous ressentez cette pulsion pour retrouver le Graal, vous cessez vos combats extérieurs et vous tentez de faire en sorte que le mal qui se croit le bien puisse aussi comprendre que cette recherche est vaine. À travers les centenaires, à travers les millénaires, l'affrontement des Êtres est vain. Que l'or puisse changer sa couleur ne change rien.

Alors, comment l'Être peut-il véritablement se situer dans un parcours sur la quête du Graal sans souffrir, sans rencontrer ses ombres et souffrir soit en cédant à l'envahissement des ombres, soit en s'opposant à ses ombres et en s'attristant ? Comment peut-il vivre heureux sur ce parcours ? Est-ce que le bonheur n'est que dans l'atteinte du Graal ? Non point. Le bonheur et la joie sont déjà dans la conviction que le Graal est en vous, dans la conviction que l'énergie est à l'intérieur de vous et que vous pouvez être libre de votre expression.

Déjà, en vous autorisant à entrer dans cette connaissance, il y a des décontractions de l'Être. Déjà, en saisissant ce que signifie quête du Graal, ce que signifie énergie créatrice, ce que signifie Amour, ce que signifie joie pure, l'équation se simplifie. N'avez-vous pas observé que les équations de combats pour vous faire aimer de l'extérieur, pour changer votre caractère, par exemple, pour modifier des habitudes sont très complexes ? N'avez-vous pas observé que tout ce qui crée des inconforts physiques, psychiques ou relationnels est associé à beaucoup d'éléments qu'il faille régulariser ?

C'est ce que nous appelons les « équations complexes ». Faire en sorte que vous ayez les bons compromis au bon moment avec la bonne personne. Faire en sorte que vous utilisiez le bon mets, la bonne combinaison alimentaire au bon moment, dans les bonnes quantités. C'est complexe, n'est-il pas ? Au niveau des relations, au niveau du mouvement de votre corps, au niveau de votre alimentation, au niveau de votre psyché. Que d'éléments à contrôler ! Pourquoi la vie sur cette Terre serait-elle si compliquée ?

Nous reprenons à partir d'une équation simple. L'énergie kundalinique, l'énergie du Christ, le sang du Christ dans le Graal, dans vos entrailles, dans votre hara existe. Cette énergie a toujours existé, vous permet de vivre, vous permet de hisser votre épée de lumière. Lorsque cette énergie est retrouvée, une sensation de vie s'amplifie. C'est l'épée de lumière.

Imaginez, par exemple, que cette énergie est un soleil dans votre ventre. Si vous êtes focalisé sur toutes vos blessures, toutes vos projections vers les autres, toutes vos peurs, toutes vos anticipations, il y a un grand nuage noir au-dessus du soleil. Lorsque vous portez votre attention sur le soleil et que vous réduisez vos jugements de vous-même, vos culpabilités, vos jugements vers l'extérieur, lorsque que vous entrez dans une compréhension plus grande de ce qu'est votre Être dans sa quête du Graal, vous portez votre attention sur le soleil. Ce soleil s'amplifie et un rayon s'élève à l'intérieur de vous. C'est l'épée du chevalier pointée vers le ciel.

Qu'est-ce que cela signifie? Cela signifie que, de cette énergie, se manifeste une voie, un couloir, une orientation, une façon d'être, une façon de créer qui est vous, qui vous ressemble, qui bien sûr va vous suggérer quelques modifications sur le parcours que vous suivez mais qui ne vous ressemble pas. Progressivement, pas à pas, cette épée de lumière va vous transmettre ce que vous pourriez ajouter à votre vie pour être plus cohérent, plus conséquent avec cette énergie du Graal qui se déploie.

Rappelez-vous que, dans l'Univers, le bien et le mal n'existent pas selon ce que les Êtres ont nommé. Il n'y a pas de morale, de bien ou de mal, de bon ou de mauvais. Il y a une lumière, un courant d'énergie qui vous représente, et il y a ce qui ne vous représente pas. L'ombre n'est pas mal en soi. Nous vous taquinons en vous disant « le bien et le mal ». L'ombre, c'est simplement l'ombre de vous-même, une illusion de vous-même. Ce n'est pas vous. C'est pourquoi nous disons « l'ombre ». Vous êtes à l'ombre de vous-même, vous n'êtes pas vous-même, et cela vous entraîne dans tout un ensemble de contorsions. Quand nous disons « le bien », pour vous taquiner, c'est la lumière, la lumière de cette épée.

Lorsque vous suivez cette lumière, de plus en plus, pas à pas, jour après jour, progressivement... un changement progressif pour être vous-même, pour exprimer ce que vous êtes, va vous amener dans une sensation de respect de vous, d'amour de vous-même, d'ouverture du cœur. N'ayez crainte... si vous changez tout trop rapidement, la peur de ne pas exister peut s'emparer de vous! Elle est déjà présente. Il vous faille vraiment être respectueux de ces peurs, pour ne pas vous laisser envahir par elles.

La quête du Graal, c'est la quête de soi. Alors, vous êtes des chevaliers de lumière et vous serez à la fois le chevalier portant la conviction de la justesse de votre quête. Vous serez aussi la princesse parce que, portant la conviction de la justesse de votre quête, vous rencontrerez cette énergie créatrice, et vous savez que la princesse, le principe féminin, est en vous. Vous entendez l'inspiration de ces cloches, la Conscience est ouverte, et la dimension masculine est en vous. Le principe masculin est en vous. C'est la Conscience, l'orientation de votre mouvement.

Vous serez aussi alchimiste. L'alchimiste, c'est l'Être qui transforme le plomb, donc l'Être brut, la magnifique armure brute en une vibration lumineuse de couleur d'or, de paix. Lorsque le combat avec vous-même va cesser parce que vous aurez retrouvé le Graal en vous, vous serez en paix. Ainsi, l'aura autour de vous, la vibration lumineuse autour de vous sera dorée. Vous pourrez donc dire: « Voilà, je suis un alchimiste qui a retrouvé tous les secrets des métaux. » La matière brute, la matière non consciente s'est transformée en Conscience et en Amour. Et vous voilà paisible. Il n'y a plus de combat. Voilà le sens de l'alchimie. Vous aurez transmuté.

Comment allez-vous vous laisser inspirer? Simple. Inspirez. Inspirez profondément. Le souffle qui vous pénètre apporte en vous la vie. Inspirez profondément pour dynamiser, stimuler l'énergie dans votre hara. Lorsque vous inspirez profondément, puissamment, cette énergie est stimulée. Vous captez la nourriture cosmique, universelle, et la nourriture de cette Terre dans son atmosphère. Il vous faille respirer. Il vous faille vous nourrir de la vie.

Donc, il vous faille vous unifier avec la vie sous toutes ses formes qui existe concrètement autour de vous dans la nature. Vous unir à la nature. Il faudra aussi la respecter, purifier l'air, purifier l'eau. L'air et l'eau sont des éléments qui stimulent l'Être à être dans sa présence énergétique. Respirer l'énergie, respirer les lumières.

Où sont les Maîtres de lumière, croyez-vous, lorsque vous invoquez les Maîtres de lumière ? Qui sont les Êtres de lumière ? Des Êtres humains — dites-vous — ascensionnés, des Êtres humains qui ont réalisé leur nature divine ou des Êtres de l'au-delà qui se présentent à vous ? Qui sont les Êtres de lumière ? Ce sont des lumières qui sont dans vos cellules.

Lorsque vous invoquez les Êtres de lumière, prenez conscience que vous invoquez l'énergie à émerger de vos cellules. Vous invoquez votre propre Conscience. Les Maîtres de lumière ne sont pas ni moins ni plus que Dieu, qui lui non plus n'est pas à l'extérieur de vous. Si Dieu est à l'intérieur de vous, où croyez-vous que les Maîtres de lumière sont ? Ce sont vos propres lumières. Lorsque vous invoquez les Maîtres de lumière, sachez que vous invoquez le Maître de lumière en vous. Vous invoquez l'éclosion cellulaire en vous.

Alors, invoquez-les. Invoquez les énergies de la Terre, de la nature. Invoquez l'énergie de l'intraterre. Cette planète est vivante. Il y a des métaux vivants. Il y a de la vie dans cette Terre. Alors, qu'est-ce que cela signifie ? La vie se manifeste par des courants énergétiques, des champs magnétiques. Unissez-vous à ces champs magnétiques, et créez des champs magnétiques à partir de votre propre énergie.

Plus vous retrouvez votre énergie, plus vous créez des champs magnétiques. Et ces champs magnétiques vous inspirent. Nous disons souvent : Créez des spirales, des spirales d'énergie. S'unir à l'intraterre, c'est s'unir à des champs magnétiques puissants. L'extraterre, ce sont les courants lumineux qui existent et toutes les forces de l'Univers. Lorsque vous vous unifiez énergétiquement, vous retrouvez la sensation d'être Un et vous retrouvez donc votre énergie qui est tant à l'intérieur de vous qu'autour de vous.

De façon très simple, afin de favoriser la quête du Graal, afin de favoriser l'unification à votre énergie, unifiez-vous à toutes les formes d'énergie consciemment. Retrouvez la puissance de la nature, de l'intraterre et des lumières dans l'Univers. Nourrissez-vous de tout cela, consciemment, jour après jour, à chaque instant. Nourrissez-vous d'un rayon de soleil, nourrissez-vous d'une sensation, d'une présence énergétique, nourrissez-vous d'un champ magnétique ou d'une sensation de force émanant de la terre. Soyez gourmand de l'énergie, et vous n'aurez pas de grandes douleurs dans de grands combats avec de grandes ombres dont les armures semblent se cristalliser devant vous.

Voilà la quête du Graal. Nous l'avons observée. L'avez-vous saisie ? Il ne reste plus qu'à brandir les épées !

Maître et Disciple de vous-même, soyez vivant. Accueillez notre Amour.

LA SOLITUDE : UN PASSAGE VERS LE SOI

Maître et Disciple de vous-même, accueillez notre Amour.

D'entrée de jeu, nous vous dirons : fermez vos yeux, s'il vous sied, et projetez-vous dans cet espace intérieur illimité, dans l'infini de l'Univers, à l'intérieur de vous-même, dans le bleu de la nuit, dans cette vibration indigo de l'Univers. Cet Univers, ne le recherchez point à l'extérieur de vous. Retrouvez-le au plus profond de votre Être, sans aucune séparation, dans chacune de vos cellules. Retrouvez cette vibration continue, permanente, qui permet à votre Être d'exister, de se manifester, de s'exprimer. Cet Univers est associé à cet élan de l'Être, l'élan de vie, la pulsion de vie. Ce qui permet à l'Être d'évoluer et de se manifester sur ce plan est certes la vibration de l'Univers en lui.

Retrouvez-vous dans cet espace de l'Univers, sans attente, sans recherche, sans anticipation, dans la paix de l'Être. Permettez-vous quelques instants pour retrouver cette présence qui est bien au-delà de la présence du personnage que vous exprimez quotidiennement. Sans aucune forme de jugement sur ce personnage, retrouvez-vous dans cet espace illimité dans lequel vous savez fort bien vibrer lorsqu'il n'y a point de hâte, d'obligations, lorsqu'il n'y a plus de résultat à atteindre, lorsqu'il n'y a que l'espace de l'Être dans un abandon à sa réalisation. Abandonnez-vous à l'état de l'Être à l'intérieur de vous, et permettez-vous simplement de retrouver la Connaissance qui y circule.

Le bleu de la nuit, la vibration de la couleur indigo, est cette vibration lumineuse qui transporte la Connaissance, une connaissance qui va bien au-delà de la connaissance qui circule dans le mental, captée par l'intellect. Une connaissance illimitée, qui permet à votre Être de se retrouver en paix, de cesser sa course sans fin, de cesser cette pression qu'il s'offre à lui-même d'évoluer, de se projeter d'une autre façon, d'entrer dans une performance de réalisation sur ce plan terrestre. Situez-vous dans cet abandon de l'Être qui n'a plus cette tension à évoluer parce qu'il sait qu'il est déjà une manifestation de l'Univers et qu'il ne peut être plus.

Inspirez profondément dans cet espace, et savourez votre propre présence. Demandez à votre Être de calmer le mental, de calmer le personnage.

L'Être aura si souvent ressenti la solitude comme une faute qu'il aura peut-être commise, comme une tare, comme étant le résultat d'une action qu'il aurait commise ou qu'il n'aurait pas commise, comme un lot, comme une charge, comme un fardeau dont il est responsable. Rappelez-vous que vous êtes des expressions de l'Univers tout entier. L'Univers dans son mouvement s'est manifesté, et vous êtes issu de ce mouvement.

Votre individualité est une création du mouvement de l'ensemble, du Tout, et il est naturel que l'Être puisse ressentir, dans une phase de son expression, une forme d'abandon, une forme de solitude. Du Tout, il fut projeté dans une individualité. D'une union globale dans laquelle la vibration était partagée, ressentie comme une seule expression avec le reste de l'Univers, voilà que l'Être est projeté dans une individualité, percevant momentanément qu'il est seul. Il est naturel pour l'Être en évolution de ressentir la solitude à un moment de l'incarnation. Non seulement il est naturel, mais aussi il est sain pour l'Être, car cela l'entraîne dans une interrogation profonde sur lui-même, sur la société et sur l'Univers.

Depuis le début de cette humanité, depuis environ huit millénaires, jamais votre humanité n'aura compté tant de solitude associée à un désarroi profond de l'Être. Jamais votre humanité n'aura présenté autant d'Êtres qui portent en eux la solitude et qui la portent dans une crainte, dans une peur, dans une douleur profonde. Et pourtant, jamais, depuis le début de cette humanité, l'Être n'aura eu tant à bénéficier de cette solitude.

La solitude qui est vécue dans vos sociétés actuelles est certes ressentie par plusieurs Êtres comme un déséquilibre. Pourquoi ? Parce qu'elle est souvent provoquée par un mouvement déséquilibré. Et pourtant, de par sa nature, la solitude est un passage qui permet l'équilibre de l'Être. À travers ce thème, nous pourrons ensemble explorer plusieurs paradoxes de vos civilisations actuelles.

Vous savez, dans votre chemin spirituel, votre voie de réalisation et votre recherche de lumière, il se peut fort bien que ce thème soit secondaire. Il se peut fort bien que vous ayez « classé » ce thème de la solitude à l'intérieur de vous-même de façon moins privilégiée, en comparaison des autres grands thèmes de votre démarche. Et nous vous dirons : N'en faites rien, puisque ce thème de la solitude est au cœur de la voie de réalisation. Il n'est pas un sujet anodin, banal. Il n'est pas un thème à négliger. Il n'est pas un élément à traiter en second lieu. Au contraire ! Permettez-vous de prioriser ce thème, afin d'en retirer la substantielle connaissance. Ne négligez pas votre réflexion, votre pensée par rapport à la solitude, car ainsi, vous négligez un élément fondamental de l'expansion de l'Être, de la réalisation de l'Être.

Observez, dans votre histoire spirituelle et religieuse, comment les grands Sages que vous louez vous ont tous présenté ces étapes de solitude qui permettent une expansion, qui permettent une propulsion importante, qui permettent une association avec la Connaissance. Rappelez-vous, quelles que soient vos allégeances ou vos connaissances, rappelez-vous les Êtres qui pour vous représentent une certaine sagesse, et observez leur vie. Vous vous rendrez compte que tous furent associés à ce thème de la solitude.

Maintenant, comment ce thème se présente-t-il d'abord dans vos sociétés et pourquoi tout ce désarroi face à la solitude, qui est en soi un tremplin de l'Être dans ce passage vers la Connaissance ?

Observez d'abord, s'il vous sied, l'évolution de votre science et de votre technologie, particulièrement dans ce dernier centenaire. La science et la technologie évoluèrent si rapidement afin de permettre à l'Être plus d'autonomie, n'est-il pas ? Plus de liberté, n'est-il pas ?

Voilà que vous en doutez déjà... [rires dans la salles] et nous débutons à peine notre raisonnement... Accordez-nous ce bénéfice du doute ! N'est-ce point la finalité de la recherche scientifique et technologique, soit de permettre à l'Être une plus grande liberté spatiotemporelle ? Bien sûr, vous êtes déjà conscient des résultats. [sourire du Maître] L'Être recherche à utiliser la matière et l'énergie sous toutes ses formes, afin de pouvoir œuvrer avec moins de douleurs, avec plus de facilité, de souplesse, de légèreté et de liberté. L'Être est à développer les outils nécessaires à ce qu'il soit plus disponible. Disponible à quoi ? Voilà la difficulté ! Voilà un des éléments primordiaux dans notre raisonnement. L'Être est affairé de façon très importante socialement à faire en sorte qu'il « peine moins » — nous utilisons à dessein ce terme. Qu'il travaille moins, qu'il fasse moins d'efforts.

Rappelez-vous ces époques où vous deviez, pour subsister, aller rechercher l'eau à la rivière, construire votre toit... Vous vous rappelez, peut-être ? Rappelez-vous tous ces efforts. Rappelez-vous que votre temps était utilisé à faire en sorte que vous puissiez subsister, vous nourrir, et vous protéger des intempéries.

L'Être a recherché à faciliter son labeur afin, bien sûr, d'être plus disponible à sa quête réelle. Et quelle est sa quête réelle ? Voilà ici un questionnement qui est encore présent en chacun de vous, huit millénaires plus tard. Se pourrait-il que ce questionnement soit important ? Combien d'Êtres parmi vous sont réellement conscients, présents à leur véritable recherche, au sens réel de leur vie, de l'incarnation ? C'est un questionnement auquel, bien sûr, nous ne vous demanderons point de répondre extérieurement, mais vous pouvez le faire intérieurement. [sourire taquin du Maître] Et nous ne traduirons pas vos réponses pour les autres... [rires dans la salle]

Vous vous interrogez, maintenant, quant à ce thème que nous abordons. Vous êtes venu ici vous entretenir sur la solitude, et nous vous parlons du sens de vos vies. Eh bien, tout se situe à ce niveau, puisque l'Être tente bien sûr d'évoluer, c'est-à-dire de faciliter d'abord son mouvement très physique, afin d'être disponible à son mouvement de vie. Or, dans son mouvement de vie n'est-il pas la recherche de la retrouvaille des autres ?

Nous vous avons dit, d'entrée de jeu : Cet Univers est d'abord une seule entité, une seule Âme, qui s'est propulsée en une multitude de manifestations, qui se sont elles-mêmes procréées. Et vous êtes les enfants de cette Âme. Consciemment ou inconsciemment, votre mouvement est de vous retrouver uni à cette Âme. Et nous nous employons à vous transmettre que vous êtes uni à cette Âme. Mais bien sûr, il faille vous-même le ressentir profondément et faire ressentir cette union consciemment à vos cellules.

Votre Âme choisit différents plans de conscience (entendez « différents endroits dans l'Univers ») pour vivre l'expérience qui l'entraîne vers une réunification. Alors, imaginez par exemple que vous soyez une Âme issue de cette Âme gigantesque, de cette « mer » Univers. L'on vous dit : Vous êtes le Tout, vous êtes uni à cette Âme. Alors, bien sûr, votre mouvement est celui de retrouver profondément cette vérité, cette sensation d'union. Et pour ce faire, quoi de plus naturel que de tenter de vous unir ?

Voyez-vous, sur cette Terre — puisqu'elle semble vous intéresser particulièrement —, le plan de conscience en est un d'expérience. C'est un plan social, c'est-à-dire un plan où les Âmes viennent se rencontrer. L'isolement, sur ce plan, est en soi inutile. Ce n'est pas un plan où l'Âme va se projeter seule dans l'Univers. C'est un plan de conscience où les Âmes vont réellement retrouver leur essence à travers la rencontre des autres, donc un plan social. Vous le savez, consciemment ou inconsciemment, vous le portez depuis toujours, depuis que la vie s'est manifestée sur ce plan.

Ainsi, l'Être recherche à faciliter son « travail » de survie sur le Terre afin de disposer de plus de temps pour rencontrer les autres, n'est-il pas ? N'est-ce point logique ? Car le mouvement essentiel de l'Être est celui de la rencontre, celui de la fusion avec le Tout à travers ces expériences de rencontres avec les Êtres.

Or, sur ce plan, ou sur cette Terre, tout ce que vous faites est un mouvement de confrontation avec les autres. Entendez « confrontation » non pas nécessairement d'une façon péjorative ! Entendez « confrontation » comme une rencontre. Et bien sûr, certaines rencontres sont plus abruptes que d'autres, alors que d'autres sont plus fusionnelles. Il n'en demeure pas moins que les rencontres entre les Êtres, qui peuvent être observées comme des expériences de vie, comme des situations de vie, favorisent l'émergence d'une conscience globale. Quelles que soient les rencontres, des plus quotidiennes aux plus concrètes en passant par les plus anodines, les rencontres des Êtres favorisent une émergence de connaissances. Lorsque vous rencontrez un Être, une situation s'élabore et de grandes joies profondes ou superficielles, des émotions superficielles ou profondes peuvent résulter de cette situation. Vous direz : « Voilà qui est naturel. »

Qu'est-ce que l'Être va apprendre ? Il va apprendre ce qu'il est. Il va apprendre à partir de ses réactions. Chaque Être va réagir à une rencontre, et ses réactions vont lui fournir une information sur ce qu'il porte en lui, sur sa vision de l'Univers, sur son interprétation de ce qui est. N'est-ce point simple ! Votre vie est un ensemble d'expériences, de rencontres, de confrontations, qui n'ont pour but que de vous permettre de comprendre plus simplement de quoi est composé cet Univers et qui vous êtes profondément.

Alors, s'il y a des douleurs, des colères, des déséquilibres, vous voilà en plein apprentissage intéressant ! Votre Être, qui est en soi parfait — sauriez-vous le reconnaître ? —, ne s'est certes point projeté sur ce plan de conscience pour n'y vivre que la souffrance, n'est-il pas ? S'il n'y avait que souffrance, il n'y en a pas un d'entre vous qui choisirait d'y rester, n'est-il pas ? Vous n'êtes certes pas des Êtres sans conscience, vous n'êtes pas des Êtres masochistes — du moins, pas trop... [rires dans la salle]

Il y a une limite à la souffrance que vous choisissez de supporter, bien sûr ! Vous choisissez de demeurer sur ce plan parce qu'il a ses joies, ses espoirs, et surtout parce qu'il anime en vous la conviction qu'il n'est qu'une représentation partielle de ce que vous êtes. Parce qu'il anime en vous ce goût profond de vous unir à ce qui existe. Il anime en vous ce goût profond de vous projeter dans une forme extatique d'existence. Parce que sur ce plan, il y a suffisamment d'indices que vous pouvez vibrer à un niveau plus élevé que ce qui est couramment ressenti au quotidien, vous choisissez de continuer l'expérience, car consciemment ou inconsciemment, vous savez que l'expérience vous délivre, vous libère peu à peu d'interprétations limitées, déviées de ce qu'est l'Univers et de votre propre capacité, de votre propre puissance.

Alors, l'Être se présente sur ce plan et, bien sûr, consciemment ou inconsciemment, il recherche à s'unir, il recherche les rencontres. Et vous direz qu'il y a une pulsion naturelle pour s'unir à un Être pour créer. Si ce n'est de procréer, c'est de créer. L'Être veut, de par sa nature, partager la sensation.

Il n'y a pas d'Êtres qui désirent réellement conserver une sensation pour eux-mêmes. Il y a bien sûr des Êtres qui, de par leurs blessures passées, ont cette peur profonde que le partage limite leur dégustation, leur sensation. Mais derrière cette peur, il y a toujours ce goût profond de partager. Si ce goût n'est point réalisé par l'Être, il est toutefois porté, car s'il n'était pas porté, l'Être ne pourrait vivre sur ce plan.

Rappelez-vous, dans les plus grands déséquilibres, les plus grandes douleurs, rappelez-vous ce concept d'élan vital. La vie est plus forte que tout en vous. Et qu'est-ce que la vie ? La présence de l'Univers en vous. La présence du « Je suis véritable », qui se trouve bien au-delà du personnage et qui vous permet de continuer malgré les difficultés et les douleurs.

Ainsi donc, nous revenons à ces Êtres qui recherchent à se libérer de tant de labeur pour assurer leur survie. Survie à laquelle ils tiennent, vous avez saisi pourquoi. Or, l'Être a tenté d'évoluer techniquement, technologiquement, scientifiquement, pour pouvoir être plus disponible à lui-même, et bien sûr, étant plus disponible à lui-même, il sentira cette prédisposition à la présence des autres. Cela est présent dans chaque cellule de votre Être. Toutefois, cela n'est pas nécessairement présent au niveau de l'organisation mentale, de la structure mentale. Ce qui fait en sorte que, en huit millénaires, l'Être a de moins en moins de travail, de labeur, n'est-il pas ? Et il travaille de plus en plus ! [sourire du Maître]

Bien sûr, cet aspect, il est à vous de nous l'expliquer... [rires dans la salle]

Comment vous en êtes arrivé à évoluer de telle façon que vous n'ayez plus à courir pour aller chercher votre eau à la rivière, que vous n'ayez plus à demander à la terre individuellement de vous donner sa nourriture, que vous ayez conçu des structures telles que tout s'établit naturellement et que, malgré cela, vous travailliez tant... Cela est un autre thème, n'est-il pas? Non pas dénué d'intérêt. Et si ce travail si important faisait en sorte que les Êtres s'isolaient?... Nous y reviendrons.

Nous en sommes pour l'instant à cette science, cette technologie, qui évolue et qui vous offre tant de moyens pour faciliter votre existence. Votre existence est facilitée, donc vous pouvez devenir de plus en plus autonome. Alors, puisque vous n'avez plus à courir à la rivière pour chercher votre eau, vous n'avez plus non plus à demander à votre voisin de vous accompagner à la rivière. Vous n'avez plus cette interaction. Voilà qui est simpliste, direz-vous. Peut-être faudra-t-il revenir à cette simplicité pour comprendre que lorsque vous demandiez à votre voisin de vous accompagner à la rivière, eh bien, pendant ce temps — de labeur bien sûr, qui vous empêchait d'être libre pour rencontrer des Êtres — vous étiez avec des Êtres. [petits rires dans la salle] Alors que maintenant, vous appuyez sur des boutons ici et là, et bien sûr, voilà que vous avez votre eau, votre pain, le son de la musique qui vous enchante. Voilà que tout est présent autour de vous et qu'il n'y a donc plus de nécessité que votre voisin soit présent. [Le Maître esquisse un sourire taquin.] Surtout qu'il a tout un caractère! [éclat de rire général]

Alors, vous voilà autonome, n'est-il point? Vous êtes maintenant fort bien équipé pour apprécier votre solitude, non? Bien sûr, est-ce réellement de l'autonomie qui fut développée? Ou n'est-ce point une autre forme de dépendance? Car si vous appuyez sur un bouton et qu'il n'y a plus d'eau, vous êtes démuni, n'est-il pas? Et si vous allez chez votre voisin pour courir à la rivière, il ne saura que faire. Donc, vous n'irez pas chez votre voisin. Vous êtes dépendant de ces boutons, vous êtes dépendant de votre technologie.

Voyez-vous, notre intervention n'est pas d'accuser votre technologie, ni l'évolution, mais simplement de vous proposer un retour à la compréhension de la raison d'être de l'évolution, de retrouver la finalité qui peut être conçue, pensée de cette évolution. Les Êtres sont fort indépendants, et dépendants à la fois. Et très peu autonomes.

Dans vos sociétés, non pas vous, bien sûr... [rires] il y a ainsi beaucoup d'indépendance, c'est-à-dire qu'il n'y a plus de raison si importante de solliciter la présence des autres, et pourtant, il y a très peu de moyens de survivre seul sans ce qui fut développé. Donc, il y a ici une situation qui est un emprisonnement réel. Les Êtres ont conçu, un à un, les barreaux de leur prison, mais en plus ils ont conçu ces barreaux autour d'eux. Si encore il y avait des Êtres à l'intérieur, avec vous... Non point. Des prisons individuelles !

Alors, voilà une image très sombre, n'est-il pas ? C'est simplement pour vous provoquer, pour vous confronter à une réflexion profonde : quel est l'objet même de votre travail ? Pourquoi œuvrez-vous ? Pourquoi vous affairez-vous réellement ? Qu'êtes-vous venu faire ici sur cette Terre ? Voilà le questionnement qui suscite une réflexion.

L'on ne peut pas s'interroger sur la solitude sans d'abord s'interroger sur le but de votre mandat. « Que suis-je venu faire d'abord en tant qu'Âme, et puis en tant qu'individualité ? » « Que suis-je venu faire sur ce plan ? » Car s'il n'y a pas ce questionnement, il n'y a certainement pas de réponse. Et ainsi, l'Être va simplement suivre un courant, un courant de survie, qui l'amènera dans ce cercle, cette spirale sans fin d'indépendance-dépendance. Et dans cette spirale, l'Être se retrouvera de plus en plus isolé, de plus en plus seul.

Et voilà où le désarroi prend place. Alors même que nous vous disons que la solitude est un passage fort intéressant dans l'évolution d'un Être, les Êtres vivent plus que jamais dans vos sociétés la solitude. Plus que jamais ils ont besoin de vivre la solitude, et plus que jamais ils la vivent très mal. Ils la vivent mal, car elle est provoquée par un mouvement qui n'est pas conscient, qui n'est pas volontaire, qui n'est pas pensé.

Les Êtres sont dépendants de la structure, indépendants des autres. Et bien sûr, dans cette structure, quelle est la douleur profonde des Êtres ? La solitude. Quelle est cette douleur dans la solitude ? Est-ce simplement de ne pas être supporté ? De ci, de là, vous direz, pour certains, il s'agit d'avoir une présence à ses côtés pour mieux supporter l'effet du cercle vicieux. Avoir un support pour s'aider dans la douleur, en espérant que la douleur ne sera pas simultanée chez les deux Êtres, de telle sorte que l'on puisse se supporter mutuellement. Chez d'autres Êtres, il s'agit simplement d'un accompagnement, d'un encouragement, jusqu'à la fin de cette période de vie. Chez d'autres Êtres, il s'agit simplement de vouloir éviter cette sensation de vide. Mais fondamentalement, il s'agit ici de la pulsion la plus naturelle chez l'Être, celle de s'unir.

Chez chacun d'entre vous, il y a cette vivacité de la pulsion d'unification, car s'il n'y a pas cette pulsion, vous n'êtes plus là. C'est ce qui vous permet de vivre ! Entendez-le de différentes façons, ce goût profond d'être avec les autres, ce goût profond de partager, de vous unir, que vous le conceviez au niveau plus restreint, au niveau social, au niveau humanitaire ou universel, il s'agit de la même source. C'est un goût de vivre, un goût d'unification.

Or, le rythme de vos sociétés, le rythme de vie s'est accéléré. Les Êtres ont de moins en moins d'espace temporel à accorder aux autres. Et pourtant, chez chacun des Êtres en présence sur cette Terre, il y a ce goût d'être avec les autres. Alors, bien sûr, vous constatez un paradoxe très important, une division, une déchirure. Il s'agit plus d'une rupture profonde dans l'Être humain que simplement d'un état de fait temporaire. Il s'agit d'une cassure dans l'être humain. L'organisation sociale globale est perçue comme tranchante chez l'Être humain. Et c'est pourquoi, plus que jamais dans vos sociétés, il y a maintenant des mouvements de conscience quant à la transformation, quant à la création de regroupements.

Voilà qui est intéressant, mais à la fois, vous voyez comme cela est difficile comme chemin ! Nous vous disons — suivez-nous bien — de par nature, l'Être va vers l'autre. Puis dans son évolution, l'Être a créé des formes qui font en sorte qu'il faille qu'artificiellement, il crée des groupes de rencontre. Vous nous suivez ? Bien sûr, voilà qui est merveilleux. Toutefois, il s'agit d'un effort pour l'Être.

Nous vous rappelons qu'il est intéressant pour l'Être humain de retrouver sa raison d'être sur ce plan, ce qu'il est venu faire sur ce plan, afin d'y centrer son mouvement. Afin de se préoccuper (si préoccupation il doit y avoir) davantage de la raison d'être de sa vie que de son association aux différentes formes qui existent afin d'être assurément conforme à une structure qui est provocatrice de ruptures dans l'Être. Vous voyez ? Nous vous disons qu'une grande majorité des Êtres sur ce plan cherchent à se conformer à une structure qui les déchire.

Et bien sûr, à ce moment, la solitude est perçue comme une blessure, comme une déchirure, et même perçue comme une tare. Plusieurs Êtres, dans vos sociétés, vont sentir que la solitude en eux est le résultat d'une faute. Bien sûr, dans plusieurs de vos religiosités, l'on vous aura mentionné ce « péché originel » : vous êtes pécheur, vous avez fauté, maintenant vous devez payer. Parce que vous avez fauté, vous êtes séparé du Tout. Il s'agit plutôt de réaliser que c'est le mouvement même de l'Univers qui crée, mouvement, bien sûr, auquel vous avez participé vous-même. Il s'agit maintenant simplement de vous situer dans une conscience de ce qui est créé.

Maintenant, nous pouvons mieux aborder ce thème de la solitude, à partir de l'instant où l'on peut s'accorder sur les éléments qui supportent l'avènement de cette solitude.

Nous vous disons ici : La solitude est un passage initiatique, chez tous les Êtres. C'est un passage initiatique, un passage qui est sain, qui permet l'expansion de l'Être, un passage qui permet sa réalisation.

La solitude doit-elle être un mouvement de quelques jours, de quelques mois, de quelques années ou de quelques vies ? Certes, nous vous dirons, d'un angle plus global, que cela n'a pas d'importance. Mais bien sûr, pour que vous appréciiez notre présence, [sourire du Maître] nous vous dirons : Plus court est l'espace accordé à la solitude, le mieux cela sera pour vous... Toutefois, nous vous suggérons de saisir son sens avant de tenter de la quitter.

Pour la plupart, vous comprenez bien la blessure et le malaise dans la solitude. Cette blessure, ce malaise, fait en sorte que plusieurs d'entre vous recherchez avec beaucoup d'intensité à quitter cette solitude. Nous ne saurions vous juger, mais nous tentons ensemble de le comprendre ! Certes, une déchirure profonde dans l'Être, que vous l'ayez réalisé ou non, vous entraîne dans ce goût de sortir de la solitude. Mais nous vous proposons, avant, de comprendre où elle peut vous mener. Quel est ce passage initiatique ? Qu'y a-t-il de l'autre côté du passage ?

Rappelez-vous d'abord que tous les passages qui sont vécus par l'Être, ou par l'Âme, le sont seuls. Il y a certes des Êtres qui peuvent vous accompagner dans la préparation. Ils ne peuvent toutefois vivre le passage lui-même. On peut vous accompagner jusqu'à la solitude, on peut vous accueillir de l'autre côté de ce passage, mais il vous appartient d'en retirer la **Substantielle Connaissance**. Car c'est ce terme que nous vous proposons : la **Substantielle Connaissance**. Une connaissance vaste de vous-même et de l'Univers. Ce passage de la solitude est un passage vers la fusion, et lorsque l'Être le réalise, il y entre avec une certaine joie, malgré quelques appréhensions. Plus vous constaterez les structures sociales actuelles qui vous ont amené à mal comprendre ce passage, plus vous vous sentirez libre dans cette solitude.

Vous direz sans doute que la solitude initiatique dont nous parlons est une solitude choisie et différente de celle qui est subie. Et nous vous dirons : Rappelez-vous que votre Être est suffisamment intelligent, suffisamment imprégné de connaissances pour choisir lui-même, et que cette notion de « subir » et de « victime » est aussi un refus de connaissance.

De par vos émanations, vous attirez les circonstances et les situations. Il ne s'agit pas ici de culpabiliser, ce n'est pas ce que nous vous transmettons ! On ne vous dit pas que parce que vous êtes seul, vous avez péché ! Parce que vous êtes seul, vous avez commis des actes répréhensibles, vous n'êtes pas bon et vous êtes seul maintenant ! Ce n'est pas ce que nous vous disons ! Nous vous disons que la voie que vous avez suivie jusqu'à maintenant a provoqué, pour certains d'entre vous, une étape de solitude. Quelle que soit la façon dont elle se présente, il est intéressant de constater que vous pouvez l'utiliser comme un outil, un outil de réalisation de votre Être, même s'il y a douleur.

Alors, imaginez le moment de solitude, quelle que soit son envergure, comme un passage. Quel est le mandat réel de l'Être dans ce passage initiatique ? Quel est le mandat de tout passage initiatique ? Celui de rencontrer la Connaissance. Alors, dans la solitude, qu'allez-vous rencontrer ? La connaissance de vous-même.

Bien sûr, vous aurez observé que plusieurs Êtres qui sont tant dans la déchirure et la blessure et la douleur vont tenter de panser cette blessure, d'éviter le passage initiatique qui semble trop douloureux. On ne peut leur en tenir rigueur. On ne peut qu'observer que plusieurs Êtres vont tenter de s'associer à des Êtres avec lesquels ils n'ont pas toutes les affinités qu'ils espéreraient. Ils ne retrouvent pas dans ces Êtres toute la stimulation qui les amène à vivre. Mais ils vont choisir ces associations soit par dépit, soit comme un moindre mal.

D'autres Êtres vont tenter de multiplier leurs activités de telle sorte qu'ils ne soient jamais seuls. Et bien sûr, ils ressentent la solitude aussi, tout comme les premiers. Si vous vous acoquinez — permettez ce terme — avec des Êtres qui ne sont pas, pour l'instant, en résonance avec vous-même, qu'allez-vous vivre éventuellement ? Voyez-vous, si vous vivez avec un Être, qu'il soit un partenaire affectif intime ou qu'il soit simplement affectif amical ou familial et qu'il n'y a pas de résonance, mais que vous choisissez cette vie pour ne pas être seul, qu'allez-vous vivre ? Vous allez vivre une forme de dépendance, c'est-à-dire — oserons-nous utiliser la forme — d'esclavage. Voilà un grand terme, n'est-il pas ? Mais certains d'entre vous le sentiront profondément. Le terme « au service » est beaucoup plus noble... [sourire du Maître] Encore faut-il le ressentir profondément. Lorsque ce « service » est obligatoire pour ne pas être seul, il devient un esclavage.

D'autres vivront la confrontation continue, la guerre ouverte, direz-vous, plutôt que d'être seuls. Certains Êtres vont nier leurs allégeances véritables, leur regard, leur vision, leur orientation véritable pour ne pas être jugés et isolés. Certains Êtres vont se disperser à travers des activités où il n'y a pas de rencontre réelle, en profondeur. Ils ne se situent qu'en surface, tout comme si vous alliez rencontrer la forêt et que vous soyez en périphérie de cette forêt en vous donnant l'illusion que vous êtes dans la forêt...

Or, qu'en est-il de chacun de ces exemples ? Qu'en résulte-t-il de toute façon ? Une solitude intérieure, n'est-il pas ? Même accompagné. Mais cette solitude, elle, est gênante, car cette solitude est plus douloureuse parce qu'elle est associée à une dépendance profonde, une ignorance et une incompréhension. Elle est déséquilibrante, émotionnellement et physiquement. Vous nous suivez ? Nous parlons ici de la solitude évitée qui vous entraîne dans des situations de vie qui ne vous correspondent pas et que vous supportez dans une solitude intérieure écrasante, douloureuse, amoindrissante, avilissante, même, pour certains... Et tout cela afin d'éviter la solitude.

Alors, nous vous disons : Voilà ici qui entraîne l'Être vers une réflexion. Dans le passage initiatique qu'est la solitude réelle, l'Être peut bien sûr jeter un regard éclairé sur ses expériences passées et y reconnaître ses motifs réels, y reconnaître les impulsions qui l'ont dirigé. Que l'Être utilise l'espace de solitude pour reconnaître ce qui est présent, ce qui fut présent, ce qui l'entraîna vers cette solitude. Que l'Être utilise l'espace et le temps pour se rencontrer.

Bien sûr, vous avez déjà réfléchi à cette notion, n'est-il pas ? Mais vous êtes-vous réellement rencontré ? Il ne s'agit pas dans cette solitude que d'imaginer quels sont vos goûts : Vous appréciez particulièrement ce sport, ce mets, ce type de vêtements... Alors, vous vous connaissez profondément et vous pouvez donc rechercher un Être qui a cette même appréciation des choses. Ce n'est pas ce dont nous parlons. Nous vous taquinons fortement...

Observez, simplement pour le plaisir, une autre contradiction de ce monde. Dans vos sociétés, les Êtres sont de plus en plus indépendants, n'est-il pas ? Observez, dans l'histoire, comment vos sociétés présentent, à travers les Êtres qui s'y trouvent, un goût fort prononcé pour la qualité de leur apparat, de leurs « vêtements », dites-vous, comment les Êtres recherchent à ce que leurs apparats soient de plus en plus représentatifs de qui ils sont, que leurs apparats soient jolis, harmonieux, comment ils investissent du temps et leur pécule pour ces vêtements. Comment les Êtres vont aussi se préoccuper, plus que jamais, de leur beauté extérieure, des soins de leur peau, de leur chevelure. Il n'y a pas de tort, bien sûr ! Comment les Êtres vont déifier la jeunesse. Vous avez ce terme de « culte de la jeunesse », n'est-il pas ? Comment les Êtres vont faire des efforts immenses pour demeurer dans une représentation d'eux-mêmes qui soit belle, harmonieuse et jeune.

Quel est le but réel de tous ces apparats ? Une attraction plus grande, pour attirer davantage les Êtres, pour pouvoir être reconnu dans son essence ! Alors, nous vous dirons : Mais soyez disponible ! Vous nous suivez ? Soyez présent ! Soyez disponible aux autres Êtres ! Vous êtes fort beau dans vos apparats tout neufs, vous êtes fort jolie avec cette coiffure, mais présentez-vous réellement aux Êtres ! Entrez en contact avec les Êtres ! N'oubliez pas qu'il est intéressant que vous vous approchiez des Êtres. Vous êtes non pas des objets, des machines — du moins pas encore ! Vous vibrez, vous savez. Approchez-vous des Êtres, faites-leur entendre le son de votre voix, laissez-les respirer votre parfum naturel. Entrez en relation avec les Êtres !

Bien sûr, il est intéressant de constater que toutes les préoccupations quant à l'apparence proposent un paradoxe intéressant. Les Êtres sont de plus en plus préoccupés de leur apparence de telle sorte qu'ils ont de moins en moins de temps avec les Êtres... [rires dans la salle] Bon. Où en étions-nous ?

Nous en étions dans ce passage initiatique, où l'Être peut se reconnaître. Se reconnaître signifie vraiment un regard sur ce qui fut, sur ce qui est. Quelles sont les émotions qui circulent dans l'Être ? Quels sont les états qui supportent ces émotions ? Quels sont les programmes qui créent ces états ? Voilà des questionnements qui ne sont pas nécessairement simples.

Alors, dirigez-vous vers ces éléments, à l'intérieur de l'Être, qui sont des motifs d'existence. Voilà un questionnement intéressant. Quel est le motif de toute votre existence ? Quelle est réellement la finalité ? Nous avons abordé cet entretien avec ce thème, et nous y revenons. Quel est votre motif ? Qu'êtes-vous venu faire ?

Vous savez, nous vous dirons : Dans cette incarnation, il est inutile de contourner continuellement ce thème. Contourner ce thème, demeurer en périphérie de ce thème, signifie vivre des désillusions, des déséquilibres, des douleurs. Il s'agit de se leurrer, de tourner autour de l'essence de l'Être. **Le passage initiatique de solitude, que tous les Sages de votre humanité**

ont choisi consciemment, est une rencontre profonde avec eux-mêmes afin de laisser émerger, de façon claire, le sens de leur incarnation. Le sens de l'incarnation en général et le sens de leur incarnation en particulier. Vous saisissez ce duo ? Qu'est-ce qu'un Être vient faire sur ce plan, et comment votre Être va-t-il le faire sur ce plan. Voilà le questionnement. Bien sûr, il ne s'agit pas nécessairement qu'il y ait une réponse en termes d'un travail précis, d'une activité précise, mais d'un courant qui s'éveille, d'une orientation qui se manifeste à vous, d'un sens.

Le passage initiatique de solitude est le passage privilégié pour accorder un sens à cette vie. Comprenez la beauté de ce passage ! Nous vous disons globalement que vous êtes venu ici vous libérer de l'impression que vous êtes seul. **Et c'est donc à travers une solitude apparente que vous pourrez retrouver les véritables motifs de votre Être.**

Cette solitude n'a pas à être une solitude environnementale contextuelle. Vous pouvez vivre une période de solitude initiatique alors que vous avez un conjoint, alors que vous avez une famille autour de vous. Le moment où vous ressentez cette solitude, sachez qu'elle est provoquée par une conscience supérieure de votre Être. Elle n'est pas provoquée par une inconscience ni par des comportements qui ne sont pas justes. Même si vous avez eu des comportements qui vous ont isolé, vous pourrez, dans votre réflexion, comprendre que vos comportements étaient créés par des programmations qui, elles, étaient fixées par une conscience élargie. Tout comme si un Être créait lui-même certains objets de destruction de l'illusion.

Tout comme l'Être qui va, par exemple, lui-même choisir de se nourrir trop abondamment. Alors, quel est le mécanisme qui fait que l'Être est dans une forme de boulimie ? Vous savez que la boulimie entraînera des difficultés importantes du corps physique. Nous vous disons : Au-delà de l'inconscience de l'Être, au-delà de sa programmation, qu'est-ce qui sous-tend la programmation boulimique, si ce n'est une intelligence réelle qui entraîne l'Être dans le déséquilibre pour que le déséquilibre, tel un kyste, puisse exploser ? Alors, ne soyez pas boulimique de solitude, mais toutefois, voyez ici comment vous pouvez utiliser ce passage.

Maintenant, qu'allez-vous rencontrer dans ce passage ? Nous savons que vous voulez avoir un compagnon qui vous comprenne profondément, que vous voulez des enfants, des amis qui sont tous parfaits, des Êtres réalisés, bien sûr, qui vous comprennent plus que vous-même... Car dans une solitude de surface, les Êtres présents ne sont jamais ce que l'on recherche. Si le compagnon est présent, ce sont les amis que l'on recherche, ce sont des enfants ; et si les amis sont présents, c'est une Âme sœur. Alors, lorsque la solitude a à se présenter, peu importe les Êtres qui sont présents, ils ne sont jamais adéquats. Ce n'est pas un jugement, mais ce n'est pas tout à fait ce que vous recherchez, n'est-il pas ? Vous recherchez... Vous recherchez. Mais que recherchez-vous ? ! Vous vous recherchez vous-même ! Voilà ! Vous vous recherchez profondément.

Alors, bien sûr, lorsque l'Être émerge, c'est-à-dire lorsque vous rencontrez réellement le « Je Suis véritable » à l'intérieur de vous, il émerge dans une orientation de vie. Et là, nous vous dirons : Nourrissez-vous de vous-même. Nourrissez-vous de la pulsion, nourrissez-vous de la beauté de cet Être, de ce goût d'union. Habitez-vous de ce goût d'union. Laissez-vous habiter par ce goût profond. Car, là, vous touchez réellement l'espace du « Je suis » ou, si vous désirez, l'espace du Soi, l'espace universel.

Imaginez, par exemple, un tunnel. Vous recherchez la lumière, et l'on vous dit : Il faille passer à travers ce tunnel. Lorsque vous avancez dans ce tunnel, de plus en plus vous constatez que votre corps est illusoire et que vous êtes vous-même lumière. Et lorsque vous constatez que vous êtes lumière, vous êtes projeté dans la lumière. Voilà comment vous pouvez observer la solitude, comme ce passage dans lequel vous allez retrouver votre Être comme lumineux.

Alors, pourquoi ce tunnel si étroit ? Et pourquoi cette douleur ? Et pourquoi cette sensation de grande difficulté à supporter la solitude, malgré toute cette connaissance que vous avez ? Pour certains d'entre vous qui auront fait toute cette réflexion, pourquoi cette douleur qui persiste ?

D'une part parce que la solitude n'est pas naturelle. Nous vous avons dit, d'entrée de jeu : « La solitude est naturelle, n'est-il pas ? » Si elle est naturelle sur ce plan, elle n'est pas dans la nature de votre Âme. Vous êtes des Êtres unis, mais il est naturel que, dans l'incarnation, elle se présente. Vous nous suivez ? Il est donc douloureux de vivre ce moment, douloureux particulièrement parce que vous savez que la solitude est illusoire. Qui est seul ? Qui vit la solitude ? Le personnage vit la solitude. Et voilà qui vous choque, n'est-il pas ? Bien sûr, il faille vous choquer un peu. Vaille mieux vous choquer un peu que de vivre la douleur longuement.

C'est le personnage qui vit la solitude. Car l'Être à l'intérieur de vous, l'Être universel, l'Être lumineux, lui, ne vit pas la solitude. Il sent, à travers l'Amour, à travers l'empathie, la compassion, la présence des Êtres. Cet Être lumineux à l'intérieur de vous, il ne recherche pas l'Être totalement adéquat, l'Être parfait qui viendra répondre à ses exigences. Cet Être apprécie tous les Êtres, apprécie ce qui est, même dans leurs déviances, dans leurs difficultés.

Quel est l'Être qui souffre ? C'est le personnage ! C'est le personnage qui a peur de la solitude. C'est le personnage qui cherche l'évitement. C'est le personnage qui aimera mieux vivre dans une situation où il est déprécié, vivre dans une situation où il est confronté, vivre dans le dispersement. C'est le personnage qui a peur d'être cassé, d'être détruit. C'est cette portion de l'identité qui ne peut concevoir qu'il y a plus. C'est cette portion de l'identité qui porte en elle la sensation qu'elle est unique, que vous êtes l'identité et que l'identité est vous. Et cette identité, bien sûr, fut conçue par ce rapport avec les autres.

Alors, tous les Êtres sont à la fois innocents et responsables de la création des identités. Nous n'allons point viser les parents, bien sûr ! Nous n'allons point non plus leur faire grâce. Nous allons simplement vous dire que, unis dans l'illusion, vous avez collaboré les uns avec les autres à renforcer ces identités, à renforcer ces personnages qui ont peur d'être seuls, bien sûr, puisque ces identités ont été créées par la collectivité, du moins par l'inconscience collective.

L'inconscience collective crée un personnage. Une marionnette. Vous aimez ce terme ? Alors, imaginez-vous que c'est la marionnette qui a peur de ne plus être avec la conscience collective, qui a peur de se retrouver seule. Car en réalité, elle ne sera pas seule et elle le sait très bien. Elle sait très bien que dans ce tunnel de solitude, elle n'est pas seule. Elle est isolée de la conscience collective créatrice d'identité. Mais elle n'est pas seule. Elle est en présence d'une conscience élargie, plus vaste, plus universelle, d'une partie universelle de l'Être qui va tenter de « casser » la marionnette. Et voilà qu'elle a peur...

Il est pourtant légitime qu'elle ait peur ! Pourquoi est-il légitime et pourquoi ne pouvons-nous pas la juger ni l'accuser ? Parce qu'elle ne connaît pas autre chose ! C'est-à-dire que le personnage en vous connaît seulement le personnage. L'identité ne reconnaît que l'identité. Vous nous suivez ? Il faille donc qu'il y ait une certaine brisure, pour que l'essence puisse émerger. **Et voilà le rôle de la solitude : permettre une rupture, une fracture, une légère scission, pour qu'il y ait une fuite. Pourquoi ? Pour causer une fuite de la Substantielle Connaissance, un fluide universel qui vient tout à coup, comme un parfum, s'imprégner dans ce personnage.**

C'est dans la recherche de lui-même, dans ce couloir initiatique, lorsque l'Être a pu constater qui il est, d'où il vient, où il va, ce qu'il fait, qui il peut laisser vivre à l'intérieur de lui, ses goûts les plus profonds associés à son mandat d'incarnation, de telle sorte que ce fluide qu'il ressent lui-même puisse être aussi projeté vers l'extérieur. Alors, voyez, dans ce tunnel, l'Être va rencontrer le « Je Suis véritable », le Soi. Et ce « Je Suis véritable », le Soi, est uni à tout ce qui est. Il ne peut pas être seul, il est le Tout.

Cette portion de vous est universelle ; elle n'est pas individuelle, elle est déjà unie, quels que soient les éléments de votre environnement, de votre contexte. À ce moment, vous retrouvez l'union à travers ceux qui vous entourent, conjoint, famille, amis. Vous la retrouvez dans l'autre, après l'avoir retrouvée à l'intérieur de vous. Vous retrouvez l'autre dans vous ! Vous êtes projeté dans l'Universel à l'intérieur de vous. Et puis vous pouvez le constater dans l'autre. Vous pouvez constater dans le Soi que vous n'êtes jamais seul.

Mais si l'on vous le dit à l'entrée du tunnel, si l'on dit cela au personnage, « Vous n'êtes jamais seul », le personnage ne veut pas entendre cela ! Il ne peut pas entendre cela ! Il n'est pas capable d'entendre cela ! Il est seul ! Vous saisissez ? Le personnage est seul, et il a raison ! Il est seul et il n'a pas à être seul. Voilà la difficulté de la solitude. C'est qu'à tout niveau, tout est justifié. Le personnage est seul, il a raison de se trouver seul et de chercher à ne pas être seul. Où est l'élément manquant ? Pourquoi ? C'est ce que nous vous disions, d'entrée de jeu : Votre science et votre technologie cherchent une évolution pour que l'Être soit plus disponible. Pourquoi ? C'est le même « pourquoi », n'est-il pas ?

Pourquoi vous, Monsieur ou Madame, par exemple, ne voulez-vous pas être seul ? Voilà le questionnement. Tout le monde l'admettra, toute cette audience dira : « Bien sûr, Monsieur, ne soyez pas seul ! Pourquoi être seul ? Les Êtres sont nés pour être unis ! Recherchez un compagnon, une compagne, une famille ! » Pourquoi ?

Alors, nous vous invitons simplement à ce petit questionnement de sens, quelques secondes, avant d'entreprendre l'ensemble des activités qui vont rompre la solitude : Pourquoi ? Quelques secondes, quelques jours, quelques mois, quelques années, quelques vies... de réflexion, qui entraînent l'Être vers le Soi, vers la fusion avec lui-même.

Vous voyez ? Un passage dans l'apparente solitude pour fusionner avec cette portion de vous qui est déjà unie, du moins unie avec la sensation que sa démarche est de s'unir. Mais s'unir pour des raisons nuancées, différentes. Non pas s'unir pour ne pas être seul. S'unir parce que, à l'intérieur de soi, on est déjà uni. On ne fait que manifester ce qui est porté à l'intérieur de soi. Non pas s'unir parce que l'on ne peut plus supporter l'isolement du personnage. S'unir parce que ce « Je Suis » porte déjà la conscience des autres pour ce goût profond d'élaborer, de transformer, de créer ensemble, d'une rencontre.

Dans ce goût profond, l'union n'est plus réservée qu'à un personnage parfait qui a cette couleur de cheveux, cette taille, ce caractère. Voilà que, tout à coup, cela se présente de façon beaucoup plus vaste. Cela ne signifie pas que vous ne pouvez pas avoir des goûts. Vos goûts sont certes importants. Mais qu'ils ne soient pas dans une préséance, lorsque ces goûts sont eux-mêmes périphériques. Que les goûts profonds de l'Être de vivre soient au premier plan, et que les goûts de surface viennent simplement s'ajouter, et non pas discriminer.

Cette fusion avec le Soi, avec le « Je Suis véritable », vous amène à cette capacité de fusionner avec les Êtres. Non pas simplement avec un Être qui soit le partenaire idéal et l'Âme sœur. Nous vous avons dit précédemment : Méfiez-vous des Âmes soeurs ! [sourire du Maître] Elles peuvent vous confronter jusqu'à vous projeter dans la solitude ! [rires dans la salle]

Et elles le feront volontiers, n'est-il pas ? Car tel est le rôle d'une Âme sœur. Et nous ne vous taquinons point ! Tel est le rôle de l'Âme sœur. L'Âme sœur est réellement cette Âme qui, consciemment ou inconsciemment, est pour vous un agent déclencheur, provocateur, propulseur de votre propre expression.

Lorsque vous dites en vous-même : « Je recherche l'Âme sœur », sachez ce que vous recherchez ou ce que vous obtiendrez si elle se présente. L'Âme sœur est un Être qui va agir de telle sorte que vous serez continuellement propulsé vers votre Voie, non pas nécessairement dans les voies de facilité, dans les cocons. Non pas nécessairement dans la difficulté non plus. Mais l'Âme sœur, consciemment ou inconsciemment, agira de telle sorte que vous serez attiré dans des situations pour vous rencontrer vous-même, pour rencontrer votre mandat d'existence.

Alors, l'Âme sœur est tout appropriée pour vous faire vivre la solitude... Voilà qui vous étonne, n'est-il pas ? L'Âme sœur réelle n'est pas une Âme qui vient vous supporter et panser vos plaies. Bien sûr qu'elle peut le faire tout de même. Elle nettoiera la plaie et lorsqu'elle sera pansée, elle vous propulsera dans votre chemin.

Alors, voilà comment vous pouvez ici concevoir un passage de solitude comme initiatique et, bien sûr, choisir l'envergure de ce passage. Il n'a pas à être de plusieurs années ! Mais réfléchissez sur ce que vous concevez comme solitude. Est-ce simplement de ne pas avoir de partenaire ? Puisque le partenaire amoureux qui n'est pas présent est un thème privilégié, n'est-il pas, dans vos sociétés ? Qui n'est pas présent physiquement, ou encore qui n'est pas présent mentalement, moralement, émotionnellement.

Vous sentez une solitude de partenaire, et vous recherchez un autre partenaire. Rappelez-vous ce que nous vous transmettons. Bien sûr, nous savons que cela vous choque. Avant de chercher un partenaire, ou pendant que vous êtes avec un partenaire dont vous ne sentez pas la présence, retrouvez votre propre présence. Souvent, nous vous avons transmis : Soyez présent !

Et n'oubliez pas que sur ce plan, sur cette Terre, votre présence n'est pas qu'une présence éthérée, c'est-à-dire philosophique. Vous pouvez la retrouver concrètement, en étant présent à vous-même ! Par exemple, lorsque vous peignez une toile, alors peignez cette toile ! Lorsque vous êtes à peindre un mur, soyez à peindre ce mur ! Soyez présent à vous-même ! Soyez présent à ce que vous faites, à vos états, à votre goût de peindre, ou à votre dégoût de peindre, mais soyez présent ! Vous saisissez ? Trop souvent des Êtres recherchent dans l'autre, dans le conjoint par exemple, une raison de vivre, une raison d'exister, une « présence », diront-ils. N'est-ce point fascinant ! Rechercher une présence... Mais vous avez la vôtre ! [rires dans la salle] Soyez présent !

Bien sûr, qu'est-ce qui va attirer un Être vers vous ? Ce n'est certes pas un fantôme ! C'est une présence. Alors, nous vous avons entretenus pendant des heures sur la présence, sur la capacité de l'Être d'apprécier ce qu'il est, ce qu'il fait, où il est, de constater avec tous ses sens extérieurs et intérieurs ce qu'il est à vibrer, ce qu'il est à exécuter. Goûtez votre présence.

Qui voulez-vous attirer ? Si vous ne goûtez pas votre présence, comment voulez-vous qu'un Être goûte votre présence ? Vous saisissez ? Vous cuisinez un mets et vous ne l'aimez pas. Mais vous souhaitez que tous l'aiment ! [rires dans la salle] Alors, changez quelques ingrédients, quelques épices, pour l'apprécier vous-même et attirer des Êtres qui l'apprécient. Soyez suffisamment beau à vos yeux pour que les Êtres soient attirés par cette beauté, intérieure et extérieure.

Sentez votre vibration, pour constater ce que vous émanez. Qu'émanez-vous ? Vous vous êtes déjà posé cette question ? Qu'est-ce que vous émanez ? Quel est votre parfum, quelle est votre teinte ? Vous savez comment la constater ? Observez votre vie. Observez votre vie ! Les situations que vous vivez correspondent à votre parfum. C'est ce que vous attirez. Vous créez ce que vous êtes. Cela ne vous plaît pas ? Changez de parfum ! [rires dans la salle]

Voilà qui est simple, n'est-il pas ? Sans aucune forme de taquinerie, nous vous disons : Changez de parfum, modifiez les ingrédients de votre parfum et vous attirerez autre chose. Modifiez des attitudes, des comportements. Cela est difficile ? Bien sûr, car les attitudes et les comportements sont le résultat de croyances et de conditionnements, de programmations. Alors, il faille utiliser le canal pour reconnaître qui vous êtes.

Permettons-nous ensemble d'utiliser maintenant ce terme pour désigner la solitude : la « Voie », la « Voie vers le Soi ». Si l'expérience de vie vous amène devant cette Voie, par exemple parce que des Êtres vous ont quitté ou vous n'avez plus supporté la présence de ces Êtres, alors empruntez cette Voie réellement, cette Voie vers le Soi. Quel que soit l'espace temporel associé à cette Voie, qu'il s'agisse de quelques jours ou de quelques mois, ou de quelques années, empruntez cette Voie vers la fusion avec vous-même.

Nous vous parlons de ce qu'il y a de plus important, l'essence de votre Être. Réalisez que, quelquefois, vous travaillez avec acharnement pendant des années pour récolter un pécule qui vous permettra de supporter vos malheurs à venir pendant plusieurs années. Est-ce qu'on se suit ? [petits rires dans la salle] Et vous allez éviter la Voie de reconnaissance de vous-même ?!

Alors, utilisez cette Voie vers le Soi, vers le « Je Suis ». Et plus vous êtes conscient que vous utilisez cette Voie, plus vous êtes conscient que, bien sûr, il y a par moment des goûts profonds d'être accompagné, que l'on tienne votre main, que l'on tienne votre cœur, et cela est normal. Rappelez-vous que le personnage souffre, car il est trituré, car il fut conditionné à une forme de dépendance à son environnement.

Rappelez-vous aussi que le « Je Suis », il souffre aussi — non pas réellement — mais que votre Être dans son essence souffre, car il n'a pas émergé ! Vous saisissez ? Le personnage est trituré, il souffre, et le « Je Suis véritable », l'essence même de votre Être n'a pas encore émergé. Alors, il « souffre », car il y a encore la présence de ce personnage qui fait en sorte qu'il est seul. Vous ne sentez pas votre union avec le Tout, car le personnage est trop présent. Mais ce personnage, lui, n'a pas d'autre personnage autour de lui.

Alors, bien sûr qu'il s'agit d'un espace initiatique, et vous entendez, par « initiatique », une rupture avec le connu, puisque c'est un passage. Le devenir n'est pas encore présent. Et le connu, c'est-à-dire le passé, lui, est en rupture. C'est un couloir, un passage, une voie. Il y a une douleur, une difficulté, un déséquilibre.

Plus vous êtes conscient de ce qui est en jeu, et plus le fluide peut circuler par les « fissures ». Et c'est à ce fluide que vous avez à vous unir de plus en plus afin que tout votre parfum soit teinté et que, certes, des Êtres de votre nature se présentent à vous et que la solitude ne perdure pas pendant des mois, des années et des vies. Que vous puissiez, par votre parole, par vos gestes, par vos actions et par votre état d'être manifester que vous aimez les Êtres. Et que vous ne soyez pas concentré à ce qu'il y ait un Être, d'un type très particulier, seul au monde à pouvoir vous rendre heureux.

Alors, de cet angle, louez la solitude ! Appelez la Voie à vous ! Et rappelez-vous que l'espace de solitude n'est pas nécessairement défini en temps. C'est une sensation qui circule en vous. Rappelez-vous que les Êtres autour de vous ne sont pas responsables de votre solitude et que votre Être appelle un espace de vie de reconnaissance. Ne soyez point la victime des autres, mais plutôt dans votre autonomie.

Ce dont nous nous entretenons, vous l'avez ressenti profondément, est ce passage de ce cercle vicieux de dépendance-indépendance vers l'autonomie de l'Être, c'est-à-dire l'Être qui devient Un, uni avec tout ce qui existe. La rupture de l'identité et la projection dans l'union. De façon très concrète, ne cherchez pas qu'un compagnon pour résoudre votre solitude. Ne cherchez pas un enfant pour résoudre votre solitude. Ne cherchez pas des amis pour rompre votre solitude. Ne recherchez pas des activités... Recherchez-vous. Et soyez disponible à vous-même. Puis, accueillez ce qui se présente : un compagnon, des amis, un enfant, des activités.

Plus vous vous unirez au Soi en vous, plus vous constaterez dans ce qui se présente une réalisation de l'union. La recherche d'un partenaire amoureux est, bien sûr, normale sur ce plan, parce qu'elle est la représentation de la création. C'est une attraction de type polarisée, ce sont deux pôles, deux polarités qui s'attirent. Cela est naturel dans cette incarnation. Rappelez-vous toutefois que cette polarité est aussi présente à l'intérieur de vous, et plus vous retrouvez le Soi, plus vous êtes porteur de cette polarité.

On ne vous dit pas : Ne recherchez pas l'Âme sœur ! On vous dit : D'abord, soyez. Et permettez-vous ensuite d'accueillir ce qui se présente à vous. Ne soyez pas dans la discrimination des Êtres en fonction de leur capacité de vous rendre heureux, mais plutôt dans la recherche intérieure de votre capacité d'être heureux et d'attirer des Êtres qui sont stimulants pour vous à continuer ce chemin et pour lesquels vous serez stimulants à continuer ce chemin. Bien sûr, nous vous disons : Faites ce que vous ressentez. Cela vous appartient. De toute façon, vous serez inévitablement dirigé par votre force de vie dans le sentier qui est juste pour vous.

PARDON ET RÉDEMPTION

Maître et Disciple de vous-même, accueillez notre Amour.

Inspirez profondément, et expirez. Interrogez votre Être quant à la possibilité que ces minutes qui viennent puissent vous propulser dans l'extase. Est-ce une éventualité, est-ce une possibilité ? Et si votre réponse est négative, quels sont les éléments qui entravent cette réalisation de l'extase ? Qu'est-ce qui est présent en vous et qui n'autorise pas votre Être à vibrer dans son rythme réel et essentiel ?

Voilà un questionnement certes au cœur de votre incarnation. Non point un questionnement existentiel sur lequel l'Être peut se pencher lorsqu'il a quelques instants de libres, mais plutôt un questionnement que nous vous proposons au cœur de votre quotidien. Qu'est-ce qui entrave la vibration de votre Être à tout moment ? Qu'est-ce qui ne permet pas à votre Être de vibrer ? Qu'est-ce qui se présente avec tant d'importance dans cette incarnation que votre Être puisse se présenter au deuxième rang, au troisième rang, plutôt qu'au premier rang ? Qu'est-ce qui peut avoir tant d'importance que vous ne privilégiez pas cette intimité, cette vibration, cet état de plénitude de l'Être ?

Bien sûr, l'autorisation d'être, l'autorisation d'exister, l'autorisation de se propulser dans un état de réalisation propose un questionnement fort complexe. Qu'est-ce que l'Être porte comme un fardeau — comme un « péché », même, aura-t-on dit — pour qu'il ne puisse s'autoriser à vibrer sans tension, sans oppression ? Quel est ce fardeau que l'Être peut difficilement se pardonner de transporter ?

Voilà donc un ensemble de questions qui entraînent chaque Être au plus profond de lui-même. Ce thème du pardon de l'Être est certes un des thèmes les plus complexes que vous pourriez être amené à observer dans votre vie et tout autour de vous.

Vous aurez entendu, certes, dans vos éducations judéo-chrétiennes : « Pardonnez à ceux qui vous ont offensé », n'est-il point ? Voilà où le pardon se présente pour la première fois et semble devenir omniprésent, même si, quelquefois, il est très dissimulé, et souvent même peu compris. Plusieurs d'entre vous portent en eux une volonté profonde de pardonner et à la fois une difficulté de pardonner. Plusieurs d'entre vous cherchent à obtenir le pardon et portent cette recherche même comme un poids. Ainsi, ce thème du pardon est fort complexe, car sous ce thème, presque tous les torts ou les tares qu'un Être peut rencontrer sont présents.

Qu'entendez-vous, lorsque vous entendez ce thème du pardon ? Vous entendez bien sûr « agression », vous entendez « abus », « abandon », « colère », « tristesse », « ressentiment », « peur », « jugement », « responsabilité »... Nous pourrions continuer pendant des heures, n'est-il pas, jusqu'à ce que toutes les sensations, tous les états puissent être décrits.

Bien sûr, les Êtres furent souvent hantés — « subtilement », dites-vous — par ce thème du pardon. Pourquoi ce thème est-il à la fois si présent et si confus ? Pourquoi le pardon est-il si difficile à offrir, si difficile à obtenir ?

D'abord, nous vous dirons que plusieurs Êtres ont inscrit en eux une sensation de culpabilité. Bien sûr, non point vous, mais les Êtres qui siègent à vos côtés... [rires] Culpabilité, certes.

Voilà qui peut vous étonner, n'est-il pas ? Et pourtant, les Êtres sur cette Terre, en grande majorité, portent une culpabilité associée directement à l'incarnation. Comme si l'incarnation suggérait que l'Être avait un tort, que l'incarnation était le résultat d'un « péché ». Vous avez déjà entendu cela, n'est-il pas... « Si vous êtes incarné et si vous souffrez, c'est parce que vous avez péché. » Vous êtes donc coupable et, de cette culpabilité, il n'y a qu'un pas pour inscrire que l'incarnation est un grand mouvement pour obtenir le pardon.

Chez plusieurs Êtres de cette incarnation, mais aussi très souvent inscrit profondément dans les mémoires, existe cette notion de culpabilité. Et quel est votre péché ? Quel tort avez-vous commis pour être amené à « subir » cette incarnation ? Voilà qui vous étonne comme énoncé, et pourtant, nous ne faisons que lire dans les vibrations des Êtres ce qui n'est pas émis de cette façon, mais qui est souvent émis sous une forme de sous-estime de soi. Comme si l'Être venait sur cette Terre pour rechercher à se faire pardonner... ce qu'il a oublié qu'il avait fait, de toute façon, n'est-il pas ? [rires dans la salle] Et de là à ce qu'il y ait confusion, il n'y a qu'un pas...

Pourquoi cette sensation de culpabilité ? Cela est imprégné, incrusté dans plusieurs cellules et cela signifie que c'est bien au-delà de la religion, car il y a d'autres religiosités qui ont proposé d'autres visions. Ce n'est pas la religion qui a incrusté la culpabilité dans vos cellules. Bien sûr, certaines religiosités n'ont pas nécessairement permis de dégager cette notion non plus... Mais au-delà de la religiosité, il s'agit d'une interprétation.

L'Être ressent une culpabilité, car il va se rendre compte, consciemment ou inconsciemment, qu'il est désuni. L'incarnation le projette dans l'individualité, qui l'amènera à développer très tôt une identité, une personnalité avec ses besoins que vous dites souvent « uniques », et pourtant, ce sont des besoins que l'on rencontre chez presque tous les Êtres.

De l'espace d'union, d'un Univers subtil et uni, l'Être s'incarne, manifeste l'individualité qui crée l'identité. Vous entendez ces termes ? D'un Tout subtil, vous voilà individu. Et certes, nous vous avons souvent transmis que la pulsion existentielle, l'essence universelle en vous crée votre mouvement vers la réunification. Votre Être recherche le bonheur, et cette recherche ne peut être résolue que par la réalisation de l'unité. Cela signifie que, inconsciemment, l'Être sait qu'il porte une apparente division, qu'il n'est pas uni. Vous nous suivez ?

Si vous vous dirigez vers la réunification, c'est parce que vous avez l'impression de ne pas être uni, d'être dans l'identité. Et si ce grand mouvement de réunification correspond au bonheur, cela signifie qu'il y a une sensation d'être au mauvais endroit, à la mauvaise place et de ne pas être juste.

Imaginez, par exemple, de façon métaphorique, que votre pulsion de vie vous entraîne vers le sommet d'une montagne. Toute votre vie n'a pour but que de vous rendre au sommet de cette montagne — « montagne sacrée », direz-vous... [rires dans la salle] Alors, tant et aussi longtemps que vous n'êtes pas au sommet de la montagne, serait-il plausible que vous portiez en vous la sensation de ne pas être réalisé, de ne pas être uni, de ne pas être au bon endroit, donc d'être à tort et à travers ? On se suit ? Tant que vous n'êtes pas au sommet, vous n'êtes pas au bon endroit. Donc, jusqu'à un certain point, vous sentez la non-réussite.

Et c'est ainsi que nous pouvons observer comment, subtilement, la culpabilité est inscrite dans l'Être humain. Une pulsion universelle, de par votre essence, de par votre nature, vous portez en vous cette pulsion, cet élan, que vous l'ayez réalisé ou non. Vous portez en vous ce grand élan vers la réunification, la propulsion de l'Être dans l'unité, dans le Tout.

Et toute votre vie est en soi un ensemble d'expériences pour permettre de déchirer les voiles qui créent l'identité et qui sont des entraves à votre réalisation. Ces voiles sont des interprétations de votre individualité. Toute votre vie, toute votre incarnation a pour but de vous propulser vers cet état d'union, vers le sommet de la montagne sacrée.

Toutes les expériences ont pour but de vous amener à comprendre que certaines interprétations vous limitent. Cela signifie que, profondément et subtilement, vous portez en vous cette impression de ne pas avoir encore réussi, puisque vous recherchez ce bonheur, cet état de béatitude, cet état extatique d'unification avec le Tout. Si vous le recherchez encore parce qu'il n'est pas présent, c'est que vous n'avez pas réussi. Et donc, subtilement, il y a une culpabilité qui circule. Très subtilement. Sensation de non-réussite qui s'associe quelquefois, pour certains d'entre vous, à une peur fondamentale de ne pas réussir ! En plus de la culpabilité de ne pas y être encore, sur ce sommet, il y a la peur de ne pas y arriver. Vous nous suivez ?

C'est ainsi que nous observons la culpabilité dans l'Être. Nous ne vous disons pas que cette culpabilité est justifiée, qu'elle a sa raison d'être, qu'elle existe réellement ! C'est une forme illusoire, mais présente dans l'Être humain. Et cette culpabilité fait en sorte que l'Être est dans une relation difficile avec ce thème du pardon. Culpabilité et pardon. S'il y a culpabilité, il y a une victime. S'il y a une victime, il y a un offenseur, un agresseur, un abuseur, un Être qui abandonne, un Être qui cause un tort, un Être qui a menti, n'est-il pas ?

Et voilà que tout devient plus complexe. Jusqu'à maintenant, avec cette montagne sacrée, tout était simple : l'Être est coupable de ne pas y être. Il est coupable, il est victime, de qui, de quoi ? Il est dans l'incarnation, tente de gravir cette montagne, mais il y a plusieurs opposants qui le propulsent continuellement au pied de la montagne. Vous roulez vers le pied de la montagne. Il y a des agresseurs et des abuseurs, il y a des menteurs. Il y a des Êtres qui agressent, qui sont des entraves. Il y a des circonstances qui font en sorte que cette culpabilité augmente.

Voyez-vous, dans cette métaphore de la montagne et du chemin qui mène à son sommet, il y a des entraves, des embûches qui sont représentées par des diables, des démons, avec une tête et deux jambes ? [rires dans la salle] Quelquefois même une moustache... [éclat de rire général] Et ces Êtres bloquent le sentier. Ils empêchent la montée. Ils agressent. Et que se passe-t-il ? L'Être est poussé vers le pied de cette montagne. Que va-t-il ressentir ? La culpabilité. Il s'est éloigné à nouveau du sommet. Il y a eu embûche, entrave, obstacle, qui l'a éloigné du sommet. Il porte à nouveau la culpabilité. La culpabilité s'est accrue et, en plus, il peut y avoir un ressentiment envers l'obstacle, envers l'entrave. Vous nous suivez toujours ?

L'Être n'est toujours pas dans cet état d'union, et qui plus est, il y a des Êtres qui furent sur son chemin pour rendre cela plus difficile encore. Culpabilité envers soi-même, ressentiment envers l'entrave.

« Pardonnez à ceux qui vous sont offensé », tout à coup, vient à vos oreilles. Qu'est-ce que cela signifie ? Qu'est-ce que cette phrase sainte signifie ? Qu'il faille pardonner à l'obstacle d'être, d'exister ? Qu'il faille transmettre à l'obstacle qu'il n'y a pas de tort, et ainsi augmenter la culpabilité sur soi-même ? Voilà un mécanisme que plusieurs connaissent, n'est-il pas ? Combien d'entre vous avez vécu l'abus physique, corporel, psychique et, de cet abus, vu la culpabilité augmenter ? Pourquoi cette culpabilité augmente-t-elle ? Parce que vous vous êtes senti vous éloigner davantage du sommet... Parce que, au plus profond de l'Être, il y a une Connaissance de l'Être créateur de sa propre vie.

Et voilà ces termes qui confrontent et que l'on n'ose que difficilement transmettre à un Être abusé, agressé : « Vous êtes créateur de votre vie », n'est-il pas ? Tout comme un Être qui est victime d'un virus qui détruit son corps. Aurez-vous osé transmettre à un Être qui se détruit par la maladie et qui sent profondément la culpabilité de ne pas réussir, aurez-vous osé lui transmettre : « Vous créez votre vie » ? Voilà qui n'est pas nécessairement ce qui permet à l'Être de se rehausser, n'est-il pas ? « Vous souffrez ? C'est de votre faute. » Bien sûr, vous direz que cela est juste et vrai. Et si, en plus, vous transmettez cela, la culpabilité augmente.

Et plus les Êtres sont sur une voie spirituelle, une voie de réalisation et d'éveil, plus ils sont conscients qu'ils sont créateurs de leur propre vie. Et plus ils sont conscients qu'ils sont responsables de leurs propres douleurs et de leurs propres échecs, plus ils peuvent faire en sorte que la culpabilité augmente, n'est-il pas ?

Voilà un cercle vicieux, une impasse. Certains d'entre vous auront déjà dit : « Il me semble que j'étais plus en équilibre lorsque j'étais inconscient. » [rires dans la salle] Moins de culpabilité. Plus de culpabilité, plus de pardons à réaliser. Plus de conscience, plus à se pardonner à soi (se pardonner d'on ne sait quoi...), plus à pardonner aux autres. Voilà qui rend le sentier de plus en plus abrupt vers le sommet !

Voilà un thème délicat, n'est-il pas ? Si, entre nous, nous osions fermer les fenêtres et les portes pour que personne n'entende, pourrions-nous avouer que pardonner à un agresseur n'est pas possible ?.... Serait-il possible d'avouer qu'il n'est pas possible de pardonner ? Quelle est l'utilité du pardon ? Occulter une douleur physique ou psychique rencontrée ? Pourquoi le pardon ? Pardonner pour tenter d'éliminer de sa mémoire ? Pardonner pour faire semblant que cela n'est pas survenu ? Faire semblant qu'il n'y a pas eu d'offense ? Faire semblant qu'il n'y a pas eu de blessure ? Faire semblant que tout va bien ?

Pardonner pour oublier ? Vous n'oublierez pas. Nous vous l'avons dit, nous avons fermé toutes les fenêtres. Il faille certes utiliser les vrais termes, n'est-il pas ? Vous n'oublierez pas !

Il n'y a de véritable pardon que si l'Amour demeure, même si l'agression persiste... Voilà qui est terrible, n'est-il pas ? Avez-vous déjà entendu au plus profond de vous-même : « Je te pardonne, à la condition que tu ne recommences pas » ? Est-ce véritablement un pardon ? Ou une tentative d'oublier ce qui est survenu ? Faire semblant. Scénario raté. On recommence. Et surtout pas la même chose !

Le pardon est la manifestation la plus grande de l'Amour. Le pardon réel, on s'entend ! Il faille donc ici s'y pencher avec délicatesse. Que signifie ce pardon réel ? Car, trop souvent, il s'agit d'un choix mental et intellectuel. « Voilà, je te pardonne. » « Je pardonne à mon père, à ma mère, à l'agresseur. Je pardonne et j'ai meilleure conscience, j'ai pardonné. Je me souviens de tout et j'anticipe qu'il y ait une nouvelle agression, un nouveau mensonge. » Il n'y a pas eu de pardon. Une tentative d'oubli pour occulter. Une tentative de réduction de la douleur, de placer un baume sur la douleur.

Pourquoi ? Parce que le pardon réel engage un processus de connaissance et de reconnaissance. C'est-à-dire que pour pardonner à un Être, il faille que l'Être offensé puisse comprendre ce qui est en jeu, ce qui en cause. Non pas comprendre mentalement, intellectuellement, mais comprendre dans chacune de ses cellules. **Et le pardon réel est, lui, une rédemption, c'est-à-dire une dissolution de toute forme de ressentiment, de culpabilité et d'anticipation.** Voilà qui est beaucoup, n'est-il pas ?

Alors, pourquoi vous disons-nous cela d'entrée de jeu ? Afin de ne point nous situer dans l'illusion. Il nous est simple, vous savez, de vous dire : Pardonnez à ceux qui vous ont offensé, Soyez amour et compassion, Tendez l'autre joue, Supportez votre douleur. Toutes ces paroles sont vraies. Toutefois, leur inscription ne peut se situer qu'au niveau du mental.

Il faille que l'Être puisse plonger profondément en lui-même, dans cette intimité, dans ce rapport avec la connaissance qu'il porte, pour pouvoir réellement dissoudre ce qui a causé la blessure, et non pas simplement nier, faire semblant ou encore, par l'expression d'un geste d'amour, autoriser l'autre à continuer, le déculpabiliser en portant soi-même blessure et culpabilité. Tous ces termes, vous les connaissez, n'est-il point ?

Alors, nous vous dirons : **Le pardon réel n'existe pas. Il y a la rédemption, c'est-à-dire une dissolution qui survient lorsque l'Être est entré dans la connaissance et la compréhension totale de ce qui est en jeu.** Sinon, il y a un pardon qui est mental ou émotionnel, mais illusoire. Bien sûr, noble. Cela est saint, mais n'est pas inscrit au plus profond des cellules de l'Être.

Lorsque vous ressentez à l'intérieur une impatience profonde envers vous-même, un ressentiment, une colère, il est important pour l'Être d'aller comprendre ce qui est en présence, plutôt que de passer son chemin en disant : « Voilà, je te pardonne, passons à autre chose. » **On ne passe pas à autre chose ! On passe à la même chose.** Vous saisissez ?

Il y a une situation qui est vécue Il y a une douleur, une incompréhension. On oublie, on occulte, on pardonne. C'est la même chose. Cela vous choque ? Cela vous étonne ? C'est pourtant ce que vous vivez... On passe son chemin. Et que se présente-t-il au prochain détour ? Une autre représentation de ce qui fut vécu, car l'Être porte toujours en lui la blessure.

Le pardon est un processus de connaissance profonde de l'Univers. Ce n'est pas un processus psychique, ce n'est pas un processus émotionnel, psychologique ou mental. C'est un processus associé à une connaissance de l'Univers, une connaissance du mouvement de la vie. Pourquoi ? Parce que tout processus de dévictimisation entraîne l'Être inévitablement vers cette culpabilité existentielle dont nous vous avons témoigné de la présence, d'entrée de jeu. Cette culpabilité existentielle qui est associée à cette connaissance que l'Être est créateur. Non seulement vous êtes venu sur ce plan pour gravir cette montagne – entendons que « gravir cette montagne » signifie s'unifier –, mais en plus, vous créez vous-même vos propres difficultés. Voilà ce que votre Être sait, inconsciemment peut-être.

Alors, l'Être est continuellement repoussé vers lui-même, vers son essence. Et tant et aussi longtemps qu'il gravite sur un plan psychique dans ses relations, il demeure assoiffé. Il y a une nourriture qui n'est pas présente. Chaque Être ressent le goût profond de se libérer de cette culpabilité, de se pardonner de son existence. Chez certains, c'est plus présent à la conscience que chez d'autres. Se pardonner de son existence, c'est-à-dire se pardonner de ne pas être maintenant uni dans le Tout, de ne pas être maintenant au sommet de la montagne. Chaque Être doit entrer dans ce mouvement avec lui-même. Et bien sûr, il aura à passer à travers toute la séquence de relations et d'oppositions avec les autres.

Souvent, nous vous donnons cet exemple : Lorsque vous sentez de la colère envers un Être, que se passe-t-il ? On vous aura dit, depuis plusieurs décennies : « Exprimez votre colère », n'est-il pas ? Vous l'avez fait. Et puis ? Il y a un défoulement, vous sentez moins de pression, d'oppression. Toutefois, ce qui a causé votre colère est toujours présent. L'expression de votre colère peut modifier la situation, mais la colère, elle, n'est pas saisie profondément. Ce n'est pas parce qu'elle est exprimée, parce qu'elle semble s'être dissoute dans ses extrémités, qu'elle est saisie et réellement diluée.

Alors, on vous dira l'importance de comprendre votre colère. C'est un exemple. Vous êtes en colère ? Pourquoi ? Parce qu'un Être a dit quelque chose ou n'a pas dit quelque chose ? Parce qu'un Être a fait quelque chose ou n'a pas fait quelque chose, n'est-il pas ? Vous êtes donc dans un état qui est associé au mouvement de l'autre. Vous êtes donc dans une interdépendance. Ce qui inclut le terme « dépendance », n'est-il pas ? Votre satisfaction, votre équilibre est certes relié à l'autre. Et que vous manifestiez votre colère permet un certain calme temporaire, mais ne solutionne pas les fondements de cette colère.

Maintenant, est-ce que pardonner à l'autre solutionne votre problème ? Est-ce que cela apporte une expansion ? Non. Pas plus que l'expression de la colère, n'est-il pas ? **Le pardon ne sert à rien.** Certes, il donne bonne conscience. Jusqu'à un certain point. Car certains d'entre vous auront expérimenté le pardon. Et dans ce pardon, ils se seront infligé tout un processus d'accusation d'eux-mêmes, à savoir : Sont-ils dupes, sont-ils naïfs ? Vous saisissez ? Ont-ils cédé leur place, se sont-ils effacés ? Tout un processus d'accusation pour avoir pardonné.

Lorsque nous vous disons : Le pardon ne sert à rien, c'est parce qu'il n'y a pas eu de pardon dans toute son ampleur, dans toute son amplitude. Il n'y a pas eu de rédemption, il n'y a pas eu de dissolution totale. Il y eut pardon. **Illusion. En plus, il y a souvent l'illusion que tout est solutionné.** « Voilà, enfin, j'ai pardonné. » Vous n'avez rien pardonné. Vous avez établi un contrat mental : « Je te pardonne, on peut passer à autre chose. » Mais combien de pardons faut-il dans une vie ? Jusqu'à ce que l'Être puisse entrer au plus profond de lui-même.

La compréhension est la première étape de ce grand processus qui amène l'Être à dissoudre des éléments associés au pardon, à dissoudre toute la situation. Compréhension de ce qui est en jeu. Vous observez l'agresseur. Nous utilisons ce terme « agresseur », puisqu'il y a objet d'un pardon. On se suit ? Disons « agresseur », « abuseur », « menteur », bref une forme d'abus.

Observons l'abuseur. Qui observons-nous ? Vous avez souvent constaté qu'il y a confusion entre l'abuseur et l'abusé, n'est-il pas ? L'abuseur, celui qui trompe, celui qui agresse. L'Être qui abuse, pourrons-nous dire, est dans une ignorance. Celui qui utilise la violence physique ou psychique est dans une ignorance. Il est un Être blessé, comme un animal blessé qui attaque et qui tente de se renforcer en attaquant, en agressant. Qui tente de survivre.

Suivez-nous bien ! Nous ne sommes pas à pardonner quoi que ce soit ou qui que ce soit ! Car si nous pardonnons trop vite, plusieurs d'entre vous ne nous le pardonneraient pas... [sourire du Maître]

Ainsi, un Être blessé et ignorant trouve sur sa route une proie à abuser, à agresser. Un Être, donc, qui est en difficulté de relation avec lui-même, qui est dans un mouvement de culpabilité. L'abuseur devient un acteur. Ce qui ne lui donne aucun droit, ce qui ne légitime en rien son acte ! Mais il est un acteur. Un Être blessé, ignorant, qui est un acteur dans la vie de l'Être abusé. L'Être abusé est un Être en difficulté de relation avec lui-même. Un Être qui est en difficulté dans son regard sur la vie, qui est dans l'illusion, dans l'interprétation de la vie et qui porte en lui une forme consciente ou inconsciente de culpabilité. L'abusé est un acteur dans la vie de l'abuseur. Les deux sont des acteurs l'un pour l'autre. Chacun est blessé. Chacun est dans la culpabilité. Les Êtres se rencontrent et vont renforcer leur fardeau, alourdir le poids sur eux-mêmes.

Alors, on dira : « Pardonne, tu pourras continuer ta route. » Mais le poids est toujours présent et c'est comme dire à l'Être : « Tu peux continuer ta route avec le même poids. » Ce n'est pas ce que l'Être est venu réaliser. Alors, nous disons : Ne pardonnez pas trop rapidement ! Et nous serons peut-être exigeants envers vous en vous disant : Ne pardonnez pas trop rapidement pour être dans l'illusion que vous êtes, vous, tout à fait juste, noble, et sauvé. On se suit ? Certes, tentez de ne point être dans le ressentiment. Exprimez votre colère, certes. Comprenez qu'il s'agit d'un Être ignorant et blessé. Peu importe l'abus ou l'agression. Ce peut même être très superficiel, comme un petit mensonge. C'est tout de même une forme d'abus, n'est-il pas ? Nous n'en sommes point à distinguer l'importance des abus, des agressions et des mensonges, mais simplement des principes. Un Être qui ment est un Être ignorant, blessé, prisonnier et esclave de ses besoins. Ses besoins qui l'entraînent vers l'orgueil ou vers différentes formes de déviations. On peut comprendre l'Être, mais non point justifier ses actes en les pardonnant.

Alors, tant et aussi longtemps qu'un Être pardonne en portant en lui cette sensation qu'il ne faudrait pas que la situation se reproduise, il n'est pas dans le pardon. N'entrez pas dans la culpabilité de ne pas pardonner ! **Entrez plus profondément dans le processus, pour aller voir ce que vous ne vous pardonnez pas à vous-même.** Qu'est-ce que vous portez comme un poids ? La sensation d'avoir attiré à vous ces situations ? Certes. C'est aussi une pensée souvent associée au mental. Allez plus profondément encore à l'intérieur de vous-même... Qu'est-ce qui n'est pas pardonné ? L'impression que vous n'écoutez pas qui vous êtes ? Une relative dépendance aux Êtres, aux situations, aux contextes autour de vous ?

Voilà. Il faille que l'Être puisse mettre des mots sur ce qui n'est pas pardonné en lui. Car pour en arriver à ce que nous nommons la rédemption, le pardon total de l'autre, il faille bien que l'Être puisse se délivrer de sa culpabilité, se délivrer de ce qu'il ne se pardonne pas lui-même... **Il faille donc qu'il aille comprendre ce qu'il ne se pardonne pas.**

Et voyez-vous, là se situe l'étape centrale de ce processus. Car la première étape, qui est de comprendre que l'Être est blessé, est difficile mais simple, n'est-il pas ? Puis, se retourner vers soi pour sentir une forme de culpabilité, cela est difficile, mais plausible. Aller identifier quelle est cette culpabilité, voilà qui devient plus complexe pour l'Être ! Qu'est-ce qu'il ne se pardonne pas, qui est porté par lui et qui va émaner de son Être ? Que doit-il se pardonner qui va attirer son reflet, c'est-à-dire des abuseurs de l'extérieur qui sont le miroir de l'abuseur à l'intérieur de lui, du non-respect qu'il vit en lui-même ?

Nous ne parlons point du non-respect de ses besoins ; vous pouvez observer que les Êtres vont tenter de respecter leurs besoins, jusqu'à un certain point, c'est-à-dire de chercher à satisfaire leurs besoins. Ce n'est pas ce que nous entendons par « respect profond de l'Être ». Nous entendons l'Amour réel de soi-même.

Voilà un terme que vous avez souvent entendu et lu, n'est-il pas ? « Aime-toi toi-même. » Voilà qui est beau et noble. Maintenant, par où commence-t-on, direz-vous... N'est-il pas ? Il ne s'agit pas de s'observer dans un miroir et d'aimer son physique. Il ne s'agit pas de sombrer dans l'orgueil en étant captivé par ses réalisations extérieures, n'est-il pas ? Il ne s'agit pas d'identifier chacun de ses petits goûts, de ses caprices et de faire en sorte que l'on puisse les nourrir. Cela fut déjà tenté et c'est une étape dans un processus de s'aimer soi-même : bien identifier ses besoins et s'assurer que l'on puisse les satisfaire. Et puis, on entendra à nouveau cette phrase : « Aime-toi toi-même. »

Que signifie « s'aimer soi-même », « se respecter profondément » ? Cela signifie ne pas permettre les entraves sur sa route. Ne pas permettre que des acteurs réfléchissent continuellement nos peurs intérieures. Ne pas permettre que les Êtres autour de soi reproduisent sous des formes situationnelles les craintes, les peurs, les anticipations qui sont présentes à l'intérieur.

Cela signifie identifier ses craintes, identifier ses peurs. Identifier, entre ses craintes et ses peurs, ses goûts réels. Ne pas permettre que les entraves subjuguent l'Être. Ne pas permettre de se normaliser, lorsque la normalité n'est pas ressentie profondément. Se respecter soi-même est de manifester, d'exprimer ce qui est présent, et non pas ce qu'il semble que l'on doive exprimer pour être accepté et aimé. Vous nous suivez ?

Pour être aimé, l'Être entre souvent dans un irrespect profond de lui-même, parce qu'il a peur d'être seul. Il a peur d'être seul parce que son mandat d'incarnation est de s'unir... Et plus l'Être tente de faire ce qui semble attendu de lui, moins l'Être est lui-même dans toute sa nature, dans toute son essence, et moins l'Être est attirant.

Vous avez déjà constaté que plus vous cherchez à faire ce qu'il faut faire pour être aimé, plus on s'éloigne de vous. Et plus vous choisissez d'exprimer qui vous êtes profondément, plus vous attirez les Êtres, n'est-il pas ? Exprimez ce que vous êtes profondément ! On ne vous dit pas : Exprimez vos frustrations ! On ne vous dit pas non plus de ne pas les exprimer ! Exprimez-les ! Mais ne demeurez pas à ce niveau.

Exprimez vos frustrations. Cela vous permet de les constater. Exprimez votre colère. Pourquoi ? Parce que, ainsi, vous la voyez ! En exprimant frustration et colère, vous pouvez observer ce que vous portez. Vous pourrez donc continuer ce processus pour aller découvrir quelle est la dépendance, quelle est la peur, quelle est l'anticipation que vous portez et qui entrave votre véritable expression.

Mais bien sûr, tout ce processus exige de vous un non-jugement. Il exige de laisser se dissoudre la culpabilité peu à peu, pas à pas. Culpabilité envers vous-même et culpabilité envers ceux qui ont des attentes envers vous. Car on n'en finit plus ! On semble se diriger ensemble dans cet entretien à travers des sables mouvants, n'est-il pas ? Tout est intimement interrelié et semble mener à l'impasse. Tout vous entraîne vers le plus profond de vous-même pour émerger. Bien sûr...

Pardonner, c'est se situer en surface de ces sables : tout semble juste, équilibré. Vous voyez l'image ? Tout semble stable. Et lorsque vous mettez le pied dans la situation, vous voilà à nouveau attiré vers le fond. Alors, allez-y vers le fond ! Allez-y vers le fond de vous-même, vers le plus profond de vous-même, pour reconnaître ce qui a attiré ces situations où vous seriez amené à pardonner.

Alors, nous nous dirigeons vers cette autorisation d'être. Pourquoi l'Être ne fait-il pas tout ce processus naturellement ? Pourquoi ne s'autorise-t-il pas à être lui-même ? Pourquoi l'Être a-t-il si peur de ne pas être aimé ? À cause de son mandat réel. Vous êtes venu sur cette Terre pour aimer et être aimé. Vous êtes venu sur cette Terre pour réaliser votre union à tout ce qui est. C'est la même chose: aimer, être aimé, vous unir. C'est tout ce qui compte. Vous savez, votre travail quotidien, il est secondaire. Il est un outil. Votre travail existe pour créer des situations. Il existe pour que des scénarios se manifestent, pour que vous soyez heurté, confronté, blessé même, quelquefois. Blessé dans votre orgueil! Que vous soyez projeté à l'intérieur de vous-même.

Alors, bien sûr, lorsque nous utilisons ce terme de « pardon », nous pouvons demeurer en surface et vous dire: Bon, un Être vous a blessé, pardonnez-lui, aimez-le tel qu'il est. Mais ce n'est pas ce que nous vous disons. **Ne l'aimez pas tel qu'il est. Cela n'a pas de sens!** Vous savez, un Être agresse un autre Être et vous dites: « Aimez-le tel qu'il est. » C'est un non-sens, n'est-il pas? On vous dit: **Aimez sa nature divine, aimez sa nature universelle, aimez la connaissance que vous avez de cet Être qui recherche son bonheur. C'est cela qu'il faille aimer dans l'Être, mais non pas son geste, son action, que l'on pardonne. On ne pardonne pas cela. On pardonne à l'Être d'être ignorant, on ne pardonne pas le geste.**

Vous voyez, il y a le pardon de l'autre et il y a le pardon de soi. Et cela est fort distinct. Car cela vous entraîne vers des pistes, dans des couloirs fort différents. L'Être qui vous a menti, agressé, abusé, est passé sur votre route. Vous savez qu'il s'agit d'un Être souffrant, vous savez qu'il s'agit d'une Âme qui cherche la même chose que vous, mais par des moyens différents. Ces moyens ne peuvent pas être tolérés. Mais l'Être, lui, peut recevoir votre lumière. Laissez-le passer, et allez maintenant à l'intérieur de vous.

Qu'est-ce qui est présent en vous pour que l'abus se manifeste dans votre vie? Vous voyez, ce questionnement ne peut être offert qu'à un Être qui a choisi d'observer l'Univers d'abord. Car dans un premier temps, nous dirions à l'Être: Tu fus agressé, tu n'es pas coupable. Et puis, avec cet Être, nous pourrions nous diriger dans toutes les formes de culpabilité qui sont portées en lui. À travers ce processus, l'Être choisit de s'ouvrir consciemment à l'Univers. Et lorsqu'il s'ouvre, nous disons à l'Être maintenant : Comment t'abuses-tu ? Quel aspect de toi n'est pas respecté ?

Sous un autre angle, imaginons par exemple qu'un Être soit physiquement abusé. Nous ne pouvons ici directement transmettre à cet Être : Quel aspect de toi ne respectes-tu pas ? Vous saisissez ? Nous allons d'abord transmettre à cet Être qu'il n'a pas besoin de pardonner. Cela est déchirant pour l'Être ! **Voyez-vous, lorsque vous entraînez un Être à devoir pardonner, vous augmentez sa culpabilité !** C'est épouvantable. Vous saisissez ? L'Être va se contracter lui-même.

Il faille réellement comprendre le pardon. Dans un premier temps, amener l'Être à voir l'agresseur comme un Être humain en difficulté. Cette difficulté de l'autre fait en sorte que l'agressé n'est pas coupable ! L'agressé doit se déculpabiliser. Et il n'a pas à se pardonner, il n'est pas coupable ! Vous voyez ?

Vous trouvez cela contradictoire ? **Lorsque nous vous disons « se pardonner à soi », il s'agit beaucoup plus de diluer la culpabilité.** Donc, cet Être dans cet exemple d'abus physique, il s'agit de l'entraîner vers la non-culpabilité. Et dans tout ce processus, vous guiderez cet Être dans tous les aspects de lui-même où il se sent coupable. Par la suite, vous pourrez aller plus profondément dans cette notion de respect. À partir de l'instant où l'Être se déculpabilise, on peut entrer dans cette notion de respect. Avec délicatesse, car vous voyez ce qui peut survenir... Si l'on vous dit : Vous ne vous respectez pas, que peut-il survenir ? Encore de la culpabilité.

Alors, il faille entrer délicatement dans cette notion de respect de soi. **Et le respect de soi, c'est l'autorisation d'être**. Combien d'Êtres s'autorisent vraiment à s'exprimer, à se manifester librement ?... Quel est le premier heurt à la liberté ? L'Être lui-même, dans son interprétation de ce qu'est la liberté, dans son interprétation des demandes des autres, dans son interprétation de ce qu'il doit faire pour être aimé, dans son interprétation de ce qui est normal dans la société.

Voilà le premier obstacle à la liberté de l'Être : son interprétation de ce qu'il doit faire pour être juste. Et son interprétation est biaisée parce qu'il a peur de ne pas réaliser son incarnation, peur de ne pas se rendre jusqu'au sommet de la montagne sacrée, peur d'être seul. Il ne s'autorise pas à être. Et s'il ne s'autorise pas à être, il ne se respecte pas. Et s'il ne se respecte pas, il se sent coupable. Et s'il se sent coupable, il attirera des circonstances, des Êtres, qui ne le respecteront pas. Vous suivez maintenant tout ce processus, n'est-il pas ? Voyez comme il est simple ! Il est simple lorsqu'on permet qu'il soit présenté, qu'il émerge.

Maintenant, si votre conjoint vous ment, qu'allez-vous faire ? Lui pardonner ? Car on peut ensemble observer tout ce processus avec grande lumière. Mais demain ? Que ferez-vous avec le pardon ? Allez-vous pardonner à celui qui vous ment ? Allez-vous vous pardonner d'avoir attiré quelqu'un qui vous ment ? Qu'allez-vous comprendre d'une situation qui soit importante ou d'une situation qui soit plus en surface ? Qu'allez-vous comprendre ? Voilà ce qu'il faille observer en vous, de façon très concrète !

Alors, nous vous suggérons ici d'exprimer. On vous ment, vous êtes trahi. Réfléchissez à l'autre, questionnez l'autre : « Pourquoi ce mensonge ? Pourquoi cette trahison ? » Plutôt que, vous, de devenir l'agresseur de l'autre parce qu'il a menti. Plutôt que de devenir l'abusé en pardonnant à nouveau sans réellement pardonner. En entrant dans un rôle de victime, vous pardonnez. On vous a menti, vous êtes victime du mensonge et vous pardonnez. Ou bien vous ne pardonnez pas et vous êtes en colère et l'autre subit vos foudres. Il devient, lui, la victime. C'est un jeu, un jeu où il n'y a pas de gagnant.

Nous vous disons : **Plutôt que de pardonner en surface,**

demandez à l'autre quel est son but. Réfléchissez à l'autre ce que vous êtes. Quel est son but ? Quelle est sa raison ? Où se dirige-t-il ? Bien sûr, vous sèmerez une confusion dans l'autre, quoi que vous en pensiez, quelles que soient les apparences. Vous sèmerez une réflexion beaucoup plus importante que si vous pardonnez ou que si vous devenez l'agresseur.

Ne permettez pas à votre Être de supporter la trahison en pardonnant. Vous saisissez les niveaux de pardon dont nous vous parlons ? Nous vous parlons du pardon superficiel qui est souvent un mouvement de culpabilisation de vous et de sous-estimation de vous-même. Car si l'on vous ment et que vous pardonnez en surface, qu'allez-vous vivre ? Cette sensation d'être moins que l'autre. Et face à vous-même ? Sous-estime de vous-même et présentation à l'autre d'une valeur moindre que l'autre.

Il y a un jeu d'orgueil très important à ce niveau, un jeu de polarité orgueilleuse. Qui êtes-vous pour pardonner, et d'autre part, qui êtes-vous pour subir la trahison ? Dans ce jeu de pardon pour passer outre, toutes les faces de l'orgueil sont traitées. Surestime et sous-estime de soi. Et c'est pourquoi nous vous disons : N'entrez pas dans ce jeu de pardon, ce n'est pas nécessaire. Dirigez-vous plutôt vers ce grand pardon, cette rédemption, cet état où vous n'êtes plus touché. C'est-à-dire que l'Être ne vous ment plus. Il a peut-être menti, mais il ne vous ment plus. Vous voyez la distinction ? Il ne s'agit pas d'instaurer autour de vous des boucliers pour ne plus être affecté par le mensonge de l'autre, par l'agression de l'autre ou l'abus de l'autre. **Il s'agit simplement de ne plus être acteur dans le scénario de l'autre. Alors, il n'y aura pas à pardonner. Vous aurez permis qu'il y ait dissolution de l'expérience passée et vous ne serez plus acteur dans l'expérience actuelle et future.**

Voilà tout le processus réel de pardon : l'autorisation à vivre. Bien sûr, cette autorisation à vivre signifie que chaque

Être doit retrouver ce qu'il est venu exprimer. Et c'est là un mouvement d'Amour de soi. Retrouvez ce que vous êtes venu, vous, exprimer sur cette Terre. Retrouvez ce qui est nourrissant pour votre Être. Ne vous autorisez pas à ne plus vous nourrir.

Vous saisissez ces termes ? Nourrissez-vous de votre propre mouvement, de votre expression, de vos paroles, de vos gestes, de vos actions, de votre vibration. Nourrissez-vous. Aimez votre Être qui vibre. Observez comment cette culpabilité, elle, est nourrie lorsque vous faites des choses pour l'autre, qui ne sont pas ressenties en vous. Lorsque vous faites des choses pour être aimé, lorsque vous faites des choses parce que cela est votre devoir, vous nourrissez votre culpabilité.

Retrouvez comment cette notion de « faire ce qu'il faut faire » nourrit la culpabilité. Non pas une culpabilité de premier rang, au contraire ! En surface, il n'y a plus de culpabilité. La « bonne fille », dites-vous, n'est-il pas ? Nous utilisons à dessein le terme « fille ». Nous ne disons point le « bon garçon ». Nous disons « la bonne fille ». Pourquoi ? Parce que nous vous parlons du mouvement créateur, du mouvement d'expression, qui est le mouvement du principe féminin.

C'est la bonne fille en chacun de vous. Le principe féminin en vous qui est écrasé. On ne crée pas, on ne s'exprime pas. On fait. On fait ce qu'il faille faire, on détruit l'être et on s'abuse soi-même. Et on s'agresse soi-même. Et on se ment à soi-même. Éventuellement, on sera en colère contre soi-même. Et cette colère pourra être dirigée vers tous les obstacles sur le sentier de cette montagne, vers tous ceux et celles qui se présentent. Et la colère est terrible, vous savez pourquoi ? Parce que vous avez tout fait pour plaire, pour faire ce qu'il faille faire et, en plus, on vient vous agresser ! [rires dans la salle]

Il ne s'agit pas d'une boutade, vous savez. En plus de renier (inconsciemment) ce que vous êtes afin de favoriser ce que l'on attend de vous, on vous agresse et on vous demande de pardonner. Est-ce plausible que l'Être soit confus ? Se peut-il que l'Être cherche sa route ?

Alors, ce processus de pardon et de rédemption ne peut être résolu que par l'autorisation d'être. Permettre à l'Être d'exprimer ce qu'il est. Ne pas sous-estimer qui vous êtes. Retrouver vos habiletés. Quelles sont les habiletés, quels sont les goûts profonds qui ne sont pas utilisés ? Quels sont les élans qui demeurent en suspens à l'intérieur de vous ?

Nous en revenons au plus profond de vous. **Ne pas avoir à pardonner, voilà ce que nous vous transmettons.** Ne pas avoir à dire à l'autre : « Je te pardonne. » Pourquoi ? Parce qu'il y a eu un grand respect de vous-même qui a fait en sorte qu'autour de vous, les mouvements d'agression et d'abus n'ont pas touché votre centre. Que les flèches ne vous ont pas atteint, car vous ne vous êtes pas abusé vous-même. **Les écarts des autres ne vous blessent pas, car vous êtes dans l'expression de qui vous êtes. Voilà la grande rédemption.**

Et ainsi, la reconnaissance de vous-même permettra une réelle dissolution de l'effet des mémoires. Vous vous rappellerez qu'un Être vous a menti, agressé, abusé. Vous en aurez le souvenir, mais non plus la douleur. Pourquoi ? Parce que vous serez dans une expression libre de vous-même.

Pourquoi une mémoire est-elle encore douloureuse ? Parce qu'elle est active. La mémoire d'une agression est douloureuse aujourd'hui parce que vous êtes toujours agressé. Ce n'est pas une action passée, cela est présent. S'il y a douleur, c'est présent ! Voilà qui est simple, n'est-il pas ? Vous souffrez d'une agression passée ? C'est parce que l'agression est toujours présente. Vous êtes toujours à subir cette agression. Vous êtes toujours à subir cette culpabilité de vous-même, cette agression de vous-même.

Cela est important, vous savez. Plusieurs Êtres furent abusés dans leur corps, n'est-il pas ? Plusieurs Êtres furent abusés dans leurs entrailles, au plus profond de ce qu'est l'essence même de l'incarnation. Nous parlons d'abus sexuel. Vous croyez qu'un pardon de l'Être qui fut abusé fait en sorte qu'il est tout à coup libéré ? Vous savez fort bien que non. Le pardon n'est pas suffisant.

Il faille réellement aller dans la rédemption, c'est-à-dire que l'Être puisse plonger au plus profond de lui-même pour retrouver cette volonté, cette force de vie, cet élan vital, et le mettre en action. Il lui faille redevenir un Être créateur, du plus profond de ses entrailles, pour réaliser qu'il n'a pas été souillé dans son essence divine, dans son essence universelle. Que, si son corps a été abusé, son essence réelle n'est pas souillée. Et c'est ainsi, dans la réalisation de son mouvement créateur, que l'Être sera dans un mouvement rédempteur. Et non pas par un pardon de surface. Jamais.

Il est important de comprendre ce processus, car plusieurs Êtres autour de vous sont souffrants. Plusieurs Êtres autour de vous sont victimes. Plusieurs Êtres sont victimes d'eux-mêmes. Et la compréhension qu'un Être est victime de lui-même n'efface pas l'agression extérieure qu'il a reçue. Vous nous suivez dans ce sens ? La mémoire de l'abus physique, de l'abus sexuel, demeurera ; mais lorsque l'Être est dans son grand mouvement d'expression, il saura qu'il est tout entier, et que rien de lui ne fut arraché. Il se souviendra de l'autre comme d'un Être souffrant et blessé, qui ne lui a rien enlevé. Mais il faudra que ce processus soit réalisé. Sinon l'Être portera le ressentiment vers l'autre, et la culpabilité envers lui-même. Et si on lui demande de pardonner, c'est qu'on lui dit qu'il est encore plus coupable.

Vos sociétés vous témoignent du nombre incroyable d'abus, individuels et collectifs. Voyez tous ces fratricides collectifs dans ce monde, agressions et abus... Voilà.

Rappelez-vous simplement de ne pas occulter une situation dans laquelle vous êtes devenu victime par un pardon de surface. Voilà ce que nous voulons vous transmettre. Si vous êtes victime d'un abus, entrez dans un processus de rencontre de vous-même pour devenir rédempteur.

REMERCIEMENTS DE PIERRE

C'est avec joie que je profite de l'espace qui s'offre à moi pour remercier et honorer le Maître Saint-Germain. Depuis 20 ans, sa présence vibratoire et sa guidance m'orientent dans la création d'une vie où je me sens heureux, en équilibre, les deux pieds bien sur terre et la tête dans le ciel. Je me considère choyé de canaliser sa puissante et lumineuse vibration pour permettre à tous de bénéficier de ses éclairages.

Il m'est doux aussi de remercier ma partenaire de chaque instant, Josée Clouâtre. Depuis le début de cette grande aventure, elle éveille, par sa présence, sa force de vie et sa créativité, le meilleur de moi. Sa légèreté, qui se marie parfaitement à une grande intensité au travail, son dynamisme ainsi que son humilité ont amené beaucoup des gens à nous faire confiance, au fil des ans. Depuis le tout début, inlassablement, elle m'encourage à l'écriture et contribue à créer les espaces et les atmosphères propices à la réalisation de ce rêve. Je la remercie pour tous ses accompagnements, ses relectures, ses propositions et ses commentaires offerts sans condition.

Je remercie France Gauthier de m'avoir proposé ce livre, ne serait-ce que pour la joie de collaborer avec elle. Sa conviction profonde que les enseignements du Maître sont lumineux, non sectaires et accessibles à tous n'a d'égal que son engagement à collaborer à un nouveau monde de paix et d'harmonie.

Si ses dons de synthèse et de rédaction sont évidents, c'est avant tout son effervescence, son dynamisme, sa légèreté, sa vivacité d'esprit et sa joie de vivre qui font en sorte que le travail avec elle se transforme en privilège, ce dont je me réjouis.

Je ne pourrais passer sous silence les nombreux collaborateurs sans qui l'œuvre du Rayon Violet n'aurait pu se déployer progressivement durant toutes les dernières années. Je remercie Louise De Guire pour sa générosité, sa patience et sa souplesse ; elle assure avec grâce et mille attentions la gestion complète de toutes nos activités pour m'alléger des tâches administratives. Énya, Paul, Christine, Michel, Dominique, Louis, Anne-Marie, Simon, Mylène, Lily et tous les autres du Québec et de l'Europe qui m'êtes si chers, je vous remercie de votre présence amoureuse, de votre accompagnement si lumineux et de votre profonde implication.

Un merci tout particulier aussi à Claude J. Charron, à Claude Leclerc et à Annie Tonneau, nos éditeurs, pour leur soutien et leur grande ouverture d'esprit.

Pierre Lessard

Achevé d'imprimer au Canada par
Marquis Imprimeur Inc.